经济体制改革与国家治理现代化研究前沿论丛

丛书主编：黄凤羽

变革世界中的
当代中国税制改革

◎ 马蔡琛/等著

The Tax System Reformation of
Contemporary China in a Changing World

中国财经出版传媒集团

经济科学出版社
Economic Science Press

图书在版编目（CIP）数据

变革世界中的当代中国税制改革/马蔡琛等著.
—北京：经济科学出版社，2017.7
（经济体制改革与国家治理现代化研究前沿论丛）
ISBN 978 - 7 - 5141 - 8185 - 2

Ⅰ.①变… Ⅱ.①马… Ⅲ.①税制改革 - 研究
- 中国 Ⅳ.①F812.422

中国版本图书馆 CIP 数据核字（2017）第 159189 号

责任编辑：周胜婷 卢元孝
责任校对：王肖楠
责任印制：邱 天

变革世界中的当代中国税制改革

马蔡琛 等著

经济科学出版社出版、发行 新华书店经销
社址：北京市海淀区阜成路甲 28 号 邮编：100142
总编部电话：010 - 88191217 发行部电话：010 - 88191522
网址：www. esp. com. cn
电子邮件：esp@ esp. com. cn
天猫网店：经济科学出版社旗舰店
网址：http：//jjkxcbs. tmall. com
北京密兴印刷有限公司印装
710 × 1000 16 开 13 印张 220000 字
2017 年 8 月第 1 版 2017 年 8 月第 1 次印刷
ISBN 978 - 7 - 5141 - 8185 - 2 定价：48.00 元
（图书出现印装问题，本社负责调换。电话：010 - 88191510）
（版权所有 侵权必究 举报电话：010 - 88191586
电子邮箱：dbts@ esp. com. cn）

总　序

中国，因经济体制改革的激发而腾飞与崛起，以其特有的家国天下情怀而开启了国家治理体系现代化征程。伴随经济体量的增长、"一带一路"等重大战略的推进，中国正在以更加开放的姿态融入全球现代化的进程，并再次发挥其久远历史中孕育的内在影响力。这些变化，对于 20 世纪晚期和 21 世纪上半叶的世界而言，无疑可以算作最为重要也最值得记载的宏大叙事之一。对于当代研究者而言，这一值得浓墨重彩的时代，确实是一种值得后代研究者钦羡的难得机缘。

这套丛书是"天津市高等学校创新团队培养计划"的总括性研究成果。丛书聚焦于经济体制改革与国家治理现代化的宏阔研究命题，其目的在于，将中国的经济体制改革与国家治理现代化的建设，置于中国经济社会发展的长程尺度上来加以考察，既关注其变革与演进的深层机理，又解读具体制度变迁和设计的脉络与轨迹，更期望能够探求中国未来经济改革和现代国家建设的发展轴线与关键节点。正如恩格斯所指出的那样，"如果您画出曲线的中轴线，您就会发现，研究的时间愈长，研究的范围愈广，这个轴线就愈接近经济发展的轴线，就愈是跟着后者平行而进。"（《马克思恩格斯选集》，第四卷，第 506～507 页，北京：人民出版社，1972）从这个意义上讲，我们也希望这套丛书的出版，能够成为一个开放性和长期性的事业。

经济学的基本精神是合作比不合作要好，从人类历史的发展来看，这似乎也是一个帕累托改进的路径。在两千多年前"枢轴时代"的世界，几个主要文明的先贤圣哲，分别促成了东西方文明各自的伟大突破。今天，我们恰逢人类文明史的第三个千年开启之际，中国之命运与世界之前途，同样又处于伟大突破的前夜。

我们期待这套丛书不仅能够解码这一伟大时代变迁的关键节点与演变规律，也能够发挥面向未来世界的探索性功能，这是值得我们共同为之努力的事业！

是为序。

黄凤羽

2017 年 2 月

目　　录

第1章 历史变迁视野中的
当代税制改革

1.1 税制改革与文明演化的历史变迁

在人类社会的发展过程中，税制结构的变迁和演化大致经历了这样三个逐次推进的发展阶段：第一阶段主要是在传统的农业社会。因生产力发展水平的局限，往往采用原始直接税（也就是土地税和人头税）。由于社会剩余产品的有限，在很长的历史时期内，也只能采用"量入为出"的财政预算管理原则。第二阶段是工业化阶段。自工业革命以来，随着社会分工的深化和各种专业化管理手段不断涌现，以流转税为代表的现代间接税成为工业文明的标志性税种。其中，最为典型的就是增值税。增值税在生产和销售过程中的各环节，分阶段仅就其增值额课税，至少从理论上避免了传统营业税的重复征税弊端①，适应了社会化大生产所体现的社会分工日益精细化、生产和流转环节非常清晰的特点②。第三阶段是信息化阶段

---

① 各国税制比较研究课题组. 增值税制国际比较 [M]. 北京：中国财政经济出版社，1996：5.

② 随着社会剩余产品的极大丰富，在财政预算管理原则上，也具备了从"量入为出"转向"以支定收"的可能性。通过界定政府与市场的边界，确定政府公共服务供给的资金需求，进而通过税收的方式为政府预算支出筹资。这或许也解释了为什么各种主流经济学（尤其是公共经济学）教科书在开篇中大多会论及"市场与政府之间界定的划分"。而在这种分析框架下，不同税种的设置，仅仅是将公共产品成本在不同利益主体之间、在不同收入流（或所得来源）之间，进行"分摊"的具体方式选择而已。这就为后续税制演化转向以所得或财产作为税收筹集的标的物，提供了理论上的可行性和社会财富上的现实积累。

（或现代服务业阶段）。① 在一个信息爆炸的时代，各种新兴业态目不暇接，各种服务性产品的供给方式千变万化，各种新兴交易手段层出不穷，各种信息存储量和数据处理能力远远快于经济的增长速度。② 从这个意义上讲，传统的商品流转环节变得越来越模糊，征税节点变得越来越难以捕捉，税源结构越来越复杂多样，以增值税为代表的现代间接税体系，日渐难以适应信息化时代的税制改革诉求。③ 这或许已然不仅是一种理论上的探讨，而成为当代各国税制变革中不可抗拒的发展趋势。因此，尽管所得税（尤其是个人所得税）存在着侵犯个人隐私信息、征收成本相对较高、申报程序烦琐等内生缺陷，但也不得不成为一种"只能如此"的妥协选择。也就是说，任凭信息化时代的新兴产业和新型业态层出不穷，交易工具和交易方式"剑气千幻"，但各种资金流转终究会有"落袋为安"的时候，这或许就是所得税代表了未来税制演化趋势的内在原因。

改革开放以来的 30 多年间，我国以超常的发展速度完成了工业化的初期发展阶段，在这一时期形成的以流转税为主体的税制结构，也是符合经济社会发展内在需要的。尽管在 1994 年税制改革之初，就已提出了建立"流转税和所得税并重"的双主体税制建设目标，但历经 20 多年的发展，流转税占比相对较高的格局仍旧未能得到根本改观。这种以流转税为主体的税制结构，面对信息经济时代的各种新兴业态，难免存在某种内生性的局限。尤其是，随着"营改增"全面覆盖金融业，金融业因经营活动更加复杂，增值额比较难以确定，征管成本也相应较高，其征管难度是相当之大的。④ 而这一问题在某些新兴金融业态中，因其交易行为的网络化特点，会将流转税之于互联网时代的不适应性，表现得更加显著。

就所得税体系内部而言，关于企业所得税与个人所得税是否作为两个相互独立的税种，在税制发展史上，也一直是一个颇具争议的话题。总体

---

① 自从 1980 年美国著名未来学家阿尔温·托夫勒出版《第三次浪潮》一书的 30 多年间，人类社会已然全面进入信息化（或者服务业）阶段。

② 人类存储信息量的增长速度比世界经济的增长速度快 4 倍，而计算机数据处理能力的增长速度比世界经济的增长速度快 9 倍。资料来源：［英］迈尔-舍恩伯格，［英］库克耶. 大数据时代 [M]. 杭州：浙江人民出版社，2013：13。

③ 尽管增值税不同于传统意义上的流转税或周转税，已然具有针对毛所得课税的所得税性质，但增值税依托于产品或服务在不同加工环节的增值部分征税，内生蕴含了工业化时代的税收特点，使得该税种在后工业化时代的长期发展过程中，将会表现出越来越多的不适应性。

④ 社评. 全面推开营改增将进一步激发市场主体活力 [N]. 21 世纪经济报道，2016-1-27.

而言，大致有两类观点：一为独立课税制（以美国为主），根据法人实体说（也称为法人实在说）理论，认为公司属于具有独立纳税能力的纳税主体。公司所得课征公司所得税后，其净利润分配予股东时须再征个人所得税，两税分别独立并无关联。作为一种传统的观点，这种方式又称为古典所得税制。另一类为合并课税制（以欧洲国家为主），根据法人虚拟说理论，认为公司法人仅为法律的虚拟体，并无独立纳税能力，仅作为将盈余传送至股东的导管，故公司阶段的所得与股东阶段的股利，应仅课征一次所得税。[①]

目前，我国采用的是古典所得税模式，对股息所得存在着一定的经济性重复征税问题。如果企业的股东全部为个人，且企业将净利润全部分配，那么100万元的税前利润，被课征一次企业所得税和一次个人所得税后，实际上股东所得的仅剩60万元［即100万元×（1−25%）×（1−20%）］，综合负担水平高达40%。这种现状难免会影响企业的投资决策，也会扭曲企业资源配置。[②]为解决企业所得税与个人所得税的重复征税问题，各国探索了诸多解决方案，其中较为常见的是采用归集抵免法（imputation system），也就是公司阶段所缴纳的公司所得税，可全部或部分抵免股东阶段的个人所得税。[③]但在现时的中国，不仅未能将免除两种所得税的重复征税问题纳入政策调整的相关议程，甚至在理论上也未必承认这种重复征税的存在。

1.2 全球金融危机与"大萧条"时期的财税政策：比较分析[④]

在21世纪第一个十年行将结束的时候，源自美国次级抵押贷款的金融

---

① 马蔡琛. 免除经济性重复征税的方式及对我国的借鉴［J］. 山西财经大学学报，2003（1）.

② 黄凤羽. 浅谈免除经济性重复征税问题［J］. 上海会计，2002（1）.

③ 在归集抵免法下，公司发放股利按股东的边际税率课征，即将公司就已分配利润所缴纳的公司所得税，按股东的持股比例，可以全部或部分抵免股东的个人所得税。这种方法以税收抵免的形式，将公司所得税与个人所得税有机结合起来，借以缓解或消除对股息的经济性双重征税。归集抵免法已成为绝大多数国家免除经济性重复征税的惯例。在欧共体12个成员国中，截至21世纪初叶，已有7国相继实行此法；加拿大和土耳其也加以效仿。进一步论述可以参阅：马蔡琛. 免除经济性重复征税的方式及对我国的借鉴［J］. 山西财经大学学报，2003（1）.

④ 马蔡琛. 当前金融危机与"大萧条"时期财税政策的比较与启示［J］. 税务研究，2009（6）.

衍生品市场动荡，迅速在国际蔓延并对实体经济产生日益深刻的影响，从而演变为二战后全球最严重的经济危机。尽管每次危机各不相同，但人们还是很容易将此次经济危机与 20 世纪 30 年代梦魇般的"大萧条"做比较。在繁华不过百年的观念影响下，越来越多的研究者也认为，当前的经济危机从性质和深度上应该可以和当年的"大萧条"相提并论。

任何经济危机在集中爆发前夕，总有某些惊人的相似，当然也各自有自身的不同。如果从经济史的视角加以考察，本轮全球金融危机和"大萧条"也确实有某些惊人的相似。例如，在危机爆发前都经历了相对较长时期的经济高速增长①，金融市场和房地产市场均非常繁荣，且宏观经济运行没有明显的异常征兆，危机也都是最先从金融领域引爆，并迅速向实体经济和世界蔓延。"大萧条"中所呈现的股票市场崩溃、实体经济衰退、失业情况严重、投资巨幅下降等现象，在本次全球经济危机中也同样表现得较为突出。故而，在当代经济史上甚至采用了与"大萧条"（greatdepression）相对应的"大衰退"（great recession），来比喻本轮全球金融与经济危机。

概括起来，本轮全球金融危机与当年的"大萧条"在爆发前的共同点体现为这样几个方面：

第一，在危机爆发前都经历了相对较长时期的经济高速增长，金融市场和房地产市场都异常繁荣。在本轮金融危机爆发前的将近 10 年间，美国经济经历了一段高速增长时期。② 2003 年以来，美国 GDP 增量中高达 2/3 到 3/4 的份额直接或间接与房地产的高速发展有关。③ 在 2007 年初，美联储和美国《经济顾问委员会年度报告》均认为，除了储蓄不足以外，美国经济总体上比较健康，经济强劲增长，劳动力市场需求旺盛，通货膨胀温和，美国经济正从此前的快速增长转变为一种更稳定和更可持续的增长。④ 无独有偶，20 世纪 30 年代"大萧条"出现之前的美国乃至世界经济，也同样出现了此前历史上不多见的繁荣局面。第一次世界大战后，美国经济迅速发展，

---

① 20 世纪 30 年代"大萧条"出现之前的美国乃至世界经济，也同样出现了历史上不多见的繁荣局面。第一次世界大战后，美国经济迅速发展，然后是长达 10 年的"柯立芝繁荣"，生产能力迅速扩张。

② 其中 2000～2005 年是美国历史上房屋价格上涨第二快的时期，仅次于 20 世纪 40 年代二战结束后的时期。对于 2006 年房地产市场的降温，也普遍对其他经济指标影响不大。

③ 第一财经日报. 拯救全球金融 [M]. 北京：中信出版社，2009：25.

④ http://www.ruanyifeng.com/blog/2007/03/.

然后是长达10年的"柯立芝繁荣",其生产能力迅速扩张,20世纪20年代在美国近代史上也被称为"喧嚣的20年代"(the roaring twenties,也译作"怒吼的20年代")。

第二,在危机爆发前都是自由放任的经济思想占据主导地位,对金融领域的监管过于懈怠。两次经济危机恰如一个轮回,在总爆发之前都是自由主义经济思想占据主导地位,倡导减少对自由市场经济的干预,由此进一步导致金融领域的放松监管。"大萧条"时代的美国总统赫伯特·胡佛(Herbert Hoover)就因信奉市场的自我调节能力和对政府干预市场事务持怀疑论而声名狼藉。[1] 而在2005年曾宣称"私人监管在限制额外的风险负担方面,相比政府监管更加优越"的前美联储主席格林斯潘,也因此而倍受指责。

第三,社会收入分配结构中的贫富不均现象呈现上升趋势。在"大萧条"前的1907~1929年期间,美国产业工人的工资只增加了2%,而工人的劳动生产率则增加了55%,当时美国最富有的5%的人群得到了全国1/3的收入。[2] 而2007年美国CEO的平均年收入高达1880万美元,较上年上涨了20.5%,而同期的公司收入仅增加了3%。2005年,世界前50位顶级富豪的收入已高于最穷的4.16亿人。[3]

当然,尽管两次经济危机恰如一个轮回,但不幸的时代却各有各的不同。首先,1929年之前的信贷扩张主要是在生产领域,而本轮金融危机前的信贷扩张主要集中于消费领域,尤其是房地产市场。就总体而言,美国实体经济的基本面仍旧可观,并非是整个社会体系的全面危机。其次,20世纪30年代只有贸易全球化,并未形成当前的金融全球化格局,金融危机主要局限于银行业,挤兑也主要集中在商业银行。但在目前的危机中,金融衍生产品扮演了重要角色,非银行金融系统的规模也比当年大得多,经济危机的波及面更加广泛,传导速度更快,其规模和破坏力都要更大。再次,社会保障制度的完善程度构成两次危机在社会背景上的重要差异。"大萧条"期间仅美国就有1500万人失业,当时的社会保障体系尚不健全,从而引发了

---

① [美]科林·里德. 金融危机经济学 [M]. 北京:东方出版社,2009.

② Greg Farrell. "Merrill Chief Says Slowdown Will Rival 1930s", *Financial Times*, November 12, 2008.

③ Anger at Raise of "Superclass", Financial Times Wealth Summer, 2008.

剧烈的社会动荡。① 而在当代美国联邦预算中，用于公共医疗补助、补充社会保障收入、对有未成年子女家庭的补助等公民权利性支出（appropriated entitlements）占预算支出的比例，已从 1962 年的 32% 上升到 1998 年的 55% 以上，2009 年这一比例有望接近 75%。② 因此，本轮金融危机引发的社会震荡，相对"大萧条"而言，或许更为缓和一些（即使后来出现了诸如"抢占华尔街"等极端性事件）。最后，针对当前的全球金融危机，各国政策制定者总体上对危机的回应更快，较之"大萧条"时代显得更加积极和主动。

对比两次间隔 70 余年的全球经济危机，尽管存在诸多相似和差异，但有一点是共同的，那就是财税政策的运用得到政策制定者的高度重视，成为应对危机的重要手段。因此，系统考察两次危机中财税政策运用的一致性和差异性，对于当前中国财税政策的调整与转型，具有相当重要的理论价值与现实意义。

1.2.1 两次危机中财税政策运用的一致性分析

当前应对危机的财税政策与 20 世纪 30 年代的罗斯福新政（new deal）相比，尽管存在诸多差异，但仍旧具有某种轨迹一致性的痕迹。

1. 两次危机中的财税政策运用均缺乏明确的经济理论作为指导思想

在流行的观念中，往往认为凯恩斯的政府干预主张是罗斯福新政改革的指导思想，其实并非如此。③ 罗斯福新政的指导思想是解决实际问题，而不是

---

① 1932 年 7 月，美国退伍军人为抗议补助金太低，在首都华盛顿举行示威活动。本来这至多可以算作一个财政预算事件，但当时的胡佛政府却出动了正规军骑兵，用军刀和催泪瓦斯血腥镇压了手无寸铁的退伍军人和妇孺家属。当时命令军队架起重机枪、还准备动用坦克的指挥官，就是后来二战中在太平洋战场立下赫赫战功的麦克阿瑟将军。在麦克阿瑟麾下参与镇压的军官里，有 20 年后当选为美国总统的艾森豪威尔少校。进一步论述可以参阅：威廉·曼彻斯特. 光荣与梦想：1932～1972 美国社会实录 [M]. 海口：海南出版社，2006：6–13。

② Congressional Budget Office. *The Economic and Budget Outlook 2002–2009*, January 1999, p. 68.

③ 其实，罗斯福从来没有完全接受过凯恩斯主义，凯恩斯主义被美国接受是在二战后的杜鲁门政府。进一步可以论述参阅：陈明等. 相信进步——罗斯福与新政 [M]. 南京大学出版社，2001：206。不过，据资料记载，1934 年 5 月，约翰·梅纳德·凯恩斯确实与当选总统的富兰克林·罗斯福有过会面。当时这位经济学家带着费利克斯·弗兰克富特的介绍信来见总统，建议实行赤字开支。凯恩斯说："与这个办法相比，其他办法都算不了什么。"后来罗斯福写道，他同凯恩斯进行了"一次精彩的谈话"。实际上谈话却很冷淡。凯恩斯态度矜持，近于傲慢，而罗斯福也还不甚相信一个国家竟可以靠多花钱而走向繁荣。进一步论述可以参阅：威廉·曼彻斯特. 光荣与梦想：1932～1972 美国社会实录 [M]. 海口：海南出版社，2006：74。

遵循某种经济教条，新政并没有一以贯之的经济理论作为基础。后来的研究者也认为，罗斯福虽然在很多方面业绩突出，但对如何引导整个经济形势并没有明确的纲领。① 针对本轮金融危机的救援行动，克鲁格曼等批评者也认为，政府并没有找到危机的根源，甚至建议其从 19 世纪的衰退而不是 20 世纪的"大萧条"中寻找灵感。② 可见，本轮全球金融危机中财税政策的运用，也同样缺乏明确的指导理论，这或许也是其政策选择相对务实而不僵化的一个重要表现。

2. 两次危机中的财税政策都具有明显的扩张性并伴随巨额财政赤字

在经济史的视野中，扩张性财政政策已成为各国抵御经济衰退的重要手段。新政时期的美国国债一再增加，从 1932 年的 187 亿美元增加到 1938 年的 347 亿美元，国库每年亏空高达 60 亿 ~ 70 亿美元。③ 奥巴马政府于 2009 年 2 月向国会提交的预算案显示，2009 财年美国预算赤字为 1.75 万亿美元，占 GDP 的 12.3%，相对于 2008 财年 GDP 占比 3.2% 的赤字规模，骤增近 3 倍。④ 在美国的经济重振计划中，财政政策较之新政时期更加激进，甚至一度被称为"奥氏新政"。

3. 两次危机中的财税政策都体现了提升富裕阶层税负水平并对低收入群体给予财政扶持的政策取向

在两次危机中由于失业增加和财富缩水，收入分配的差距趋于扩大，因而财税政策的收入均等化思想都得到了体现。在罗斯福新政时期，1935 年《财产税法》提高了个人收入超额累进税率，并按累进原则征收公司收入税和超额利润税，通过《社会保障法》《紧急救济拨款法》《农业调整法》等一系列制度安排，有效地帮助"经济金字塔底层被遗忘的人"。无独有偶，在美国 2009 年预算案中也同样体现了这一理念。该预算案提议将华尔街金融家、总部位于美国的跨国公司以及石油公司员工等 260 万美元收入最高群体的纳税额提高将近 1 万亿美元，让他们为低收入者的永久性减税措施买单，将两项高收入税的税率从目前的 33% 和 35% 分别提高至 36% 和 39.6%，此外还考虑将高收入者的资本获利和股息的税率从 15% 提高至

① 资料来源：史蒂夫·罗尔. 奥巴马如何学习罗斯福新政［N］. 学习时报，2009 - 2 - 6。
② 资料来源：美国掏出 2500 亿美元为 95% 家庭减税［N］. 东方早报，2009 - 2 - 16。
③ 资料来源：易纲等. 罗斯福的"非常之责"与"非常之权"［J］. 中国改革，2004（6）。
④ 资料来源：《奥巴马首份预算案遭质疑》，财经网 2009 年 2 月 27 日。

20%。① 同时，在其 7870 亿美元经济刺激计划中，安排了 437 亿美元用于公共卫生与社会服务紧急基金、100 亿美元投资公共住房计划、199 亿美元用于济贫和扩大食物换领券，以资助贫穷家庭。②

4. 在政府间财政责任问题上，两次危机中的财税政策具有大致相同的政策倾向

尽管美国是一个联邦制国家，但在两次经济危机中的政府间责任问题上，都注重了联邦政府对各州和地方政府提供更多经济援助。例如，在 1934 年阿肯色、密西西比和南卡罗来纳州救济款项的 90%，都是由联邦政府拨付的；③ 在美国应对本轮危机的经济救援计划中，也包括援助现金短缺的州政府、对各州支付 536 亿美元以修缮学校建筑等举措。

1.2.2 两次危机中财税政策运用的差异性分析

1. 政府治理经验与财政经济理论支撑上的差异

在自由市场经济时期，自由放任的经济哲学思想一直居于主导地位。应该说，在罗斯福新政之前，包括美国在内的世界各国，在和平时期运用行政权力来对经济进行强有力地干预，尚没有先例可循。在反危机的财政政策制定中，也没有相对成熟的经济理论作为支撑④，现代宏观经济学的基本轮廓还处于早期的酝酿阶段。而时隔 70 多年之后，无论是反危机的政府治理经验，还是相应的财政经济理论，都经历了从自由放任到政府干预再到新自由主义的轮回演进，宏观经济学中的各种反危机理论也经历了多次实证检验，从而为经济危机中政府财税政策的相机抉择，提供了大量正反两方面的经验和教训。

2. 减税政策运用上的差异

面对本轮经济危机，在税收政策的运用上，世界各国大多采取减税政策以刺激经济复苏。从 2008 年小布什政府的减税措施，到 2009 年 2 月美国提出的包括 2860 亿美元的个人和企业减税措施在内的经济刺激方案，都体现了减

---

① 资料来源：《奥巴马预算提案拟将高收入税提高 1 万亿》，新浪财经 2009 年 2 月 27 日。

② 资料来源：《奥巴马首份预算案遭质疑》，财经网 2009 年 2 月 27 日。

③ ［美］威廉·曼彻斯特. 光荣与梦想：1932～1972 年美国社会实录 ［M］. 海南出版社，2004：74.

④ 由于大萧条期间各国政府对经济的干预最初大多是作为应急措施出现的，缺乏系统性，需要有一个理论上的归纳，因此凯恩斯经济学的出现，恰恰为罗斯福新政等政府干预政策提供了事后的理论支持和论证。

税政策在应对经济危机中的积极作用。美国减税部分的支出占其整个经济刺激计划的三分之一,针对个人和家庭的减税规模逾 2500 亿美元。此外,世界各主要国家也纷纷采取减税政策,以减轻经济衰退。例如,2009 年 1 月,德国出台经济刺激计划,将在两年内投入总额为 500 亿欧元的资金,主要用于公共基础设施建设和减税。澳大利亚自 2009 年 7 月起将减税 34 亿美元,2010 年还可能再次减税 45 亿美元。① 巴西政府将延长汽车业享受的税收减免政策,对建筑材料等行业实行减税,这些措施的减免税额将近 6.5 亿美元。②

　　然而,通过对罗斯福新政中具体举措的详细考察可以发现,在 20 世纪30 年代应对经济危机的财税政策中,并没有采取减税政策,而是谨慎地采用了某些适度增税的措施。其实,罗斯福当年主要靠高税收来支撑其公共工程支出的。"大萧条"中减税政策的应用,反而出现于罗斯福的前任——胡佛当政时期。其实,在胡佛任期内,还是在一定程度上采取了某些联邦政府直接干预经济的政策,减少税收就是其早期主要举措之一。由于相信降低税收可以抵制萧条,胡佛在 1929 年底要求国会降低所得税的税率并得到批准,但是这一举措没有产生正面作用,反而引起了财政赤字,以致 1932 年不得不再度提高税率。③ 胡佛减税政策的失败,也可以从另一个侧面说明为何罗斯福新政中鲜有税收减免政策。

3. 财政政策举债空间扩张上的差异性

　　扩张性财政政策在实际操作中面临的最大现实约束,就是政府的举债空间问题。在大萧条时期,由于此前一直奉行"健全财政"的预算平衡思想,公债发行和财政赤字始终处于较低的水平。1931 年美国联邦政府才首次出现 4.62 亿美元赤字,1933 年上升到 26 亿美元,占当年国民生产总值的4.7%,此后几年一直维持在 5% 左右。④ 因此,罗斯福新政时期扩张性财政政策的举债空间相对较为宽松。

　　然而,本轮金融危机在财政政策的举债空间上,其约束性因素明显增多。根据美国 2009 年总统预算案的数据显示,美国 2010 财年的财政赤字将达到 1.4 万亿美元,未来 10 年的总赤字更是高达 9.3 万亿美元,赤字水平

---

① 资料来源:《陆克文加快实施减税措施应对金融危机》,新华网 2009 年 1 月 15 日。
② 资料来源: 《巴西宣布减免税收以应对金融危机》,新华网 2009 年 3 月 31 日。http://news. xinhuanet. com/world/2009 - 03/31/content_11107964. htm。
③ 韩毅. 美国工业现代化的历史进程 (1607 ~ 1988) [M]. 北京:经济科学出版社,2007.
④ 樊延朝. 浅议美国现代财政制度的形成及其影响 [J]. 濮阳职业技术学院学报,2007 (1).

处于"不可持续"状态。① 在财政政策作用空间已然接近极限的状况下，一旦经济刺激计划未能产生预期效果，政府财政体系就有可能面临束手无策的尴尬局面。

4. 公共财政支出投向上的差异

20 世纪的"大萧条"主要是源于高速工业化进程引发的生产相对过剩，因此，新政的财政支出具体投向主要聚焦于工业复兴、重建工农业之间的平衡、兴修大型水利工程等实体经济层面，对于金融体系的救助主要是通过完善相关金融立法得以实现的。

但本轮全球金融与经济危机主要是由于衍生金融品交易泛滥及由此引发的房地产和金融市场崩溃造成的，实体经济层面上的问题并非其根本所在。因此，其经济刺激方案主要集中于金融领域。2008 年 10 月，美国通过的《紧急经济稳定法案》，其核心就是解决困境金融机构向财政部出售"问题资产"，财政部为此准备了高达 7000 亿美元的资金。2009 年 2 月，美国财政部公布了经修改的金融业援助计划，其主要内容包括吸纳规模高达 5000 亿美元的银行不良资产和为近 1 万亿美元的美联储贷款项目提供担保。由于现代金融系统的复杂性和动态性，政府性资金的流向和具体经济刺激效果的动态监控，也相应更加困难。

5. 开放经济条件下财政政策传导机制及效果的差异

根据开放经济条件下的蒙代尔—弗莱明模型（Mundell-Flemming model），在固定汇率制度下，财政政策是有效的；而在浮动汇率下，扩张性财政政策导致本国利率上升，将引起大量的资本流入和本币升值，财政政策的作用将被削弱，甚至导致财政政策无效。②

一战后的 20 世纪 20 年代中期，各国曾一度恢复了固定汇率制，英法等国实行金块本位制，另外一些国家选择了金汇兑本位制。③ 此外，"大萧条"时期的世界经济虽已具有一定开放程度，但与当前经济全球化的趋势仍不可同日而语。因此，罗斯福新政中的扩张性财政政策在传导机制和作用效果方面，是基本符合蒙代尔—弗莱明模型对于财政政策有效性的限定条件的。

20 世纪 70 年代的《牙买加协议》正式确认了浮动汇率制的合法化，各

---

① 资料来源：《奥巴马为预算闯关国会山》，新华网 2009 年 3 月 27 日。
② 余永定等. 西方经济学 [M]. 北京：经济科学出版社，1997：457 - 461.
③ 1929 ~ 1933 年经济危机爆发后，这种残缺不全的金本位固定汇率制度，再次被浮动汇率所代替。

国可自由选择汇率制度，此后由于各种原因施行浮动汇率的国家日渐增多。按照蒙代尔—弗莱明模型得出的浮动汇率下财政政策无效性的结论，当前各国应对危机的扩张性财政政策可能达到的预期效果，仍旧不容盲目乐观。

1.2.3　启示与借鉴

为应对本轮全球金融危机，我国于 2008 年重启积极财政政策的反周期调控措施。通过对两次危机中财政政策运用的比较分析，至少可以在以下几方面为今后中国财政政策的进一步优化，提供启示和借鉴。

（1）财税政策效应的发挥需要一定的稳定性，应尽可能减少政策转向的频率，以稳定微观经济个体的政策预期。尽管在宏观调控的各种政策组合中，财政政策的作用时滞较短。但其最佳效果的发挥仍旧需要一个相对较长的时间过程，因此需要尽可能保持政策力度的稳定性。20 世纪 30 年代的罗斯福新政就大体跨越了从 1933 年到 1939 年的近七年时间，其间也曾因转向财政紧缩而导致被称为"罗斯福萧条"的 1937 ~ 1938 年经济突然衰退。[①]因此，积极财政政策的反周期调控不应单纯着眼于短期内的扩张性刺激，而需要保持一定时段的扩张力度，并尽可能减少政策转向的频率，避免因微观经济个体对政策调整的预期紊乱，而影响消费与投资的激励效果。

（2）当前我国国债发行已接近国际公认的警戒线，"债务天花板"进一步提升的空间相对狭窄，对于可能的财政风险和通胀风险，需要保持必要的警惕。按照 2009 年 GDP 增长 8% 计算，我国 9500 亿元的财政赤字占 GDP 的比重约为 2.9% 左右，虽然低于罗斯福新政时期的这一比重，但已逼近《马约》规定的 3% 警戒线。[②] 有鉴于此，如果本轮扩张性财政政策未能尽

---

① 陈明等. 相信进步——罗斯福与新政［M］. 南京：南京大学出版社，2001：164 – 165.

② 对于《马约》的 3% 警戒线，后来国内学界和实务部门也颇多质疑。其实，根据笔者的早期研究，政府债务的适度性与财政危机的发生，具有较强的内生传导关系，但是单纯通过《马约》及《稳定公约》确定的财政状况稳定标准，并不能就一国政府债务的适度情况，得出全面的分析结论。总体而言，财政状况稳定标准是安全系数很高的风险控制标准，如果一个国家能够严格遵守这两条财政标准，那么该国的财政状况应该是较为安全的。但如果这两条标准被突破，也未必意味着就一定会发生财政危机（但其存在较高的财政风险，则是毋庸置疑的）。随着全球化下经济运行波动振幅的加大，各国需要寻求超越单向度指标（如赤字率、债务率）的简单控制方式，借鉴企业财务报表分析（如杜邦财务分析体系）的经验，尝试建立基于政府财务报告体系的综合预警指标体系。进一步论述，可以参阅：马蔡琛，黄年吉. 政府债务的适度性问题：基于欧元区财政警戒线的考察［J］. 经济纵横，2011（9）.

快取得预期效果，则今后继续保持较大力度的持续性财政扩张，将可能面临逐渐触及"债务天花板"的压力。

（3）在推进结构性减税政策的同时，酌情考虑提升高收入群体的税收贡献水平，进一步体现税收政策的公平与正义原则。回顾两次危机中的财税政策，提升富裕阶层税负水平是其共同的特征，这也是调节社会收入分配结构的税收公平原则，在政策实践中的具体表现。当前，由于权力和寻租行为对市场经济运行的不当介入，某些特殊利益团体其财富来源的正当性也不断被质疑。例如，自胡润富豪排行榜发布以来，税务机关针对上榜富豪所属企业的检查，也往往发现大量问题。① 从理论和实践层面看，目前已然具备了针对部分超级富裕群体较大幅度提高其税收贡献水平的社会要求和现实条件。

（4）完善财税政策调整中的立法监督和动态监控程序，在提升财政资金支出绩效的同时，完善政府治理结构的长期道路规则。② 对比两次经济危机中财税政策的启动，都体现了突出立法监督机构所关注的程序合规性原则。无论是罗斯福新政期间所取得的一系列立法成就，还是当前各国经济振兴计划在议会和行政机关之间折冲樽俎的过程，都体现了对于立法监督机构的高度重视，同时也强调了对于财政资金运行过程中的动态监控。其实，就一个处于社会转型期的经济体长远发展而言，建立经济运行秩序的"程序正义"原则，远较追求短期资源配置效率的"实体正义"原则重要得多。因此，在财政政策的运用中不仅要强化各级人大和审计机关对于政策调整合规性的审查，还需要加强财政资金运行过程中的全程绩效评估和实时动态监控，进一步完善政府公共治理结构的长期道路规则。

---

① 吴晓波. 激荡三十年：中国企业 1978～2008（下）[M]. 北京，中信出版社，2008：146.

② "道路规则"原本是指用于确保交通秩序的制度体系，后来美国学者詹姆斯·布坎南借用"道路规则"一词，形容影响政府公共决策方式和行为的根本制度。正如布坎南所指出的，"一场游戏有它的规则限定，而一场较佳的游戏只产生于改变规则"。"在其最一般的含义上，政治的一个功能，就是建立'道路规则'，这个'道路规则'使具有不同利益的个人和团体能够追求极为不同的目标，而不至于出现公开的冲突。"本书在此使用"道路规则"一词，用来形容政府公共治理结构的根本制度。进一步论述可以参阅：James M. Buchanan. *Constitutional Economics*，Palgrave，Macmillan and Co. 1987。

第2章　中国新一轮税制改革：
从单兵推进走向国家治理

2.1　货物与劳务统一征税的演化路径[①]

自1994年的全面税制改革以来，中国的增值税改革就被赋予了两个阶段性的目标："转型"和"扩围"。自2009年完成增值税转型（即从"生产型增值税"转变为"消费型增值税"）之后，第二阶段的改革目标随之纳入中国税制改革的视野。早先的税制简单地将货物及加工、修理修配劳务纳入增值税征收范围，其他劳务归为营业税征收范围的劳务课税模式，割裂了劳务行为在纳税上的统一属性，对于中国现代服务业的发展，产生了一定阻碍作用，不利于经济结构的进一步升级转型。

根据税收学的界定，货物是指有形动产，包括电力、热力、气体在内；劳务是以活劳动形式为他人提供某种特殊使用价值的劳动。随着经济结构的优化调整，世界各国经济普遍呈现向服务型经济转变的趋势，服务经济已在全球范围内发展并不断巩固。[②] 完善的劳务课税制度是加速现代服务业发展的保障，有利于服务业分工的精细化和经济发展方式的结构升级，提高信息化水平和自主创新能力。通过建立规范统一的货物和劳务税征管机制，有效降低科技研发和发展生产性服务业的成本，增强自主创新能力和科技发展动力，有力地推动服务业现代化和新型工业化进程。

[①] 马蔡琛，朱彤. 货物与劳务统一征税的国际经验及思考［J］. 学术论坛，2011（8）.
[②] 魏陆. 服务业发展与我国货物和劳务税制改革［J］. 中南财经政法大学学报，2010（1）.

2.1.1　各国货物与劳务课税的发展和演进

货物与劳务课税历史悠久，它是随着商品经济的出现和发展而产生并发展起来的。商品经济的范围和商品及劳务交易的方式、规模、环节、价格等诸多因素，决定着商品劳务课税的范围、规模、方式、环节等要素。① 纵观各国货物与劳务税制的改革历程，在建立完善的增值税体系之前，大致包括两种税制体系。

1. 存在成型但不甚完善的货物与劳务基础性税种

这类国家在流转税体系中一般都存在一种较为广泛的基础税种，在此基础税种上，通过扩围和兼并其他小的税种，最终形成统一完善的流转税体系。例如，法国在建立增值税之前实行的旧的流转税制度（该流转税仅限于对每个商品的交易环节课征 1% 的销售税）。这种多环节重复征税对商品生产和流通极其不利，不仅扭曲了商业竞争，也由此造成了生产与流通的过度集中。联邦德国在引进增值税之前，一直实行的是周转税②，针对商品和劳务交易收入的全额进行征收③。俄罗斯自 1992 年 1 月 1 日起开始征收增值税的同时，取消了此前存在的周转税和销售税。④

2. 货物与劳务各领域不同流转税种并行

这类国家一般没有普遍征收的流转税，但在不同领域均有各自特定的商品劳务税种，这些税种的征收范围互不交叉。如韩国在开征增值税之前，国内有营业税、纺织产品税、商品税、石油产品税、旅行税、通行税、电器税、娱乐税和食品税等多种小税种，覆盖着各个领域。印度曾长期受英国统治，其税制也深受英国影响，早期税制以所得税体系为主，没有真正意义上全国统一的货物与劳务税制，仅在各州存在着由地方单独开征的销售税。⑤ 1976 年，印度政府成立了"间接税调查委员会"，极力推荐在印度采用增值税的概念。该委员会推荐了"有限度增值税"（MODVAT）的改革方案，即

---

① 刘佐. 商品劳务课税的发展趋势 ［J］. 中国财经信息资料，2000（11）.

② 德国 1916 年为筹集军费开征了商品销售税，1918 年改为周转税。

③ 王国华. 外国税制 ［M］. 北京：中国人民大学出版社，2008.

④ 财政部税收制度国际比较课题组. 俄罗斯联邦税制 ［M］. 北京：中国财政经济出版社，2000：136.

⑤ 王国华. 外国税制 ［M］. 北京：中国人民大学出版社，2008.

仅在制造环节施行的增值税。最初有限度增值税只选中了中央消费税税目表第 37 章中的商品。后来其覆盖范围逐步缓慢拓展，逐渐涵盖了除烟草和其他几项商品外的所有制造部门。1994 年 3 月 1 日，有限度增值税又扩展到了资本商品。①

2.1.2　对货物和劳务统一征收流转税的利弊分析

由前述各国税制发展的经验看，对货物和劳务进行统一征税，是多数国家所采纳的流转税征收方法。这种处理方式具有以下优点。

1. 实行统一规范的税制体系，有利于加强征收管理

多种税制并存会使税务机构庞大，征税成本增高。同时，也使得上下级政府之间、不同征管单位之间的税权难以准确划分，不利于提升税务行政效率。统一货物与劳务课税制度，既有利于鼓励公平竞争，又可适度彰显税法的严肃性。

2. 体现税收中性原则，突出市场机制对资源配置的决定性作用

定义一种经济手段具有中性效应，是指经济调节手段的运作对市场微观主体行为的影响相对较小。就货物和劳务统一征税，使应税货物或劳务的税收负担，不受流转环节多少的影响。这样，企业就不会因税收而改变其既定的生产经营方式选择。

3. 分阶段征税，有效避免重复征税

对货物和劳务逐环节征税，在每一生产经营环节以销售额（或营业额）扣除外购货物和劳务的进价后，就其增值部分征税，保证了抵扣链条的完整，在一定程度上可以避免经济性重复征税的弊端。

4. 拓展增值税的征税范围，进一步丰富税源结构

货物和劳务税以实现销售的货物与劳务为征税对象，税基广泛且可靠，易于政府取得财政收入，使得该税种可以成为政府调节经济的一个重要杠杆，发挥着重要作用。

但对货物和劳务统一征收流转税，也存在一些内生性的问题。将各行业划归同一种税制统一征收时，行业税负难免发生变化，在短期内，会对企业

---

① 财政部税收制度国际比较课题组. 印度税制［M］. 北京：中国财政经济出版社，2000：234.

经营造成干扰和不利影响。如果设置新的税率以保持原有税负水平，这就破坏了单一比例税率的中性原则，差别税率会通过影响商品之间的相对价格而产生扭曲效应，造成新的税负不均衡和竞争不平等。现代货物与劳务税制体系中，多以增值税为主体税种，在将其他税种并入增值税范围的过程中，增值额的测度也是一个颇为棘手的问题。对于增值率较高、无形资产投入较大的行业①，如何确立行之有效的抵扣机制，是各国增值税"扩围"改革的技术性关键难题所在。

2.1.3 各国统一货物和劳务税制的主要方式

就全面实行增值税制度的国家而言，大多采用消费型增值税制度，多数国家对货物和劳务一律征税，覆盖农林牧业、制造业、建筑业、交通业、商业及劳务服务各个行业。这种实施范围广泛、覆盖各个行业的现代增值税制，在某种程度上体现了未来的间接税改革发展方向。增值税征收范围的演进，在世界范围内，可分为两种：

一是逐步拓展的渐进式改革。绝大多数是从工业生产制造环节开始，在取得征收管理经验之后，再延伸到商品批发、零售业，进而扩大到农业、服务业等。如法国最初仅在工业部门实行增值税，而在其他诸如商业、交通、服务等部门，仍实行着原有的流转税。到1968年，法国政府才逐步在各行业、部门广泛推行增值税以取代旧的流转税，形成了一套完善的增值税制度。② 联邦德国早期从法国引进了增值税，20世纪80年代中后期，德国进行了几次大规模的税制改革，其中就包括以收入型增值税取代地方营业税。经过40多年来的不断改进，德国增值税制度日臻完善，征收管理也较为规范并积累了大量经验（参见图2-1）。③

二是整体高速推进式改革。在建立增值税制度伊始就采用了一步到位、一推到底的全面的增值税，如韩国和印度尼西亚等国。韩国在1976年税制改革后，开始征收增值税。该税自1977年7月1日起，代替了当时在各领域中各不相同的流转税种，规定凡是在韩国境内提供应税商品和劳务以及进

---

① 如文化体育业、娱乐业、金融业等。
② 王国华. 外国税制 [M]. 北京：中国人民大学出版社，2008.
③ 王国华. 外国税制 [M]. 北京：中国人民大学出版社，2008.

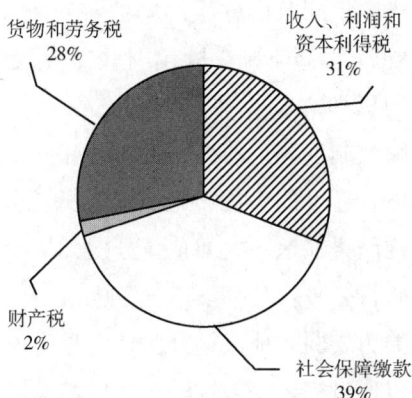

图 2 - 1　德国各类税收占税收收入总额的比重（2014 年）

注：剩余 0.01% 为附加税等其他较小税种。

资料来源：OECD 数据库。

出口商品的，不管是否以营利为目的，都应缴纳增值税。[①] 印度尼西亚是引入增值税制较为成功的东南亚国家。20 世纪 80 年代，为了增强宏观经济的稳定性和提高国际竞争力，印度尼西亚启动了间接税改革，以增值税方案[②]取代了销售税。改革后采用单一税率，统一定为 10%，除出口商品的税率为零外，国内商品和劳务几乎没有免税和低税率的待遇。[③]

2.1.4　"营改增"背景下的增值税央地分享改革

在我国"营改增"改革全面收官的背景下，鉴于营业税在地方财政收入中原有的主体地位，难免受到增值税"扩围"的影响，这对本已困难的地方财政（尤其是基层财政）提出了更严峻的挑战。为了弥补地方财政收入的损失，一个最简单的思路就是相应提高增值税的地方分享比例，以不影响地方财力的可持续增长为前提，调动地方改革的积极性。

在具体制度设计上，可以借鉴德国根据人口数来分配增值税的思路。在德国，增值税收入由联邦、州和地方三级政府间按比例分享，该比例约为

---

① 张玉辉. 外国增值税制度比较及对我国的建议 ［J］. 现代商贸工业，2008（3）.

② 包括增值税和奢侈品消费税。

③ 张玉辉. 外国增值税制度比较及对我国的建议 ［J］. 现代商贸工业，2008（3）.

48.4%、49.2%、2.4%。① 州政府分享的增值税收入中有75%的部分是按照各州居民人口数分配，另25%则分配给财政能力较弱的州，使其财政能力达到全国平均水平的92%。

就未来中国现代财政制度体系的纵向预算资源分布而言，在确定相应事权与支出责任的前提下，还可以考虑将地方分享的增值税收入，根据人口、社会商品零售额等客观因素在地区之间重新分配，从而充分考虑各地区的人口和经济发展状况，施行公平化分享。

同时，对于财政能力较弱的地区，针对地方政府因履行相应支出责任而产生的财力缺口，可以通过完善一般性转移支付增长机制以及相应的转移支付预算，来加以解决。一般性转移支付的增长机制，需要根据人口等客观因素，设计统一公式进行分配，真正实现转移支付资金分配的公开透明。这种从"以收定支"向"划分事权、以支定收"的思路调整，将有助于从根本上遏制地方政府的投资冲动与政绩压力，切实推动公共服务均等化，从而最终实现建设现代国家财政制度体系的改革目标。②

2.2 国际视野中的免除经济性重复征税③

2.2.1 免除经济性重复征税的主要方式

接续本书1.1的论述，在"法人实体说"与"法人虚拟说"的反复权衡中，各国开始逐渐探索解决企业所得税与个人所得税的双重征税问题。按照免除经济性重复征税程度的不同，各国的具体方案可以归纳为合伙法、已付股利扣除法、已付股利抵扣法、双轨税率法、股利所得免税法、股利所得抵扣法、归集抵免法及混合法等八种方式，除合伙法外，其中已付股利扣除

---

① 根据施文泼和贾康（2010）提供的德国增值税分配情况计算得出。在德国全部增值税收入中，除5.63%的部分用于养老保险资金外，其余的94.47%在三级政府间按比例分享。其中，2.2%的部分分配给地方政府，所余92.17%的部分由联邦政府与州政府按49.6%和50.4%的比例分享。进一步数据资料可以参阅：施文泼，贾康. 增值税"扩围"改革与中央和地方财政体制调整 [J]. 财贸经济，2010（11）。

② 马蔡琛，黄凤羽. 国家治理视野中的现代财政制度——解读十八届三中全会《决定》中的深化财税体制改革问题 [J]. 理论与现代化，2014（3）.

③ 马蔡琛. 免除经济性重复征税的方式及对我国的借鉴 [J]. 山西财经大学学报，2003（1）.

法、已付股利抵扣法及双轨税率法属于公司阶段的合并免除，股利所得免税法、股利所得抵扣法及归集抵免法属于股东阶段的合并免除，混合法则是指分别在公司与股东阶段采取不同的免除方式。在上述八种方案中，只有合伙法才是真正意义上的免除重复征税，其余 7 种方法都属于部分免除的方案。

1. 合伙法

合伙法（partnership approach）是将股东视为公司的合伙人，公司盈余不论是否分配，皆视为股东所得，按股东所适用的税率课征个人所得税，不再课征公司所得税，或即使公司所得税仍存在，也仅作为扣缴税款的媒介工具。这样，公司与股东的重复课税现象可以完全消除，各类所得的税负公平，并可维持个人所得税的累进；但因公司阶段的税收完全取消，将造成国家财政的一定困难。另外股东人数众多、股权交易频繁，将增加税务行政负担，而公司股份种类在一种以上时，则难以确定应分配的股利数。

目前除美国的 S 公司课税采用合伙法外，尚无任何国家采用。所谓 S 公司，简单讲就是小型企业，是指依照美国内地税法第 S 小节（subchapter S）规定课税的公司，其股东人数限制在 35 人以下，经其股东全体一致同意，于课税年度第三个月的 15 日前，选择按 S 公司的形态课税。① 在 S 公司情况下，公司的所得及费用全数归属于股东，即股东按其所持股份的比例，分配公司的所得、扣除额及损失等，公司并不缴纳公司所得税。

在美国联邦税务方面，小型企业选择将公司的收入、亏损、可扣除的支出和税务优惠分摊给股东们。小型企业的股东们将分摊到的收入或亏损申报在他们个人的纳税申报表上，并按他们个人的所得税率被课税。这样小型企业就可以避免公司的收入被双重课税。小型企业本身须负责缴纳内在增益（built-in gains）和未直接参与经营的收入（passive income）的税金。②

2. 股利扣除法和股利抵扣法

股利扣除法（dividend-paid deduction system）是指公司计算应税所得时，可就其已付股利的全部或部分或特定百分比，视同费用扣除，以余额作为应税所得额，计算公司所得税，使公司所得税具有未分配盈余税的性质。股东取得股利时，应将股利数并入分配年度的所得，计算其所得税；股利准

---

① 孙仁江. 当代美国税收理论与实践［M］. 北京：中国财政经济出版社，1987；89-90.
② 美国国内税务局网站：https：//www. irs. gov/businesses/small-businesses-self-employed/s-corporations。

予作为费用减除的比例越低，越接近独立课税制。该方法旨在消除公司采取募股与举债方式筹措资金的扭曲。

股利抵扣法（dividend-paid credit system）是指公司就其所分配股利的一定比例，抵扣其应纳的公司所得税。其目的与股利扣除法相同。

3. 双轨税率法

双轨税率法（split-rate system）是指公司盈余依分配与否，而适用不同的税率，已分配盈余适用较低税率，未分配盈余则适用较高税率。该方法下的公司所得税又称为"分别税率公司所得税"（the "split-rate" corporation income tax）。其主要目的在于消除已分配盈余与未分配盈余间的扭曲，并可减轻股利所得的重复课税现象，但影响公司自有资本的积累程度。

4. 股利免税法和股利抵扣法

股利所得免税法（dividend-exemption system）是指股东取得的股利，可全部或部分免于计入股东的应税所得，前者所称为全部免税法，后者所称为部分免税法。这使得个人所得税的累进程度降低，其税务行政较为简便易行。例如，希腊自1992年7月1日起，就公司盈余课征公司所得税后，分配盈余时，不再课征任何所得税，就属于全部免税法。

股利抵扣法（dividend – credit system）是指股东可就其取得股利的一定比例，抵缴其应纳所得税，目的在于减轻股利的重复课税。其计算公式为：股东应交所得税＝原所得税－股利×权数。

5. 归集抵免法

归集抵免法（imputation system）是指公司阶段所缴纳的公司所得税，可全部或部分抵免股东阶段的所得税。公司所分配股利已缴纳的公司所得税全部抵免股东所得税的，称为全部抵免制；仅能部分抵免的，称为部分抵免制。其抵免比例愈高，愈接近全部抵免制，抵免比例愈低，则愈接近独立课税制。股东应税股利所得为实收股利与可抵免税额之和，股东适用税率若高于抵免率，则须补税；股东适用税率若低于抵免率，则可退税。

6. 混合法

混合法（hybrid system）是指在公司及股东阶段，分别采用不同的免除方式，一般而言，公司阶段多用双轨税率法，对于公司分配的盈余适用较低的税率，另配合采用股东阶段全部归集抵免法、部分归集抵免法、股利所得免税法或股利所得抵扣法。

因各种免除经济性重复的方法较为复杂，为便于说明，现将其主要方案列表比较如下（见表 2 - 1）。

表 2 - 1　　　　　　　　　　免除经济性重复征税方案比较　　　　　单位：万元

	未实行免除重复征税方案	已付股利扣除法②	已付股利抵扣法③	双轨税率法④	归集抵免法⑤
（1）公司税前所得	100	100	100	100	100
（2）股利	40	40	40	40	40
（3）应税所得	100 =（1）	60 =（1）-（2）	—	60	100 =（1）
（4）公司的税负	25 =（3）×25%	15	5⑥	15⑦	25
（5）公司税后所得	75 =（1）-（4）	85	95	85	75
（6）股东的税负	8 =（2）×20%	8	8	8	0⑧
公司及个人税负合计	33 =（4）+（6）	23	13	23	25

注：

①假设公司所得税税率 25%，股东个人所得税税率 20%。

②已付股利采取全部扣除。

③抵扣率为 50%。

④公司阶段已分配盈余税率为零，未分配盈余税率 25%，股利分配率 40%。

⑤抵免率为 100%。

⑥公司抵扣前税负 = 税前所得 × 税率 = 25，抵扣额 = 股利 × 抵扣率 = 20，抵扣后公司的税负 = 25 - 20 = 5。

⑦因已分配盈余不课税（税率为零），故应税所得为未分配盈余（100 - 40 = 60），公司税负 = 未分配盈余 × 税率 = 15。

⑧此处计算过程如下：归集还原可抵免税额 = 公司税负 × 所得分配比例 = 25 × 40% = 10，股东个人所得税应税股利 = 现金股利 + 归集还原可抵免税额 = 40 + 10 = 50，股东个人所得税 = 应税股利 × 个人所得税率 = 50 × 20% = 10，股东净税负 = 股东个人所得税 - 归集还原可抵免税额 = 10 - 10 = 0。

资料来源：刘军，郭庆旺．世界性税制改革理论与实践研究 [M]．北京：中国人民大学出版社，2001：175。

2.2.2　免除经济性重复征税方案的选型现状

目前，免除经济性重复征税比较彻底的大部分为欧洲国家，其次为亚洲国家如（新加坡、马来西亚），美洲国家（如加拿大），另外澳大利亚、新西兰等国也不同程度地采用了免除经济性重复征税的有关方案。而实行"独立课税制"（即古典制）的国家则主要以美国、荷兰、卢森堡和瑞士为代表。然而，在 20 世纪末以来的世界性税制改革浪潮中，世界各国都纷纷采取措施对各种经济性重复征税现象加以免除。各国方案的选择不一，具体情况如表 2 - 2 所示。

表 2 - 2　　　　　　　　各国免除经济性重复征税方案选型比较

方案	采用国家或地区
全部归集抵免法	新加坡、马来西亚、澳大利亚、新西兰、法国、芬兰、意大利、挪威
部分归集抵免法	爱尔兰、葡萄牙、西班牙、英国、加拿大
股利所得法	希腊、卢森堡①、中国香港
股利抵扣法	丹麦（1991 年以前采用）、匈牙利、日本
混合法	德国②、冰岛③

注：①卢森堡采用部分免税法，凡以已缴纳公司所得税的盈余所分配的股利，该股利的 50% 准予免税。

②德国的混合制于公司阶段采用双轨税率制，于股东阶段则用全部归集抵免法。

③冰岛的混合制于公司阶段采用部分股利扣除法，于股东阶段采用部分股利免税法。

在国际税收实践中，合伙法、股利抵扣法目前未曾采用。混合法涉及公司和股东两个方面，税务行政较为复杂，采用的国家也较少。双轨税率法虽在一些国家被采用，但各国之间实际使用的税率大相径庭，反映出目前尚缺乏一个能为各国普遍接受的标准；而且双轨税率法最多也只能部分地减轻重复课税问题，而资本市场中的超额税收负担问题并未触及。

股利扣除法于 20 世纪 30 年代在美国实行时，受到各公司的强烈反对，其主要理由是这一方法鼓励将公司盈利分配掉，以便得到尽可能大的税收扣除，这就降低了公司积累必要资金进行投资的能力，特别是在资本市场紧缩时，这种影响更为严重。

采用股利所得抵扣法的国家也相对较少，较为典型的如日本。日本个人所得税法为避免个人所得税和法人税的双重征税，设置了股息抵免项目。应纳税总所得额低于 1000 万日元时，扣除额为股息所得的 10%，应纳税总所得额超过 1000 万日元时，扣除额为股息所得的 10% 和超过部分的股息所得的 5% 的合计金额。为避免国内个人所得税和外国个人所得税的双重征税，设置了外国税额抵免。日本居民的国外来源所得，依据外国法律已缴纳的外国税额，可以从日本的个人所得税和居民税中抵免。①

股利所得免税法因仅对公司的盈余课税，对股利所得免税，相当于对股利的分离课税，具有分类所得税的性质。而从目前世界各国对于个人所得税的设计来看，除拉美、非洲和中东地区的一些国家实行二元所得税制（大体类似于我国拟议中的分类与综合相结合的模式）以及极少数国家采用纯

---

① http://www.ctaxnews.com.cn/guoji/guojifa/Japan/201410/t20141021_25535.htm。

分类性所得税模式外，绝大多数国家采用各类所得合并课税的综合课征模式，以使各类所得间的税负公平，并维持适度累进，以体现量能负担的公平原则。我国今后在个人所得税模式的选型上，也已然具备了逐步由分类课征模式向综合课征模式转化的主客观条件。①

在归集抵免法下，公司发放股利按股东的边际税率课税，即将公司就已分配利润所缴纳的公司所得税，按股东的持股比例，可以全部或部分抵免股东的个人所得税。这种方法以税收抵免的形式，将公司所得税与个人所得税有机结合起来，借以缓解或消除对股息的双重征税。归集抵免法已成为绝大多数国家免除经济性重复征税的惯例。在欧共体 12 个成员国中，截至 21 世纪初叶，已有 7 国相继实行此法，加拿大和土耳其也加以效仿。

2.2.3 国际经验对我国所得税制设计的启示

我国现行所得税基本上采用"独立课税制"的传统观点，对内外资企业统一征收 25% 的企业所得税；对个人取得股息、红利所得通常按 20% 的税率缴纳个人所得税。

至少从理论上看，这种做法实际上是对股份公司作为股息、红利的税后利润的再次征税，存在着一定程度的经济性重复征税。这不仅有违税收公平原则，形成了对股息、红利所得的税收歧视，而且也有悖于经济效率原则。由于公司的利润和分派的股息要分别纳税，则公司分配的股息收入越多，税负也就越重。这种政策会妨碍股东将分得的股息收入投入到更有效率的公司中去，同时也导致股份公司通过少分红利而拉升股价的方式帮助股东避税（我国目前对股票转让所得等资本利得，基本上不征收个人所得税）。另外，对个人取得公司所送红股，通常情况下也按股票面值的 20% 计税。这与多数国家鼓励投资，不将股票股利视为股东的应税所得，准予其免纳个人所得税的通行做法相违背。②

即使作为坚持"独立课税制"原则代表的美国，近年来，也在探索实现公司所得税统一化的道路。美国财政部早在 1992 年就对公司及其股东的

---

① 各国税制比较研究课题组 . 个人所得税制国际比较 [M]. 北京：中国财政经济出版社，1996：73，79.

② 黄凤羽 . 关于我国证券市场的课税问题 [J]. 税务研究，1998（7）.

课税制度的可能改革方案发布了一个报告。作为对美国目前实行的"古典所得税制"的替代方案，该报告研究了对公司和股东征税一体化的各种可能方案。① 美国在 2003 年开始对股东个人取得的股利实行优惠税率，按照对资本利得的税率征收，并酝酿提出股利豁免个人所得税的方案。一些欧盟国家则将长期实施的股东个人取得股利给予税收抵免的做法，转为对股东取得的股利给予部分豁免个人所得税的方法。②

综上所述，我们认为，有必要对我国现行所得税制加以适当改进，以免除这种经济性重复征税。在我国企业所得税和个人所得税并行的税制模式下，消除重复征税的方法大致有以下两种：

从近期考虑，在个人所得税实行分类课征制时，可采用股利所得免税法。即对股东的股息收入不作为应税所得，免交相应的企业或个人所得税。这种做法操作便利，消除重复征税也较为彻底。

基于在我国税收征管现代化水平有待进一步提升，个人财产登记制度尚在完善过程中的现实，如果采用归集抵免法，即把公司缴纳的全部或部分税款，归属到股东所取得的股息中，以抵免股东的所得税，这就要求对每一位股东的每笔所得分别计算。首先，要将现金、实物或股票等各种形式的股利折合为价值形式；其次，要区别每位投资者的股利来源于哪个公司，并查找每个公司的本年度实际纳税资料，将其全部已纳税款分摊到所分配的股利中。这在我国目前企业所得税征管技术条件下，是颇难完成的，况且公司的企业所得税和股东的个人所得税在相当程度上仍旧分属不同的税务局征收，其征收成本之高是可以想见的。另外，我国当前多数公司尚处于成长期，"多投资少分红"的利润分配方针被许多公司采用，从整体上看，股东实际收到的股利并不多，其收益大多是从股票转让而来，所以免征其股息的所得税，也不会给国家财政带来过大损失，反而可以节约大量征税成本。因此，采用股利所得免税法是近期现实的选择。

从远期考虑，在将来个人所得税实行综合课征制时，可改为归集抵免法。从世界税制改革的趋势来看，实行综合课征制是我国个人所得税改革的长期发展方向。随着个人财产登记制的施行和银行存款实名制的日益完善、

---

① 美国财政部：《财政部关于个人所得税和公司所得税税制一体化的报告：对营业利润征税一次》，1992 年。
② 王建伟. 个人所得税与企业所得税一体化的思考［J］. 中国财政，2009（8）.

各地税务机关信息资源共享水平的提升等一系列实施综合课征制条件的成熟，在处理企业所得税与个人所得税关系问题上，可改为实行归集抵免法。其主要原因有二：一是征管手段的现代化，为归集抵免法下降低征税成本创造了条件；二是届时我国资本市场的发育已基本成熟，股东的股息收入已成为颇为可观的税源，如再采用股利所得免税法，将会导致国家财政收入的流失。因此，适时引入归集抵免法将是远期可行的选择。

2.3　个人所得税综合课征对婚姻家庭的影响①

税收政策对于男女两性是否会产生不同的影响差异，也就是税收政策中的社会性别影响问题，无论对于中国的税收学界，还是对于妇女/性别学研究而言，都是一个鲜有涉及的新颖话题。其实，当我们从现代财政制度建设的视角对这一问题加以考察的时候，可以发现，包括税收政策在内的各种公共政策，对于不同的利益群体将会产生不同的社会经济影响。而在各类群体划分中，性别分类则是其中最为重要的类型分布之一。从性别视角来考察税收政策对男女两性的影响差异，也是建设现代税收制度的重要议题。就中国税收管理的未来发展而言，需要从跨部门的视角，考察税收政策对男女两性的经济社会影响及其差异，并通过性别敏感分析，提升税收政策的现实作用效果。

其研究意义主要体现为这样几个方面：

首先，性别中性（或者说更能体现性别平等）的税收政策，可以促进男女两性在经济地位上的平等，进而提升社会生产力和经济效率。如果能够从税收政策的改革上，减少男女两性的工资和就业差距，无论对经济结构和社会发展的影响都是巨大的。在世界范围内，尽管缺乏促进性别平等的税收政策对经济发展作用的系统性实证研究，但税收政策可以有效地影响男女两性工资差距和就业，仍具有某些不言自明的色彩。世界银行 2001 年的报告称，如果消除男女两性的工资和就业差距，国内生产总值会一次性地增加 6%，整体经济效率也会大幅提高。高盛公司 2007 年的研究报告也显示，不

---

① 马蔡琛，刘辰涵. 税收政策中的社会性别因素：基于个人所得税视角的考察 [J]. 经济与管理研究，2011（12）.

同国家或地区只要缩小男女间的就业率差距，就能大幅度提高国民生产总值（欧盟地区可以提高13%，日本提高16%，而美国可以提高9%）。

其次，性别中性的税收政策有助于性别平等目标的实现，并进一步推进税收管理的精细化。当前的税收政策往往忽视了女性的家务劳动、生育、照顾子女等不计入GDP的劳动和服务贡献，而这些劳动和服务对经济发展与社会进步有着巨大的作用。性别中性的税收政策需要考虑女性在这方面的贡献，更好地促进男女平等。

再次，性别中性的税收政策有利于解决贫困问题。据估计，世界贫困人口中女性占70%[①]，全世界3300万难民中大约72%是妇女和儿童，在发展中国家，女性只拥有2%的土地[②]。在现时的中国，以家庭为单位来获得和分配资产，掩盖了男性和女性在获得不同资产（尤其是土地资产）的不平等。另外，同工不同酬、女性失业率高等现象仍然存在，一个常见的现象就是城市女性多从事收入较低的职业。兼顾性别影响的税收政策可以促进男女平等、缩小收入差距，从而有效促进贫困问题的解决。

最后，税收政策中性别因素的考量，有助于社会性别预算改革的进一步深化。2009年以来，社会性别预算的研究和实践在中国有了长足的进展，但其指向多为从预算支出角度来考虑性别影响差异。从收入角度，尤其是税收政策的社会性别影响，在中国乃至世界范围内，均少有研究和实践。其主要原因在于，税收政策的性别影响是性别预算改革的一个方面，需要在性别预算改革已有积淀的基础上才可能顺利推进；而税收政策中社会性别因素的考察，也将进一步丰富性别预算收入一翼的深化研究。

税收政策性别影响的研究源于社会性别预算问题[③]，对性别预算的研究起初集中于财政支出方面，进而发现收入环节（尤其是税收政策）同样会对男性和女性产生不同的影响。随着性别预算的发展与推进，越来越多的国家意识到公共财政收入与性别预算同样具有密切联系，并开始在注重预算支

---

① 资料来源：世界贫困日：投资女性——解决贫困难题［OL］. http：//www. wfnet. org/sites/wfnet. org/files/jenn/Poverty%20Statistics. doc。

② 资料来源：国际农业发展基金网站，http：//www. ifad. org/pub/factsheet/women/women_e. pdf。

③ 社会性别预算是在社会性别主流化过程中，通过分析公共预算对男女两性的不同影响，从而使公共预算满足不同群体的不同需求，是促进性别平等的一种手段和途径。进一步论述可以参阅：马蔡琛等. 社会性别预算：理论与实践［M］. 北京：经济科学出版社，2009。

出分析的同时，加大公共预算收入的分析力度。① 例如，英国的性别预算最先关注到税收、国有资产使用收益等预算收入，对于推动性别平等的重要作用；比利时专门成立专家委员会就个人所得税申报方面的直接或间接性别歧视问题起草报告；奥地利从社会性别平等视角，就其税务制度进行了相关研究；西班牙在有关社会性别平等的公共政策中，纳入了分析公共税收、税率和价格的内容。对于公共财政收支全过程的分析，有助于将社会性别意识纳入公共预算决策和执行的全部过程，更好地实现财政精细化管理。

2.3.1 相关研究述评

税收政策对不同性别的劳动者有着不同的影响，国外学者多依税种分类来考察不同税种对男女两性的影响，主要包括税收政策对不同性别带来的劳动供给变化、家庭劳动时间变化、收入变化、就业水平变化及生活水平变化等。

所得税方面，斯托茨基（Stotsky，1997a）指出，在个人申报税制和联合申报税制中存在显性或隐性性别歧视②。芬伯格、罗森（Feenberg & Rosen，1995）③ 和艾莎（Eissa，1995）④ 则考察了美国个人所得税改革后女性劳动力的变化情况。史密斯（Smith，2000）研究了南非企业所得税对不同性别劳动者和企业主产生的影响。⑤

流转税方面，埃尔森（Elson，1999）指出男性和女性有着不同的消费模式，因而增值税和消费税对男女两性的影响有差异。⑥ 范·斯塔文和阿卡拉姆·罗迪（Van Staveren & Akram-Lodhi，2003）则探索了越南的增值

---

① 马蔡琛等. 社会性别预算：理论与实践 [M]. 北京：经济科学出版社，2009：63.

② Stotsky, Janet（1997a）. "Gender Bias in Tax Systems", *Tax Notes International*, 9 June, pp. 1913 – 1923.

③ Feenberg, Daniel and Rosen, Harvey（1995）. "Recent Developments in the Marriage Tax", *National Tax Journal* 48（1）：91 – 101.

④ Eissa（1995）. "Taxation and Labour Supply of Married Women：The Tax Reform Act of 1986 as a Natural Experiment", *NBER Working Paper* No. w5023. Cambridge, MA：National Bureau for Economic Research.

⑤ Smith, Terence（2000）. Women and Tax in South Africa. In Debbie Budlender（ed.）. *The Fifth Women's Budget*. Cape Town and Pretoria, South Africa：IDASA（Institute for Democracy in South Africa）.

⑥ Elson, Diane（1999）. Labour Markets as Gendered Institutions：Equality, Efficiency and Empowerment Issues, *World Development* 27（3）：611 – 627.

税对女性控股的中小型企业的影响，并指出越南税制对这类企业的歧视状况。[①]

佐·兰德里阿马罗（Zo Randriamaro）在《社会性别与贸易概要报告》中详细介绍了关税增减对不同国家男性和女性的收入、就业等影响。[②] 戈德曼·塔尼亚（Goldman Tanya，2000）探讨了南非进口税和消费税政策变化可能对女性相关部门的影响，并分析了南非贸易政策转向出口导向增长和关税削减，如何促使南非低技术产业（女性在这些行业比较集中）的国际竞争力增强。[③]

需要指出的是，无论是国外还是国内，以性别分类进行的经济统计分析中，税收政策性别影响的研究仍然相对缺乏，为数不多的研究也多为定性分析，相关定量分析还有待进一步探索。

2.3.2　税收政策性别影响的理论依据：税收性别歧视与无酬劳动

1. 税收性别歧视

伴随着时代进步，税收制度也在不断完善，并反映着社会和文化的普遍规则。而这些规则中也包含着性别歧视，这种歧视在某些税收制度中也或隐或现地体现出来。税收政策会造成两种性别歧视（Janet Stotsky，1997）：[④] 显性性别歧视和隐性性别歧视（explicit gender bias and implicit gender bias）。

显性性别歧视表现在特定的法律条文中，这些条文对男性和女性采取区别对待的方式。显性歧视相对容易分辨，因其主要基于对税法条文的解释。无论在发展中国家还是发达国家，这种显性歧视多见于个人所得税。例如，1995 年之前的南非，已婚女性的个人所得税率比已婚男性高，这就是在税法条文上的显性歧视。在现代税制中，显性的性别歧视已然基本

①　A Haroon Akram-Lodhi, Irenne van Staveren (2003). A Gender Analysis of the Impact of Indirect Taxes on Small and Medium Enterprises in Vietnam Small and Medium Enterprises in Vietnam.

②　Zo Randriamaro. *Social Gender and Trade Summary Roeport. Bridge* in Institute of Development Studies，2006 – 1.

③　Goldman，Tanya (2000). Customs and Excise. In Debbie Budlender（ed.）. *The Fifth Women's Budget.* Cape Town and Pretoria，South Africa：IDASA. http：//www. idasa. org. za/pdf/940. pdf.

④　Stotsky，Janet (1997). "Gender bias in tax systems"，*Tax Notes International*，9 June，pp. 1913 – 1923.

销声匿迹。

隐性性别歧视，即基于社会工作分配或经济活动造成的对男性和女性的不同影响。如对某些女性就业比例较高的行业征收重税，实际上就属于一种隐性的税收性别歧视。隐性性别歧视主要是因为税收制度和政策的制定，未能充分考虑性别差异而造成的。

2. 照料经济与无酬劳动

照料经济（care economy），也称基于照料劳动的经济，是指对人的直接照料活动，包括涉及生育、照料他人和创造安全且具亲和力的社区等所有活动。① 现实生活中照料劳动主要由妇女以无报酬劳动的方式承担。在现行的国民经济账户（SNA）核算中，无酬劳动的价值并不计入。而1995年联合国开发计划署的人类发展报告估计，如果将无酬劳动和有酬劳动都计入经济活动，那么女性的贡献率将高达51%。

照料经济和无酬劳动在税收政策制定中十分重要。首先，忽视照料经济和无酬劳动会造成社会性别歧视。例如，在坦桑尼亚的个人所得税收入认定上，家庭产业的收入被认定为丈夫的收入，而完全忽视了妻子的家庭产业劳动价值。其次，如果在制定税收政策中同时考虑照料经济和无酬劳动的贡献，对增加女性劳动供给有着极大影响。比如，在对个人所得税家庭联合申报中，给予育儿补贴，女性就可能选择将孩子送到专业的育儿所，自身进入劳动力市场工作获取报酬，以增加劳动力供给。

2.3.3　税收政策的社会性别影响分析：以个人所得税为例

本节对个人所得税的性别影响分析，集中于税前扣除标准、独立申报、联合申报、劳动供给影响、生育、综合课征模式等方面。

1. 个人所得税扣除标准变化的性别影响

个人所得税的税前生计扣除标准，对男性和女性的影响，与相关国家男女两性的收入状况有关。一般来说，由于女性工资和个人所得往往比男性

---

① 照料劳动主要分为三大部分：与生育相关的工作、照顾家庭及家庭成员的活动、在社会上免费照顾老弱病残的义务劳动。照料劳动分为有偿的和无偿的，有偿照料劳动主要由政府支持的事业单位和营利性企业提供，无偿照料劳动多由家庭成员、亲戚朋友或者公益性社会组织提供。资料来源：董晓媛. 照顾提供、性别平等与公共政策——女性主义经济学的视角［J］. 人口与发展，2009（6）。

低，提高生计扣除标准不仅对穷人有利，也对大多数女性有利。然而，过犹不及，如果现行个人所得税扣除标准已经很高，大多数女性的个人所得已低于扣除标准，那么提高扣除标准就只会使男性获益更多。如何判定个人所得税扣除标准变化的性别影响，需要更深入的分性别收入区间调查，而大多数国家在这方面的数据搜集均较为匮乏。

2. 个人所得税独立申报制度的性别影响

通常，个人纳税申报制度可能存在三种隐性的性别歧视：非劳动收入和劳动收入的分配、税收优惠和豁免的分配、税率设计。

第一种性别歧视是非劳动收入和劳动收入的分配。

一般情况下，个人所得税的收入申报中，工资收入归属于个人，但非工资收入在家庭中的归属就不那么简单了。税法针对这些收入采用多种方法来确定归属，包括将收入归属较高的收入者，把收入平均归属夫妻双方，允许夫妻决定如何确定收入归属，或者将收入归属于拥有合法财产权的一方。但在某些国家，不管现实如何，税法均规定将非工资收入归属于丈夫，如在拉丁美洲、亚洲、非洲的某些国家，允许女性按自身的工资收入纳税，但非劳动收入要归属丈夫，并据此确定各自的应纳税额。

在一些国家或地区，纳税申报时家庭产业的收入归属于丈夫，而忽视了另一半对家庭产业的影响。例如，在坦桑尼亚，家庭产业的收入被认定为丈夫的收入，依此确定应纳税额。通常这种规定的理由是防止避税，但随着税务行政手段的日臻完备，这类避税问题已不难解决，此种歧视性税收政策其实早已没有存在的必要。

第二种性别歧视是豁免权的分配。通常，政府以多重目标给予税收豁免或扣除，如抚养孩子或者有失业的配偶。不同国家对豁免权归属的规定有所不同。如在约旦，如果丈夫和妻子分别进行纳税申报，一些扣除额只有丈夫享有而妻子没有。再如，在津巴布韦，配偶没有工作的男性可以享有一项特殊优惠，而同样境况的女性则不能享有这一政策。

第三种性别歧视表现在税率结构上。如前述的南非，其早期税制规定，已婚女性比已婚男性的适用税率要高。

3. 个人所得税联合申报制度的性别影响

在美国和欧洲的大部分国家，家庭联合申报纳税需要将家庭成员的收入加总，以确定应纳税额，这样家庭总收入就会处于较高的边际税率区间。如果每个家庭成员分别独立申报纳税，其适用边际税率就比较低。较高的边际税率会降低女性参加有酬劳动和兼职工作的积极性。联合申报纳税制度源自于传统的家庭观念，即通常认为丈夫是家庭的主要经济支持者，而妻子则专门负责照顾儿童和家务。实行促进性别平等的税制，可以考虑夫妻收入分开适用税率，或者实行家庭税率，即对家庭联合申报的收入给予比单身无其他负担（如配偶、孩子、老人、病人等）的纳税人更低的税率或者一些税收优惠和豁免。

斯托茨基（Stotsky，1997b）指出，在联合申报中存在两种形式的社会性别歧视。一种形式是税收优惠只提供给丈夫。[①] 比如一项免税项目只授予已婚男性，而已婚女性不可享有此好处。某些中东和北非国家允许有孩子的男性之收入可以享有税收减免；而女性只有作为家庭唯一经济支柱时，才可享有这一税收减免。第二种性别歧视的形式是联合申报纳税报表只能以丈夫的名义提交，这样妻子就缺乏独立纳税人的存在性（1990年之前的英国就曾实行这种制度）。

4. 个人所得税对已婚女性劳动供给的影响

如前所述，实行累进边际税率的联合申报纳税制度，会削弱夫妻二人中收入较低一方的工作积极性，因其较低之收入将不得不承受更高的边际税率。这也就是所谓的"婚姻惩罚"（marriage penalty）。

实证研究也显示，已婚女性（往往是夫妻中次高收入的一方）的劳动供给弹性比已婚男性要大。1981年美国税法实行次高收入同样享受扣除额的政策，费恩伯格和罗森（Feenberg & Rosen，1995）的研究发现[②]，这一政策实施后，享有扣除额反而促使女性更多地加入劳动力市场，税收收入总体上并未减少。艾莎（Eissa，1995）对美国1986年税制改革的研究显示[③]，将最高边际税率从50%下调为28%时，女性愿意提供劳动的积极性明显比男性高。所以，无论从性别平等视角还是减少无谓损失、提高经济效率的角度，已婚女性适用的税率应该比其他劳动者略低。

但是，从传统学术角度看税收对劳动力供给的影响，通常是假定有薪工

---

① Stotsky, Janet (1997). "How Tax Systems Treat Men and Women Differently", *Finance and Development*, March: 30 – 33.

② Feenberg, Daniel and Rosen, Harvey (1995). "Recent developments in the marriage tax", *National Tax Journal* 48（1）: 91 – 101.

③ Eissa, Nada (1995). "Tax and transfer policy and female labour supply", *National Tax Journal Annual Proceedings*, 1995.

作的另一个选择是休闲，而大多数妇女则是在家庭生产和休闲之间分配时间。这种传统观点显然是错误的：当不把家庭生产纳入分析时，已婚妇女的劳动供给反应就会被严重低估。另外，当妻子拥有工作而没有时间照顾孩子，孩子的护理和照顾往往需要支付费用，而母亲照顾孩子的时间成本往往被假定为零。通过对欧洲国家的数据分析，阿普斯（Apps，2002）发现[1]，如果提供育儿补贴或相应的税收扣除，对女性劳动供给和生育有极大的促进作用，因为市场提供的育儿服务和母亲的育儿服务是十分相近的替代品。至于这一政策在不同收入阶层女性和不同经济发展阶段所产生的效果，则仍有待进一步研究。

5. 个人所得税对生育的影响

对人口下降的担忧，促使政府接受一些促进生育的政策，这些国家包括加拿大、新加坡、法国、匈牙利等。大多数发展中国家都在努力降低生育率，但这些国家税收政策对生育的影响，尚缺乏必要的量化分析。

就发达市场经济国家而言，惠廷顿（Whittington，1990）研究了美国个人所得税豁免对生育的影响。[2] 他们使用了1913年到1984年的生育数据，来确定豁免水平变化对生育率的影响。其研究显示，个人豁免会对出生率有促进作用，个人豁免可看作抚养孩子的经济费用减少。尽管豁免额变动对出生率变动的影响并不很大，但研究表明，政府可以通过税收政策的变动来影响国民的生育决策。但针对额外多生的孩子征税，对穷人来说并不公平，因为穷人往往倾向多生孩子。

6. 个人所得税综合课征模式的性别影响

综合所得税制削弱了女性的劳动参与率，综合所得税制对于女性劳动参与率的影响，主要通过三个影响渠道发挥作用：一是，通过女性收入适用边际税率的提升，削弱了已婚女性的劳动参与积极性；二是，对双职工家庭具有某种惩罚效应，而单职工家庭则受益较大，导致女性更倾向于选择作为全职太太；三是，因女性劳动供给对税收变化更敏感，故在相同的税制变化程度下，女性更有可能在"参与"或"放弃"工作之间，重新做出权衡。

---

① Apps，Patricia and Rees，Ray（2002）．"Fertility，dependency and social security"，*Australian Journal of Labour Economics* 5（4）：569 – 585．

② Whittington，Leslie，Alm，James and Peters，Elizabeth（1990）．"Fertility and the Personal Exemption：Implicit Pronatalist Policy in the United States"，*American Economic Review*，80（3）：545 – 556．

综合所得税制降低了女性非工资性收入的比例。综合所得税制对女性非工资性收入的影响，主要体现为两个方面：一是，通过缩小边际税率的差异，弱化了将非工资性收入转移至女性的激励；二是，由于女性劳动参与率的降低，间接削弱了女性对非工资性收入的分享。在家庭中存在个体经营者的情况下，这种影响表现得更为明显。

2.3.4　化解综合课征制性别歧视的国际经验

1. 适度降低税率，简化税率级次

1986 年之前，美国个人所得税包括 14 档纳税级次（11%～50%），一些高收入的已婚女性面临颇为沉重的税负。从 1981 年起，家庭中的次高收入者被允许给予 10% 的税收优惠，且适用的边际税率也有所下降。[1] 在此后的税制改革中，其个人所得税的征管模式继续向宽税基、低累进的方向演化，最高收入者同时享有最高的税收优惠，并且最高边际税率由 50% 降至 28%。[2] 相关研究显示，在税制改革后，高收入已婚女性的劳动供给明显增加：1970 年，已婚女性劳动参与率为 46.3%，1989 年则已达到 59.3%。根据美国发布的 2014 年个人所得税调整政策显示，2014 年美国的个人所得税纳税级次已降到七档，最高边际税率为 39.6%。[3]

1979 年初，英国个人所得税的最高边际税率为 83%，超过特定起征点的投资所得还要加征 15 个百分点（相当于 98% 的最高边际税率）。但是，在同一年中，英国政府又不得不将个人所得税最高税率降至 60%，1988 年又降低至 40%，同时取消了投资所得的附加税。[4] 与之相应，英国已婚女性劳动参与率持续上升，由 1971 年仅为 49% 上升至 1988 年的 57%，1992 年税率和级次调整基本完成时，已达到 63%[5]（见表 2-3）。英国的个人所得税超额累进税率设计较为简洁，近 10 年来，其税率结构持续稳定在低税率 10%、标准税率 20%、高税率 40% 的 3 级超额累进格局上。在 2011 年，英

① Eissa N. Taxation and Labor Supply of Married Women: the Tax Reform Act of 1986 as a Natural Experiment [R]. National Bureau of Economic Research, 1995.

② 杨春梅. 经济全球化与世界所得税制改革 [J]. 涉外税务, 2001 (1): 37-40.

③ 资料来源: http://www.chinatax.gov.cn/2013/n31886/n37074/n37075/c699374/content.html。

④ 俞云峰. 西方国家个人所得税制改革的经验及启示 [J]. 经济体制改革, 2012 (2).

⑤ Fleckenstein T, Lee S. C. The Politics of Postindustrial Social Policy Family Policy Reforms in Britain, Germany, South Korea, and Sweden [J]. *Comparative Political Studies*, 2014, 47 (4): 601-630.

国个人所得税在高税率40%（或45%）的基础上附加了一档50%的税率。在促进经济复苏的背景下，2012 年 3 月财政大臣奥斯本在发布 2012～2013 财年预算时表示，从 2013 年 4 月开始个人所得税最高税率从 50% 降低至 45% 。[①]

表 2 - 3　　　个人所得税最高税率、税级及已婚女性劳动参与率变化

年份	美国			英国		
	最高边际税率（%）	税率级次	已婚女性劳动参与率（%）	最高边际税率（%）	税率级次	已婚女性劳动参与率（%）
1971	50	14	45.9	83	10	49
1988	28	6	63	40	2	57
1992	31	3	63.6	40	3	63
2002	38.5	6	71.9	40	3	71.4
2006	35	6	66.1	40	3	65.8
2014	39.6	7	—	45	3	—

资料来源：江月. 个人所得税税率的国际比较及其对中国的启示——以美英两国为样本 [J]. 经济与管理，2008（4）：73 - 76；OECD（2014）. Employment（indicator）. doi: 10. 1787/1de68a9b-en（Accessed on 02 August 2014）。

2. 调整税前费用扣除政策，激发女性投身劳动力市场的积极性

以美国为例，其现行税制中规定有多种费用扣除政策，其中，儿童抵免政策（child tax credit）[②] 和儿童及被扶养人开支抵免政策（child and dependent care tax credit）[③] 最具性别平等色彩。这两项规定均衡了联合所得税制引致的夫妻共同适用边际税率上升的问题。此外，由于女性劳动供给对税收的变化更为敏感，这种适用于夫妻两人以及整个家庭的费用扣除政策，会对女性劳动供给产生更大的影响。自 1975 年起，美国实行劳动收入费用扣除（EITC）政策，向低收入劳动者提供不超过收入 45% 的劳动收入费用扣

---

① 央视网. 人民网 - 国际频道：《英国 2012 财年预算正式出台》，http：//news. cntv. cn/ 20120324/114892. shtml.

② 根据美国税法，有 17 岁以下子女的纳税人可部分退税，每名子女享受 1000 美元的费用扣除，由于纳税义务不足而未申报的抵免可进行退税。

③ 税法为工作或就学的父母提供对儿童及被扶养人照料开支的费用扣除。

除。这种制度采取分段式结构，会使纳税人的边际税率发生四种变化。[1] 这种分段式的税制结构对不同群体的作用有所不同，其中对 20～24 岁之间女性劳动者的所得增加影响最为显著，因其收入很少且往往处于抑制劳动供给的抵免递减阶段。[2] 事实上，在 1989～2002 年间的费用扣除政策扩张时期内，单身母亲的劳动参与率确实提高了 14%。[3]

与之相似，澳大利亚自 1997 年起，也实行了类似的费用扣除政策，包括针对儿童的税收抵免以及单职工家庭的税收优惠，促使女性劳动参与率上升。数据显示，澳大利亚女性劳动参与率在 1997 年内上升了 1.2%，到 2000 年累计上升 4.4%。[4]

再如，1985 年，德国通过了关于"减税及减轻家庭负担"的法案，大幅度降低了个人所得税的累进性，同时依据家庭抚养人口数量确定费用扣除额。这项改革刺激了德国已婚妇女参与工作的积极性，一向平稳的女性总体劳动参与率在此后的四年中上升了 2.6%。

英国在 20 世纪 40 年代，为满足企业对女性劳动力的需要，两次提高女性所得的豁免额，这鼓励了已婚女性（尤其是低收入者）走出家门参加工作[5]，并规定在家庭所得扣除项目中，豁免掉低收入已婚女性的部分，使其不纳税。因此，家庭主妇如果临时辞职后重新参加工作，并不会提高整个家庭所适用的税率等级，这有效提高了英国已婚女性参与工作的积极性[6]。此外，如果已婚女性的收入超过其豁免临界值，则会比单身时征税更多。在这种情况下，英国女性可以选择作为独立个体进行报税，这是在美国等其他联

---

①　在抵免额递增阶段，纳税人增加的一美元收入可获得相当于抵免率的抵免额。此时，劳动收入费用扣除事实上就是一项工资补贴制度，对工作有正的激励作用。在抵免额不变阶段，纳税人实际边际税率变为零，因此对工作的正向激励受到一定限制。在抵免额递减阶段，纳税人的实际边际税率是法定边际税率与抵免递减率的加总。此时，该项制度就是一种负激励。在最后阶段，由于抵免归零，纳税人的实际边际税率就是法定边际税率。资料来源：余显财. EITC：最低工资与福利制度创新 [J]. 财贸经济，2010 (3)。

②　Neumark D, Schweitzer M, Wascher W. Minimum Wage Effects Throughout the Wage Distribution [J]. *Journal of Human Resources*，2004，39 (2)：425 –450.

③　Eissa N, Hoynes H. Redistribution and Tax Expenditures：The Earned Income Tax Credit [R].

④　数据来自澳大利亚统计局网站 http：//www. abs. gov. au/，2014 –7 –27。

⑤　Gustafsson S. Separate Taxation and Married Women's Labor Supply [J]. *Journal of Population Economics*，1992，5 (1)：61 –85.

⑥　Marshall G P, Walsh A J. Marital Status and Variations in Income Tax Burdens [J]. *Brit. Tax Rev.*，1970，4：236，237.

合所得税制国家所未曾实现的。①

2.3.5 对中国个人所得税改革的启示

1. 合理确定纳税申报主体

纳税人的实际税负能力与家庭成员的数量、年龄以及健康状况密切相关，合理确定纳税主体可以更加公平地对待已婚女性，同时更公允地衡量一个家庭的实际纳税能力。我国可以参考发达经济体的税收征管实践，设置可进行自主选择的"单身纳税人、已婚单独申报的纳税人、已婚联合申报的纳税人、以户主身份申报的纳税人"四类申报主体。由纳税人自主选择申报主体，但一旦确定后，在既定时间内（如三年）就不得随意变更。

由于家庭结构充分反映了纳税人的基本生活情况，纳税申报主体的确应应当将纳税人的家庭结构状况考虑在内。对已婚纳税人，可以夫妻共同涉及的家庭成员为准（包括纳税人本人、配偶、子女、赡养的老人），根据被扶养人数量、收入水平以及家庭代际数目的情况进行分类，确定不同的费用扣除标准及税率级次。对纳税人申报主体的自主选择权力，能够在一定程度上消除综合课征制的负面性别影响，特别是对已婚女性被公平对待有较强的修正作用。

2. 精简税率级次，适当降低最高边际税率

目前，多数发达经济体的个人所得税由原先的 10 级以上的税率，改为不超过 5 级。就最高边际税率而言，除高税率、高福利的部分欧洲国家外，基本上控制在 40% 以下。同时，在税率结构调整上，各国的微调频率逐渐增加，税率级距也明显减少。到 20 世纪 80 年代末，OECD 中有 16 个国家的税率级距，平均从 10 级以上减少到不足 6 级，其中英国从 10 级减少到 2 级，俄罗斯等国还实行了单一税改革。②

我国现行个人所得税共有七个税率级次，最高边际税率达 45%（在国际上，所谓税收痛苦指数的高低，往往也是按照最高边际税率计算的）。在综合课征模式下，为达到促进女性就业的目标，可以适当精简税率级次，降

---

① 需要注意的是，这种选择只有在夫妻做出书面申请并获得许可的前提下，才能得以实现，且在此情况下丈夫只能享受作为单身者的个人豁免。资料来源：Jeffrey-Cook. Separate Taxation of Wife's Earnings, *Br. Tax Rev.*, 1980, 6：439 – 441。

② 马蔡琛. 略论单一税视野中的新一轮税制改革 [J]. 经济问题, 2007 (10)：114 – 116.

低最高边际税率，并适度拓宽个人所得税税基。从发达国家税制改革的经验来看，在个人所得税的综合课征制下，女性参与工作的积极性难免会受到影响。因此，应当利用其对税率变化的敏感性，通过审慎地降低税率，提升女性参加劳动力市场的积极性。为使一国的总体税收收入不致减少过多，可以考虑适度拓宽税基（即应纳税所得额），将附加福利、资本利得等额外收入，全面纳入个人所得税综合课征的范围。

3. 完善费用扣除政策

在综合课征制下，费用扣除标准应当考虑纳税人的家庭成员数、抚养抚育费用支出、基本生存费用支出、教育费用支出、医疗保险支出等。[①] 另外，考虑女性大量参与无酬劳动和照料经济等因素，应当针对单身母亲这一特殊群体实行差异化的扣除标准，以均衡综合所得税制下夫妻共同适用边际税率上升的问题。

此外，可以参考美国 EITC（劳动收入费用扣除）的经验，并同最低工资制度相结合，逐步形成更符合国情特色的工资福利制度。通过适度提高税前抵免率和抵免范围，有效提升弱势群体的就业率。通过费用扣除政策的完善，为已婚女性和单身母亲参加工作，提供更多的优惠条件，这将有效激励女性投身劳动力市场，从而化解个人所得税实行综合课征模式，对于女性所可能造成的负面影响。

就中国个人所得税制度的优化和完善而言，自然应该考虑到女性照顾老人孩子、负责家务劳动等无酬劳动。如前所述，无酬劳动虽然没有获得货币收入，但仍然为社会做出了重要贡献，在制定税收政策时应当加以考虑。此外，针对拟议中的个人所得税家庭联合申报纳税制度，也要考虑实行适度性别差异化和合理累进方式的具体举措。根据家庭负担（诸如抚养子女、赡养老人数量等），来理性地确定整个家庭的税收豁免项、边际税率等核心税制要素。

考虑到近期以来二胎政策的最新变化，对于那些严格遵守国家独生子女政策的家庭，从社会公平与正义的角度出发，为了体现对于这种遵纪守法行为的认同与鼓励，还非常有必要引入独生子女家庭的"生计费用加倍扣除"制度。也就是说，对于独生子女家庭，应视同有两个需要抚养的子女，予以加倍扣除；且不论子女年龄多大，均应给予为期 18 年左右的加倍扣除期间。对于那些遵守国家法律规定且错过生育二胎年龄的家庭，做出这种补偿性的

---

① 黄凤羽. 个人所得税费用扣除需求的分层次动态分析 [J]. 广东社会科学，2012（5）.

税务处理规定，既是一个社会基本公平与正义价值观的体现，也将有助于提升纳税人对于未来国家公共政策的认同感与遵从度。

2.4　中国资源税改革的辩证认识①

尽管针对自然资源课征的"山泽之赋"古已有之，但"加快资源税改革"作为新一轮全面深化财税改革的六大税种之一②，使得这一在税收总收入中占比并不甚大的税种，因牵涉众多资源性产品的价格联动效应而备受关注。针对资源税改革的各类建言献策，诸如拓展资源税覆盖的资源种类、由"从量计征"走向"从价计征"、推进资源税费并轨、逐步上调税率等动议，似乎也颇具共识。然而，针对资源税的功能定位、各利益相关主体的行为影响机制、关键税制要素的优化设计等问题，仍旧需要从更具长远性和现实性的视角，加以辩证认识和审慎思考。

2.4.1　辩证认识资源税的功能定位

1. 资源税在税制结构中的类型归属

在各国税收征管实践中，以课税对象作为分类标准，往往将复合税制划分为流转税（即货物与劳务税）、所得税、财产税、行为税和资源税等不同税种。就资源税的具体功能定位而言，又有三种税制设计模式③：一是产出型资源税（output-related tax），以经加工的矿石或未经加工的原矿作为课税对象，从量定额或从价定率课征（类似于流转税）；二是利润型资源税（profit tax），以资源开采企业的盈利为课税对象，同时考虑了运营成本和资源耗损因素（类似于所得税）；三是财产型资源税（property tax），将矿产

---

① 马蔡琛，李宛姝. 我国资源税改革思辨 [J]. 税务研究，2014（10）.
② 在《中共中央关于全面深化改革若干重大问题的决定》中，关于"完善税收制度"部分涉及的税种包括：（1）推进增值税改革，适当简化税率；（2）调整消费税征收范围、环节、税率，把高耗能、高污染产品及部分高档消费品纳入征收范围；（3）逐步建立综合与分类相结合的个人所得税制；（4）加快房地产税立法并适时推进改革；（5）加快资源税改革；（6）推动环境保护费改税。
③ Robert F. Conrad，R. Bryce Hool（1980）. *Taxation of Mineral Resources. Lexington Books.* D. C. Heath and Company Lexington，Massachusetts Toronto.

资源作为一种财富，依其价值征收（近似于财产税）。

从我国资源税的税制设计初衷来看，总体上属于产出型资源税。[①] 也就是说，在现时的中国，资源税更多呈现某种流转税的属性，而非具有所得税性质的直接税[②]，其调节功能相对有限。而利润型资源税的功能，则主要交由企业所得税来实现。因所有制结构的差异，以及存量资源定价的技术难题，财产型资源税在中国现行税制结构中，还难以充分体现。[③]

其实，就资源税的功能定位而言，应该有基本功能与政策功能的分野。所谓基本功能主要是指收入功能，即以资源所有者身份获取"绝对地租"的同时，还凭借资源管理者身份获取"级差地租"，从而适度发挥资源税的调节功能。所谓政策功能的范围，依各国资源税政策目标的不同以及税收征管水平的差异，可能会存在较大的不同。在现时的中国，资源税改革所可能涵盖的政策目标，主要包括：根据污染危害程度征收资源税，以平衡私人成本和社会成本的差距[④]；完善资源性产品的价格形成机制，采用超率累进税率，调节企业的获利能力[⑤]；调节资源大省的财政收入[⑥]，改变目前资源企业开采的低效率[⑦]，逐步将资源税扩展到各种生态空间，完善资源补偿机制[⑧]。综观当下的各种税改动议，资源税承载了甚多的政策功能属性，使得资源税颇似兼具流转税、所得税、行为税、生态税[⑨]等功能特性的"万能税种"。这种受"税收万能论"影响的税改思路[⑩]，容易导致资源税改革迷失在多元目标的斟酌取舍之中。

2. 资源税在新一轮税制改革中的目标定位

仔细研读党的十八届三中全会《决定》中关于税制改革的表述，从税制改革基本思路的明晰程度来看，可以大致分为两类，一类是税制改革的目

---

①　马珺．资源税与区域财政能力差距 [J]．经济学动态，2003（6）．

②　贾康．关于资源税价联动改革的几个重要问题 [J]．经济纵横，2011（2）．

③　早在 2005 年 6 月，国务院颁布的《国务院关于促进煤炭工业健康发展的若干意见》（国发〔2005〕18 号）中就曾明确："在条件成熟时，把现行的以产量和销售收入为基数计征的煤炭资源税，改为以资源储量为基数征收"，提出了按价值征收的财产型资源税的发展愿景。

④　徐晓亮．资源税改革能调整区域差异和节能减排吗？[J]．经济科学，2012（5）．

⑤　韩青．资源型地区可持续发展下的资源税及其配套改革 [J]．生态经济，2013（9）．

⑥　赵瑾璐等．论利益相关者视角下的资源税改革 [J]．山东社会科学，2014（6）．

⑦　张海莹．我国资源税改革的意义、问题与方向 [J]．当代经济管理，2013（4）．

⑧　李冬梅，马静．我国资源税改革的经济效应分析 [J]．东南学术，2014（2）．

⑨　美国把资源税列入生态税。资料来源：吴迪．基于 CGE 模型的资源税改革对能源行业的影响研究 [J]．当代经济管理，2014（7）．

⑩　胡笑辉，王陆进．从税收调节的主要内容看税收调节的局限性 [J]．财经论丛，1995（3）．

标（乃至路径）已然较为明确的税种（如增值税、消费税、个人所得税）①；另一类是税制改革的目标模式和具体路径尚待进一步明晰的税种（如房地产税、资源税等）②。对于后者，仅仅以"加快改革""适时推进""推动"等表述方式，明确了这些税种确实需要改革，但具体如何实施则略显语焉不详。从某种程度上看，关于资源税改革的基本方向与总体思路，还存在着一些需要审慎斟酌的关键节点。

值得注意的是，在是否涉及"费改税"的问题上，上述两种类型的区分呈现某种聚类特征。增值税、消费税和个人所得税的改革，均系该税种本身的调整和优化，在政府职能部门的管辖序列中，呈现主管部门单一化的特点（至多是国税局与地税局的税种管辖权划转），故其改革思路易于统一和明确。而资源税、房地产税和环境保护税均涉及相关领域的税费调整与归并，牵涉的部门较多，涉及的利益主体更为庞杂，某些利益格局已然相对固化。从早些时候燃油税、社会保障税的改革进程来看，凡涉及"费改税"的税制调整，其推进过程往往较为困难，较之预期目标也容易出现偏离，甚至有时会不了了之（如燃油税改革）。因此，对于资源税改革的推进，从可操作性的角度出发，建议定位于有限目标（即"从量计征"改为"从价计征"，适当调整税率等），不宜过多地强化其政策功能，以免因国际资源市场价格的异动、国内产业结构调整的艰难等因素，而延误资源税改革的时机与进程。

2.4.2 辩证认识利益相关主体的行为机制

1. 资源税视野中的央地财政关系

从世界范围来看，大多数国家在法律中明确规定了矿产资源的国家所有制。但在一国内部的中央和地方政府之间，矿产资源的财政价值应该如何进行纵向配置，则体现为一系列更具国情特点的制度安排。就理论层面而言，

---

① 在十八届三中全会《决定》中，这三个税种的改革表述为："推进增值税改革，适当简化税率；调整消费税征收范围、环节、税率，把高耗能、高污染产品及部分高档消费品纳入征收范围；逐步建立综合与分类相结合的个人所得税制。"应该说，其基本的改革方向与实施思路，已然相当明确了。

② 在十八届三中全会《决定》中，相关税种的改革表述为："加快房地产税立法并适时推进改革，加快资源税改革，推动环境保护费改税。"

资源税应该属于中央财政还是地方财政，也是一个需要加以辩证思考的问题。

主张资源税作为中央财政收入的观点，主要基于资源国有的产权经济学理念，认为资源税原则上应逐步转变为中央收入。① 主张资源税作为地方税的观点，主要基于陆上矿产资源具有属地性的特点，只能就地开发，税基更显地域化，将其作为地方税较为顺理成章，可以用来支持地方公共服务的资金需求。②

其实，后一种观点也是属地管辖权优先这一国际税收领域的通行原则，在国内税收领域的一种折射。如果依据资源国有的理念将资源税划为中央级收入，基于西部地区矿产资源相对富饶、东部地区土地资源增值收益极大的现实，那么对于东部发达地区而言，其土地出让收入作为土地资源的增值收益，是否也应该同样作为中央级收入处理呢？

因此，尽管在理论上，资源税应该归属于中央抑或地方，可能还存在着某些分歧，但由于我国的矿产资源主要分布于中西部相对欠发达地区，故在实际操作中将资源税的绝大部分作为地方财政收入（除海洋资源外），仍旧可以得到较多的共识。当然，从省域内部均衡发展的需要出发，资源税的大部分收入应作为省级财政收入，以利于调节省域内部的资源级差收入。

然而，一旦将资源性产品的税费改革纳入央地之间的分配关系之中，问题的复杂性就开始凸显了。在我国现行资源税费体系中，除资源税外，还有矿产资源补偿费（费率已降为零）探矿权采矿权使用费、探矿权采矿权价款、石油特别收益金等收费项目。其中，石油特别收益金属于中央财政收入，其余均系中央与地方共享收入。此外，既有按照某种比例在央地之间分成的③，也有按行政隶属关系分别缴入中央和地方国库的④。资源税费体系改革的核心要义之一，就是将各类税费加以适当归并与整合，但上述各类税

---

① 楼继伟.中国政府间财政关系再思考［M］.中国财政经济出版社，2013：38.

② 施文泼，贾康.中国矿产资源税费制度的整体配套改革：国际比较视野［J］.改革，2011（1）.

③ 例如，按照《矿产资源补偿费征收管理规定》，矿产资源补偿费是中央和地方共享收入，中央与省、直辖市的分成比例为5：5；中央与自治区的分成比例为4：6.

④ 例如，按财政部和国土资源部发布的《探矿权采矿权使用费和价款管理办法》规定，探矿权采矿权使用费分别归属中央和省级财政。其中，属于国务院地质矿产主管部门登记管理范围的探矿权采矿权，其使用费由国务院地质矿产主管部门登记机关收取，缴入中央国库；属于省级地质矿产主管部门登记管理范围的探矿权采矿权，其使用费由省级地质矿产主管部门登记机关收取，缴入省级国库。

费如何以一个相对统一的分配标准，在中央与地方之间共享，则殊非易事。较为可行且易于为各方接受的思路是，采用矿产资源补偿费的曾经分成方式，将上述全部收费项目在央地之间实行"五五分成"，但其合理性则只能付之阙如。

2. 资源开采企业的税收转嫁机制

就资源税制度设计的初衷而言，蕴含了推进节能减排、促进资源综合利用的政策目标，但因税负转嫁机制的存在，其实际效果不仅取决于资源性产品的供求弹性，更取决于资源开采企业的治理结构与产权结构。根据税负转嫁的基本原理，因资源税改革而形成的税收负担调整，有可能通过资源开采企业的价格上涨，而将部分税负转嫁给下游企业（最终由广大消费者负担）。① 由于资源性产品的需求弹性较小，而供给主体又往往呈现近似于寡头垄断的市场结构，在缺乏有效政府价格规制的情况下，资源开采企业通过价格调整或变相涨价的方式，有可能将资源税负担最终转嫁给广大消费者。

在现时的中国，某些资源开采企业属于国有企业（甚至是中央企业）。这些企业的盈利能力或许更多来自于各种垄断保护，而非一般意义上的市场竞争。这种公司法人治理结构上的严重缺陷，导致其对于市场竞争、客户需求、市场价格信号、价格形成机制，均甚不敏感。资源税改革所预期的提升资源使用效率目标，仍旧需要资源开采企业（尤其是央企）法人治理结构的真正确立和优化，才有望实现。

2.4.3 辩证认识资源税制度设计的关键要素

1. 资源税的税制结构框架：一般性税收抑或专门目的税

根据政府预算管理的"收支不相属"原则②，资源税收入在我国属于一般性税收。也就是说，各级政府部门可以根据公共开支的需要，将资源税收入纳入一般性财政收入统筹安排使用。在实施"营改增"之后，鉴于地方

---

① 李冬梅，马静. 我国资源税改革的经济效应分析 [J]. 东南学术，2014（2）.
② 收支不相属（non-affection）原则，是指任何财政收入与支出，不得有个别相属关系，不应以特定预算收入维持特定项目的预算支出。这是在没有出现专门目的的税的时代，统收统支财政思想的集中体现。进一步论述可以参阅：马蔡琛. 政府预算 [M]. 大连：东北财经大学出版社，2007：56。

税已无主体税种，既有的中央与地方的分税格局或许难以为继。① 在这种情况下，如果将改革后的资源税作为一般性财政收入，将很有可能促使资源大省出于获取财政收入的激励，采用"竭泽而渔"的方式开采资源，这有悖于征收资源税所期望实现的代际公平和节能减排目标。

按照资源价值构成理论，资源价值在纵向时间序列上的分配，应该能够弥补代际内和代际间资源开发和利用的代价。② 因此，在设计资源税的税制结构框架时，可以参考环境保护税的做法，将资源税作为专门目的税处理。在具体操作上，可以强制性地规定，各级财政必须从资源税收入中提取较大之份额（如70%~80%），建立专款专用的"资源代际补偿基金"③，以补偿资源损耗、环境破坏，从而维护代际间的资源价值配置公平。

2. 资源税的税制设计路径：宜简不宜繁

现行资源税采用从量计征为主的税制设计模式，因难以调节资源级差收益等弊端，确实需要逐步走向从价定率课征。但从量计征所具有的操作简便性，仍旧是在新一轮资源税改革中需要加以适当保持的传统。1994 年税制改革中，之所以对资源税采行从量计征的方式，其原因之一或许就在于，1984 年开征的资源税采用了超率累进税率④，其征收核定过于烦琐，且征纳双方之间也容易发生争议。

在当前的资源税改革中，亦不乏重拾超率累进税率的主张。例如，建议资源税实行累进税率，且采用超率累进的形式⑤，根据资源的优劣分级、资源禀赋变化及生态环境影响大小等计征，以真正调节企业的获利能力⑥。但需引以为鉴的是，我国现行土地增值税采用的就是超率累进税率，但因其计税方式过于烦琐，导致该税种的可操作性在 20 多年来一直颇受质疑，也时

---

① 马蔡琛. "营改增"背景下的分税制财政体制变革 [J]. 税务研究，2013 (7).

② 高洪成，徐晓亮. 资源税改革中的价值补偿问题研究 [J]. 软科学，2012 (5).

③ 杨树琪. 我国资源税定位与税收制度的匹配性研究 [J]. 云南财经大学学报，2012 (5).

④ 1984 年 9 月 18 日，国务院颁布了《中华人民共和国资源税条例（草案）》（国发 [1984] 125 号），决定从 1984 年 10 月 1 日起对开采石油、天然气和煤炭的企业开征资源税，采用从价定率的方式，计税依据是销售利润率超过 12% 的利润部分。其第二条规定：纳税人根据应税产品的销售收入利润率（以下简称销售利润率），按照下列超率累进税率计算缴纳资源税：销售利润率为 12% 和 12% 以下的，不缴纳资源税；销售利润率超过 12%~20% 的部分，按销售利润率每增加 1%，税率增加 0.5% 累进计算；销售利润率超过 20%~25% 的部分，按销售利润率每增加 1%，税率增加 0.6% 累进计算；销售利润率超过 25% 的部分，按销售利润率每增加 1%，税率增加 0.7% 累进计算。

⑤ 韩青. 资源型地区可持续发展下的资源税及其配套改革 [J]. 生态经济，2013 (9).

⑥ 周圆等. 资源税改革：打破"富饶的贫困"坚冰 [J]. 环境保护，2008 (7).

而出现土地增值税大规模欠税的传言。①

其实，在各国税收实践中，资源税也并非完全采用单一的从价计征方式，而是从量法和从价法并存。② 因此，在资源税的税制要素设计中，应本着"宜简不宜繁"的原则，对于从价计征的资源品种采行比例税率，同时对于一些价格相对稳定的资源产品，从简化征管手续、便利纳税人的角度出发，仍旧保留一定范围的从量计征方法。

3. 资源税的税负调整：基于结构性减税的视角

就全国范围来说，资源税改革的方向不外乎三个方面：一是扩大征税范围，二是改革计征方式（由从量改为从价计征），三是提高税率。③ 上述改革举措均意味着资源税税负水平的相当程度提升。如果从资源税的单一维度来考察，在税制国际比较的视野中，我国现行资源税的负担确实偏低，未能有效发挥调节资源级差收益、促进节能减排的功能，但如果考虑资源性产品和资源开采企业的税费总负担，则资源税增税效应的负面影响，就需要加以审慎考量。由于我国企业所得税采行的是古典所得税制（具有内生的重复课税机制），个人所得税的分类与综合改革也在艰难推进中④，各类资源性收费的规模仍旧不容忽视。

在推进资源税改革中，其综合税负的确定，需要从资源性产品和资源开采企业综合税费负担的角度来分析，而不能局限于资源税的单一税种。在所谓"结构性减税"的操作顺序上，应该采用"先减税再增税"或者"同时增减税负"的方式，避免先行调增资源税负担、但未能同时配合降费措施，而造成资源性产品价格的异动冲击。

2.5　社会保障税制改革的艰难求索⑤

自20世纪90年代初期以来，我国一直在探索社会保障体系的转型，其

---

① 腾讯财经. 房企欠税"误读门"冲击波：土地增值税改革引关注［OL］. http：//finance. qq. com/a/20131127/010638. htm。
② 靳东升，周华伟. 我国资源税收制度的现状、问题和改革［J］. 税务研究，2010（7）.
③ 张海星，许芬. 促进产业结构优化的资源税改革［J］. 税务研究，2010（12）.
④ 黄凤羽. 个人所得税的课征模式一定要过渡吗？［J］. 现代财经，2012（1）.
⑤ 马蔡琛. 关于开征社会保障税的若干思考［J］. 税务研究，2011（2）.

中社会保障税始终是一个屡屡涉及却未有实质进展的改革动议。究其原因，不仅源于社会保障税制诸要素的具体设计、其对经济运行（储蓄、消费、就业）的影响等技术层面问题。更主要的原因在于，对于社会保障制度的总体架构、覆盖范围、城乡和地区差异、基本筹资模式选择、部门利益调整等更为基础性的制度安排，不仅未能随着改革推进而日渐清晰，反而一度陷于歧路彷徨的胶着状态。这难免使得早在 20 世纪 90 年代末期就提出的社会保障"费改税"这种相对单纯且易于操作的筹资手段优化，始终未能得到实质性推进。在这样的背景下，重新反思关于社会保障税的认识误区与改革思路，自然具有更加重要的现实紧迫性。

2.5.1　社会保障税制改革的认识误区

1. 将社会保障税制改革等同于社会保障基本融资方式的选型，引致不必要的理论纷争

各国社会保障筹资方式的选型，大致有现收现付制、基金积累制和混合制（部分积累制）三种方式。[①] 其实，就上述三者在世界范围内的施行效果而言，似乎并无明显的优劣之分，更多体现为某种相互融合与借鉴的趋势。

从中国社会保障制度的发展来看，基于传统现收现付制存在的代际转移支付等问题，采用"社会统筹与个人账户相结合"的混合融资方式，作为理论上的社会保障改革方向，早在 20 世纪 90 年代中期就已确定。但由于部门利益的纠葛、人口老龄化进程之迅猛远超人口学的预测结果等诸多原因，这一理想中的社会保障筹资模式未能如期确立，职工个人账户严重"不实"（因其被用来支付上一代老职工的养老金）。中国目前的社会保障筹资模式体现出较为浓厚的现收现付制色彩，其可持续性无疑是颇具疑问的。但如何优化重塑社会保障制度的筹资机制，尤其是在经济新常态的背景下，如何弥补养老金账户"空账"状态的资金来源，实现真正意义上的社会保险基金精算平衡，适当遏制将社会保障这一公共职能"金融化"的倾向，则是一个牵涉广泛的社会经济问题。

在面临两难选择的情况下，理论界和实务部门往往将社会保障税制改革等同于社会保障筹资基本模式的选型，并简单地将开征社会保障税等同于采

---

① 吴敬琏. 当代中国经济改革教程［M］. 上海：上海远东出版社，2010：297－298.

用现收现付的筹资模式，认为开征社会保障税，违背了向混合制或基金积累制转型的改革方向。① 或许是这种观点在相当程度上影响了高层决策，从而导致社会保障税多年来"只闻楼梯响，不见人下来"。

其实，这是对社会保障税的一种误解。在税收学意义上，社会保障税作为一种专门目的税，与现收现付制、基金积累制等社会保障基本模式之间，并无显著的对应关系。根据国际货币基金组织早些时候的不完全统计，征收不同形式的社会保障税或薪给税的国家已有80多个，几乎包括所有发达国家和较多的发展中国家。② 在这些国家中，既有采用现收现付制的，也有采用基金积累制或混合制的。可见，社会保障税并非是专门对应现收现付制的筹资模式。

导致上述理解误区的另一个原因是，很多欧洲国家出于征收策略的考虑，往往将社会保障税称为"社会保障缴款"，以避免出现税收字样，这进一步强化了"征收社会保障税并非社会保障通常筹资模式"的误解。其实，这些国家之所以称为"社会保障缴款"而不是"社会保障税"，是其政府为缓和公众对不断增加税负的抵触情绪，而迫不得已进行变通的产物。③ 正如西方学者所指出的那样，这种不用税收之名的方式筹措资金，来实行社会保障制度的"名称游戏"，在相当长时间似乎可以蒙骗许多人。④ 其实，从税收的强制性和固定性特征来看，即使是新加坡、马来西亚等国采行的强制性社会保险储蓄，在广义上也具有某种程度的税收属性。

由此可见，采用社会保障税作为社会保障资金的征缴手段，并非只对应现收现付制的融资方式。二者之间既无理论上的对应关系，在各国实践中也无显著的现实佐证。相反，在诸多采用"社会保障缴款"方式的国家，大多是由税收征管当局来负责征收的——从这个意义上讲，社会保障税（以及具有社会保障税实质特征的社会保障缴款）大体上构成了各国社会保障筹资具体手段的共同选择。

2. 一度出现的财政收入大幅度超常规增长，舒缓了社会保障制度的短期筹资压力，推行社会保障税的迫切性有所降低

在世界税制改革的发展史上，财政压力始终是推进税制变革的首要动

① 吴敬琏. 当代中国经济改革教程 [M]. 上海：上海远东出版社，2010：314 - 315.
② 白景明. 社会保障税制国际比较 [M]. 北京：中国财政经济出版社，1996：28.
③ 庞凤喜. 社会保障税研究 [M]. 北京：中国税务出版社，2008：40.
④ 大卫·威廉姆斯 (David Williams). 社会税收的发展趋势 [J]. 税收译丛，1998 (3).

力。社会保障制度得以有序运转的必要前提，也同样是需要相对充裕的资金支持。无论作为早期萌芽的济贫税（poor tax），还是现代各国的社会保障税，其开征缘由或多或少地都是因为一般性税收难以满足社会保障发展的资金需求。

我国自 20 世纪 90 年代中期确立的税制模式和分税制财政体制，在进入 21 世纪以来一度持续发力，使得财政收入（尤其是中央财政收入）曾经连续十多年呈现超常规高速增长的态势。① 中国全口径财政收入从 1998 年的 17254 亿元，上升到 2009 年的 108024 亿元，其占 GDP 的比重，也从 1998 年的 20.4% 上升到 2009 年的 32.2%，上升了 12 个百分点。② 一般性税收收入的相对充裕，为满足当期最具迫切性的社会保障领域，提供了有力的资金支持。以 2010 年为例，中央财政支出预算安排的社会保障和就业支出高达 3582.25 亿元，比上年增加 285.59 亿元（增长 8.7%），高于中央财政支出平均增幅 2.4 个百分点。③

根据制度创新的路径依赖理论，如果缺少足够的制度变迁动力，现有制度的惯性作用，将会阻碍新的制度体系的有效生成。由于我国的财政收入汲取机制至少可以暂时维系当时社会保障发展所需资金，这就使得尽快推进社会保障税制改革的动力略显不足。这也是较之 20 世纪 90 年代中期的财政相对困难时期，近年来推进社会保障税制改革的呼声明显减弱的深层原因所在。

然而，中国财政收入的高速增长，毕竟难以成为一种长期现象。这种以一般性税收收入作为社会保障资金主要来源的格局，其可持续性也是值得商榷的。财政状况短期内曾经相对宽裕的局面，在一定程度上，成为了拖延社会保障税制改革的借口。然而，自中国经济进入新常态以来，财政收入增速大幅度下降，老龄化社会的特征日趋显著，社会保障资金的筹集压力随之骤增，更加突显了其在改革战略机遇期的迫切性。

3. 社会保障税负水平及其归宿问题上的认识分歧，加大了对社会保障税可能引致的税收负担和财政压力的担忧

20 世纪后半叶以来，发达市场经济国家为满足社会福利的高额支出，

---

① 黄凤羽. 中国税收收入超经济增长的若干原因分析 [J]. 经济纵横，2010（3）.

② 高培勇.“十二五”时期的中国财税改革（中国财政政策报告 2010/2011）[M]. 北京：中国财政经济出版社，2010：56 - 57.

③ 数据来源：从五年财政支出清单看民生改善，财政部网站.

不断提升社会保障税乃至一般性税收负担水平，引致了"福利病"等一系列社会问题，这难免诱发了对社会保障税开征的诸多疑虑。在反对开征社会保障税的各种理由中，通常认为开征社会保障税会将政府置于社会保障责任的前台，会增加政府的财政负担。

就现代财政制度体系的社会保障责任而言，社会保障体系向社会成员所提供的各种保障措施，具有满足社会共同需要的"公共产品"性质（至少属于"准公共产品"），体现了一定的财政属性。[①] 无论是否开征社会保障税，公共财政都承担着社会保障资金保证的主要职责。即使如智利这样施行养老保险私营化的国家，政府财政体系也最终承担着相当程度的"兜底"责任。[②]

就社会保障税的负担水平而言，各国社会保障税负水平的具体设计，大多根据其社会保障和福利的资金需求、财政能力、经济社会发展水平等多种因素综合确定，并无一个统一适用的标准。对比施行社会保障税和社会保障缴费（乃至实行公积金制度）的各国社会保障筹资水平，似乎也不支持社会保障税的负担较之其他筹资手段为高的结论。

在现时的中国，任何一种针对个人的直接税改革，其税收痛苦程度或许都会相对较高，但税收痛苦并不等于税收负担过重。[③] 另外，由于税款征收具有更为显著的强制性，其"跑冒滴漏"会相应较少，少缴、欠缴行为也将有所减少。当然，从"应收尽收"的角度看，或许施行社会保障税筹资方式的实际负担会略有提升，但其相应的筹资成本也应有较大幅度的降低，这些恰恰是社会保障税作为现代筹资手段所体现的优越性。

---

① 马蔡琛. 财政主导型：中国社会保障制度改革的基本模式 [J]. 四川财政, 1999 (9).
② 智利于 1981 年进行了养老金私有化改革，彻底抛弃了现收现付制，实行以低缴费、完全积累为特征的基本养老保险制度。到目前为止，两种制度已经基本实现过渡。积累制在发挥市场机制作用、激发劳动者活力、有效应对老龄化等方面发挥了一定作用。但由于面临积累制下贫富差距扩大、贫困率上升等问题，智利于 2008 年对养老金制度又进行了改革，主要是安排财政资金向符合条件的老人提供救济性质的养老金。一是向未参保的低收入老人发放定额非缴费型养老金。二是对已参保并领取低水平养老金的老人给予额外补贴。据估算，2012 年和 2013 年，政府用于再改革的费用达到 GDP 的 1%，并逐年增长，预计 2025 年将达到 GDP 的 1.3%。资料来源：http://zys. mof. gov. cn/pdlb/tszs/201601/t20160122_1655120. htm.
③ 马泰（马蔡琛）. 税收痛苦，苦从何来？ [OL]. 搜狐财经, http://business.sohu.com/ 20101009/n275491827. shtml.

2.5.2　推进中国社会保障税制改革的相关建议

（1）从普遍共识出发，按照先易后难的改革次序，在维持现行社会保障筹资框架总体不变的前提下，尽快推行单纯称谓变化的社会保障"费改税"。

任何一项成功改革的实现，都或多或少地体现为凝聚社会共识的过程。综观支持和反对开征社会保障税的诸种观点，似乎仍旧可以从中归纳出一点共识，那就是以税收的形式，通过税务机关来征缴社会保障资金的效率较高，同时还可以较多地降低征缴成本。

为了尽快改变现行社会保障缴费方式征缴不力、成本高昂、缺乏强制执法依据等较具紧迫性的现实问题，从经费收缴手段这一较为容易的改革突破口入手，推行单纯的征管方式改革，应该是较为可行的。也就是将各种社会保障缴费统一更名为社会保障税，并依据养老保险、医疗保险、失业保险等不同社会保障用途设置税目。在具体的税制要素设计中，维持现行社会保障筹资手段的覆盖范围、地区差异、计征标准及使用方式，待今后中国社会保障整体构架进一步明确后，再考虑相应的制度改进问题。

应该说，这种操作层面上的改革，其涉及的影响因素是相对较少的，也不会在诸如税收负担、地区差距等较为敏感的问题上，构成理论和操作上的重大分歧。考虑到各地社会保障缴费标准、保障范围以及某些保障项目尚难以跨省流动的现实，社会保障税征收的初始阶段，在维持目前地区差异、保障项目差异的基础上，应作为地方税种，由地方税务机关负责征收。

但即便如此，这种单纯意义上的缴费名称和征管机构的改革，其推进也仍旧不容乐观，也同样会遭到来自既得利益部门的强烈反对。当年的燃油税改革，仅仅涉及收缴养路费的单一部门，其改革就因种种借口而拖延了将近十年的时间（最后将燃油税改革纳入消费税的简单税目调整，近乎无疾而终），更何况当前的社会保障资金收缴涉及多个部门、机构和各地方政府。

基于此，如果将社会保障缴费变革为社会保障税的单纯名称变化，也难以在短期内顺利推进的话，作为变通的办法，也可以考虑维持现有名称不变，而全面推行社会保障缴费由税务机关代征的方式。并修改《税收征管法》或由全国人大做出相应的补充立法，规定社会保障缴费的征缴行为，适用税收征管法的程序性规定。对于各种欠缴社会保障缴费的行为，可以适用税收保全、税收强制执行等执法手段，以确保社会保障资金的及时足额入库。

（2）结合社会保险基金预算和国有资本经营预算等多元复合预算体系的构建，利用当前大型国有企业尚存在一定超额利润的有利时机，以国有资本经营收益"做实"社会保障个人账户，从而为今后社会保障税制的进一步完善预留改革空间。

就中国政府预算改革的总体构架而言，构建包括一般公共预算、国有资本经营预算、社会保险基金预算、政府性基金预算、债务预算等在内的多元复合预算体系，应该代表了未来中国现代财政制度建设的发展方向。其中，社会保险基金预算的资金来源，除了一般公共预算的转入资金和拟议中的社会保障税外，国有资本经营收益也是其中重要的内容。近年来，大型国有企业凭借其资源性和行政性优势，获得了大量的超额利润，无论是从社会公平正义的角度，还是从社会保障资金现实需要出发，都具备了将国有企业的部分超额利润纳入社会保障预算的必要性和可能性。

同时，国有资本经营收入注入社会保障预算，必将有助于使得目前基本处于"空账"状态的养老保险个人账户得以"做实"。这不仅有助于中国社会保障制度从现收现付制向基金积累制（或混合制）的后续转型，也可以使得今后中长期的社会保障税总体税负水平，能够处于一个相对较低的区间。

（3）随着税制改革的进一步深化，待针对自然人（尤其是工薪阶层）的直接税负水平实现较大程度的降低之后，再根据当时社会保障制度的现实融资需要，逐步调整社会保障税的综合税负水平。

同社会保障制度的完善需要一定的制度转型缓冲期一样，市场化条件下的中国税制改革，也同样是一个渐推渐进的过程。因此，至少在可以预见的将来，提升社会保障税的整体税负水平，是一个需要慎之又慎的命题。更何况，根据发达市场经济国家的经验，即使维持一个相对较高的社会保障税负水平，也仍旧未必能够满足社会公众日益增长的社会保障需求。因此，今后中国社会保障税负水平的调整，需要在同时满足两个条件的前提下，才可以考虑进行：一是，社会保障筹资模式和运行机制的改革框架得以进一步明确，社会公众得以更多地分享改革开放的经济成果；二是，以个人所得税为核心的针对自然人（主要是指工薪阶层）的直接税税负水平，实现较大程度的降低，并突显超级富裕群体的税收贡献水平，进一步体现直接税体系的社会公平原则。

总体而言，循着从维持现状下社会保障筹资手段的税费改革，到相关配套改革支持下的社会保障税制优化与完善，也就大致勾勒出了一条未来中国社会保障税制改革的基本路线图。而社会保障税费改革的单纯技术性调整，则处于这一系列逻辑链条的起点之上。

2.6　关税政策演变的历史反思①

关税作为历史最为久远的税种之一，不仅体现了税收政策的总体导向，也是对外贸易政策的重要内容。近年来，随着"入世"承诺的实现以及贸易自由化理论的深化，除"碳关税"等"准关税"议题吸引了较多关注外，关税政策逐渐淡出了税收问题研究的"主流视野"。其实，在经济全球化抑或逆全球化的背景下，关税作为财政政策与贸易政策的主要调控手段，仍旧是十分重要的。基于以上判断，本节从关税政策演进的历史维度出发，对于关税问题的回顾与反思，也就具有了较强的理论价值和现实意义。

2.6.1　贸易税收理论的纷争和演进：自由贸易关税与保护贸易关税

经典意义上的贸易税收理论是以关税为核心展开的，就历史渊源而言，则体现为自由贸易关税和保护贸易关税的理论纷争。其争论的缘起，可以上溯至经济思想史上李斯特以"民族国家经济学"对抗亚当·斯密的"世界主义经济学"的著名论战。

此后，自由贸易关税理论依据斯密的"绝对优势理论"和李嘉图的"比较优势理论"，主张贸易自由化，反对政府运用关税等手段进行干预，从而构建起了主流的自由主义经济学说体系。而保护关税理论则循着美国首任财政部长汉密尔顿和德国经济学家李斯特的"幼稚产业保护理论"，主张在国内产业发展成熟之前，充分运用关税等手段，保护本国市场和企业。但总体而言，自由贸易关税理论获得了更多的赞同，普遍认为低关税贸易自由化对于促进经济持续增长，具有不可逆转的必然性。

与之相较，李斯特及其保护关税理论在经济史中的地位，则被有意或无

---

① 马蔡琛，尚妍. 关税政策演变的反思及其启示 [J]. 税务研究，2012 (5).

意地"矮化"。在当代西方学者的某些经济思想史论著中，或者根本不提及李斯特及其理论①，或者只是简单地对其加以否定。②

在国际贸易理论中，这种倾向表现得更加直接。例如，日本学者小岛清在其《对外贸易论》中就曾指出，"只要不是过于听信李斯特所说的某种产业经过保护扶植、成熟为出口产业之后会重返自由贸易世界，那么，保护贸易与其说会产生积极作用，不如说只会起消极作用"③。某些赞同自由贸易理论的学者甚至这样认为："自由贸易可以导致最大的国民福利，甚至在对方国家采取贸易保护政策时，此结论依然成立。可是这一为全世界所公认的贸易理论，在我国却还远未深入人心。"④ 其实，这种"单边自由贸易仍可导致最大国民福利"的论述，如果真能成立的话，对于保护关税政策缘何会招致对方国家的报复性关税，就会成为一个颇难回答的现实命题了。

就欧洲经济史的发展变迁而言，尽管德国经济学因当时经济落后的现实，而被马克思所诟病，但李斯特对于马克思经济学思想的形成，仍旧产生了一定的积极影响。⑤ 1888年，恩格斯撰写《保护关税和自由贸易》一文，从历史角度探讨了关税制度对英国、美国和德国经济发展的作用，揭示了对外贸易政策的国家差别和历史阶段性，客观上肯定了李斯特在同古典经济学争论中的进步意义。⑥ 这或许正如美国学者迈克尔·林德所指出的：如果李斯特还活着，他会以实行全球贸易的时机不成熟为由，反对建立像WTO这样的机构。⑦

就自由贸易关税和保护贸易关税的理论应用而言，自由贸易理论体现为

---

① 例如，美国学者马克·斯考森的《现代经济学的历程——大思想家的生平和思想》一书（长春出版社2006年版）。

② 例如，美国学者斯皮尔格的《经济思想的成长》一书中，涉及李斯特的条目，其第二句话就武断地得出结论："李斯特属于最早使所谓经济发展阶段理论流行起来的人之列，这些理论长期以来造成经济史研究的混乱"，其学术偏见是相当明显的。进一步论述可以参阅：[美]亨利·威廉·斯皮尔格.经济思想的成长[M].北京：中国社会科学出版社，1999：360－362。

③ [日]小岛清等.对外贸易论[M].天津：南开大学出版社，1987.

④ 王建业.开放经济条件下的贸易和产业政策[A].汤敏等.现代经济学前沿专题（第一集）[M].北京：商务印书馆，1989：9，162－198.

⑤ 马克思就曾指出："（在德国）如果人们也会读到什么创见的话，那我们就会碰到像李斯特那样的保护关税论者……"见马克思恩格斯全集（第16卷）[M].人民出版社，1964：232。

⑥ 黄瑾.马克思恩格斯与李斯特——关于自由贸易与保护关税问题[J].政治经济学评论，2011（3）.

⑦ 转引自：李义平.经济学百年——从社会主义市场经济出发的选择和评介[M].天津：天津人民出版社，2002：29.

一种静止不变的理论，其论点可以在静态均衡模型中得到较好的数理描述，而保护贸易理论则是动态变化的理论，难以在静态分析中加以完整刻画，只能寄希望于相关规律的动态变化，[①] 这也是后者至今对于发展中国家更具指导意义之处。

2.6.2　关税政策演化的反思：基于历史维度的考察

1. 各国关税政策的历史考察：以"大国崛起"为例

纵观各国经济发展的历史，与自由贸易关税理论被广为认同，相映成趣的是，自由贸易关税的实施时间却是相对短暂的。在近代史的描述中，大多认为当今的发达国家是靠自由贸易成为世界强国的，但这却是一个虚幻的"神话"。[②] 这些国家的崛起，恰恰是通过保护贸易关税，而非自由贸易关税。[③] 鉴于自由贸易关税政策的兴衰，较具观察价值的时间段，大致是在英国崛起之后，且多发生于欧美国家，故本节重点考察英、法、德、俄、美等国的关税政策实践与国家崛起的相互关系，以期探求其中的内在制度演化规律。

英国作为"自由放任"思想的故乡和早期崛起的世界强国，是因其国际竞争力强大而实行自由贸易关税政策的。尽管早在 19 世纪 60 年代，自由贸易——特指不实行保护关税——已成为英国政治中正统观念的核心[④]，然而其自由贸易关税主要是针对具有明显比较优势的工业制成品而言的，对于不具竞争力的产业依然实施保护（如通过《谷物法》对农产品的保护等）。19 世纪 70 年代后，面对美、德等后起工业化国家的激烈竞争，英国经济呈现相对衰落的态势，进而于 20 世纪初，转向实行保护性关税政策，大幅度提高进口税。[⑤] 可见，关税政策与制度的取向及转变，恰如钱穆先生所言，

---

①　岑维廉等.关税理论与中国关税制度［M］.上海：格致出版社，2010：113.

②　盛洪.为什么制度重要［M］.郑州：郑州大学出版社，2004：89.

③　这或许正如李斯特所指出的："这是个非常普通的聪明办法：一个人爬到辉煌的顶峰时，踢掉他往上爬的梯子，以便剥夺别人在他后面爬上去的手段……任何国家，只要以保护关税和限制航海为手段，使自己的制造能力和航运发展到任何其他国家无法与之持续自由竞争的地步，那么它最聪明的做法莫过于扔掉它赖以壮大的这些梯子，向其他国家鼓吹自由贸易的好处，以忏悔的语调宣称自己迄今为止还在错误的道路上徘徊，现在却终于第一次发现了真理。"转引自：［英］张夏准.富国陷阱：发达国家为何踢开梯子？［M］.北京：社会科学文献出版社，2007.

④　［英］肯尼斯·摩根.牛津英国通史［M］.北京：商务印书馆，1993：490.

⑤　欧阳萍.从关税改革看英国经济发展战略的转变［J］.学海，2011（5）.

"（制度）是随时地而适应的，不能推之四海而皆准，正如其不能行之百世而无弊"①。

近代保护贸易关税制度的系统化，产生于美国和德国。美国建国伊始实施的自由贸易政策，导致其幼稚产业受到英国的冲击，故重返汉密尔顿提出的保护关税思想，于1828年制定了极具保护性质的关税法②，并在南北战争后进入关税保护主义的全盛时期。③ 一战后，美国继续实行高关税政策，保护其弱势产业，促进了工农业的发展④，实现了20世纪"喧嚣的20年代"（the roaring twenties）的繁荣局面。美国真正转向自由贸易关税政策，是在抵御"大萧条"的"罗斯福新政"时期。罗斯福在其国务卿赫尔的协助下，开始大幅度降低关税，采取国际合作以应对经济萧条。⑤ 这种关税理念在二战后被广为推崇，后来发展成为"关税及贸易总协定"（GATT）以及WTO的思想基础。因此，在美国经济发展的较多时间段内（尤其是早期），低关税政策大体属于暂时性举措，关税政策总体表现出贸易保护主义倾向。

就欧洲大陆而言，在1860年以前，只有一些小国采用了真正的自由贸易政策（如丹麦、葡萄牙和瑞士等）⑥，法国、德国、俄国等欧洲大国在1815~1914的百年间，尽管在保护贸易关税和自由贸易关税之间不断徘徊，但总体上仍旧凭借保护贸易关税实现了国家振兴。德国在1871年后，才有效开展了贸易自由化进程；俄罗斯的保护主义政策在1857年之前基本上没有改变。然而，这些欧洲国家经历了自由贸易的鼎盛时期不久（1866~1877年），却迎来了延续达十多年的欧洲经济大萧条（直到1891~1893年间，才出现复苏的转机）。⑦

---

① 钱穆. 中国历代政治得失 [M]. 北京：生活·读书·新知三联书店，2001：6.

② 冯明好. 1828年前美国关税政策与幼稚工业的保护 [J]. 鲁东大学学报（哲学社会科学版），2011（3）.

③ 黄贵荣. 工业化、民族主义和利益整合——美国南北战争前的关税立法 [J]. 法治论丛，2006（3）.

④ 孙勇、刘铭. 一战后美国高关税与贸易保护及其对中美贸易的启示 [J]. 黄河科技大学学报，2007（5）.

⑤ 徐轶杰. 试论科德尔·赫尔的关税思想 [J]. 首都师范大学学报（社会科学版），2009（6）.

⑥ ［英］波斯坦等. 剑桥欧洲经济史（第八卷）[M]. 北京：经济科学出版社，2004：33.

⑦ 值得注意的是，在经济萧条期间，当保护关税等措施在欧洲大陆复兴期间，欧洲大陆人均GNP年增长约为1.5%，但在同时期实行自由贸易关税政策的英国，这种增长率却持续下降（仅为0.7%）。进一步论述可以参阅：［英］波斯坦等. 剑桥欧洲经济史（第八卷）[M]. 北京：经济科学出版社，2004：41~42.

作为自由贸易关税的典型负面案例，就是 19 世纪的法国。法国大革命（1879 年）之前，通过保护贸易关税等政策，实现了工业化，经济直逼英国，但此后转向自由放任的经济体制。许多历史学家认为，这是 19 世纪法国工业发展停滞、社会发展落后的主要原因。①

纵观工业革命以来的各国发展历程，至少在 20 世纪前半叶之前的数百年间，保护贸易关税对于强国崛起仍旧是十分重要的②，自由贸易关税政策对于世界经济普遍发展的积极促进作用，也还仅仅是近 70 年来的事情。

2. 当代关税政策的反思：20 世纪以来的变化

进入 20 世纪以来，以第二次世界大战为分野，此前各主要国家总体实行保护贸易关税政策，此后自由贸易关税政策逐渐成为世界潮流。其主要原因在于，20 世纪前半叶，欧美大多数国家的高关税政策，被认为是造成 20 世纪 30 年代"大萧条"的原因之一，并引发了第二次世界大战。二战后，出于对保护贸易最终加速战争爆发的恐惧，以及西欧诸国不得不接受"马歇尔计划"所主张的自由贸易政策，经济自由化思潮才得以重焕生机。关税的财政收入功能和保护功能，呈现逐渐弱化的趋势（尽管在 20 世纪 70 年代的石油危机后，各发达国家不同程度恢复了贸易保护政策）。二战后的新兴发展中国家，虽然意识到应当采取保护关税政策，但因其"进口替代"和"出口导向"战略的实施，均遇到了较大的困难，故也不得不接受自由贸易关税政策的现实。

二战后，随着贸易自由化趋势的不断发展，各国经济的增长均与低关税政策呈现较强的正相关关系。从这个意义上讲，自由贸易关税政策也确实得到了各国经济发展实践的有力支持，并呈现发达国家与发展中国家同步兴衰的趋势。③ 在本轮全球性金融危机中，许多国家也意识到，关税战不利于本

---

① 江涌. 中国困局：中国经济安全透视 [M]. 北京：经济科学出版社，2010：186.

② 根据英国学者张夏准的研究显示，"自由贸易年代"（1875～1914 年）包括奥地利、加拿大、丹麦、法国、德国、意大利、挪威、瑞典、英国和美国等 10 个当今发达国家的统计证明，贸易保护程度（以平均关税税率衡量）与经济增长速度之间，呈现正相关关系。进一步论述可以参阅：[英] 张夏准. 富国陷阱：发达国家为何踢开梯子？[M]. 北京：社会科学文献出版社，2007：50.

③ 19 世纪，当发达国家的"开放型"经济（如英国那样）迅速向外扩张的时候，不发达国家的经济也蒸蒸日上——反之亦然，当 20 世纪 30 年代工业化国家陷入大萧条时，不发达国家经济遭受的打击也最大。50～60 年代，发达国家经济再度繁荣，对原材料的需求急剧增长，不发达国家因而又出现了一段发展较快的时期。进一步论述可以参阅：[美] 保罗·肯尼迪. 大国的兴衰 [M]. 北京：求实出版社，1988：508.

国经济的发展，而避免采取贸易保护措施。① 因此，纵观近 80 年的世界经济发展史，自由贸易关税对于促进世界经济的可持续增长，确实发挥了重要的作用。

然而，作为自由贸易关税理论基石的比较优势理论，在清晰论证自由贸易可以使得发达国家和发展中国家同时获益并实现经济增长的同时，却没有从理论上证明，发展中国家能否通过自由贸易关税政策，赶超发达国家（至少是缩小与发达国家间的差距）？这一命题能否得到较为满意的回应，却是至关重要的。因为，未来世界历史的进程，不仅取决于各国的社会经济是否得到必要的改善，更取决于富裕国家与贫穷国家之间的差距，是继续扩大还是逐渐缩小。②

自 20 世纪 80 年代起，世界银行和国际货币基金组织根据主流经济学的"华盛顿共识"，推动了众多发展中国家以经济市场化和贸易自由化为取向的改革。但相关数据显示，截至 20 世纪末期，发展中国家的总体经济增长率反而呈现下降的趋势，并进一步扩大了与发达国家的差距。③ 无独有偶，西方学者布兰克·米兰诺维奇在研究国家间不平等问题时，也得出了相似的结论：通过对 120 个国家的整体基尼系数测算显示，1965～1982 年间，该数值基本维持在 0.47 左右，而 1982～1994 年间，国家间不平等却呈明显扩张的趋势，到 20 世纪末，国家间基尼系数已达到 0.545。④ 从这个意义上讲，基于自由贸易关税理论的现代国际经济贸易体系，对于如何缩小发达国家和发展中国家之间的发展差距，仍旧未能提供一个相对满意的答案。

① 李九领. 关税理论与政策 [M]. 北京：中国海关出版社，2010：82.

② 例如，在 20 世纪 50～60 年代实行自由贸易关税时期，据统计，仅在 1958 年内，世界上各个地区就爆发了 58 次大规模社会动荡，其中只有一次是发生在人均收入超过 750 美元的国家。进一步论述可以参阅：[美] 斯塔夫里阿诺斯. 全球通史：1500 年以后的世界 [M]. 上海：上海社会科学院出版社，1999：576.

③ 1960～1979 年间，发展中国家人均国民生产总值的年均增长率为 2.5%，进行了改革后的 1980～1998 年间增长率反而下降为 0.0%。资料来源：William Easterly. The Lost Decades：Developing Countries' Stagnation in Spite of Policy Reform 1980－1998. Paper prepared for the Global Development Network meeting in Cairo, February 2001。转引自：林毅夫. 当代制度分析前沿系列 [M]. 上海：上海财经大学出版社，2006：总序 3.

④ [美] 布兰克·米兰诺维奇. 世界的分化：国家间和全球不平等的度量研究 [M]. 北京：北京师范大学出版社，2007：41.

2.6.3　中国关税政策的借鉴与启示

1. 辩证认识关税政策的财政收入功能

我国加入 WTO 后，关税总水平的逐步下调和关税栏目的调整，构成了关税改革的主要方面①，2008 年如期兑现了"入世"降税承诺，进口关税算术平均税率由 15.3% 降到 9.8%。此后尽管历年均有所调整，但总体关税水平基本维持在这一水准。

但在现时的中国，关税的财政收入功能，尤其是对于中央财政而言，仍旧是非常重要的。其原因在于，根据现行分税制财政体制，中央固定收入只有关税、消费税、海关代征税收等。就关税收入在中央财政收入中的占比情况看，近 20 多年来，尽管关税收入占中央财政收入的比重逐步下降（自接近 10% 逐步下降至 5%～6%）；但是，海关税收（包括关税收入和进口环节代征税收入）始终稳定地占到中央财政收入的 1/4 左右（如表 2-4 所示）。

表 2-4　我国关税、海关税收占中央财政收入的比重（1994～2014 年）　单位:%

年份	关税占中央财政比重	海关税收占中央财政比重	年份	关税占中央财政比重	海关税收占中央财政比重
1994	9.38	21.42	2005	6.44	31.90
1995	8.96	21.45	2006	5.58	29.84
1996	8.24	23.24	2007	5.16	27.33
1997	7.56	22.24	2008	5.26	27.24
1998	6.40	17.97	2009	4.13	25.65
1999	9.61	27.18	2010	4.77	29.46
2000	10.74	32.08	2011	4.99	31.46
2001	9.79	29.04	2012	4.96	31.38
2002	6.78	24.94	2013	4.37	27.71
2003	7.78	31.28	2014	4.41	26.85
2004	7.20	32.71			

资料来源：国家统计局《中国统计年鉴（2015）》，中国统计出版社 2015 年版。其中海关税收数据来自中国海关统计，海关税收具体包括关税收入和进口环节海关代征税收入。部分数据来自历年政府预算报告。

---

① 中国社会科学院财政与贸易经济研究所. 中国：启动新一轮税制改革 [J]. 北京：中国财政经济出版社，2003：108.

从表 2 - 4 可以看出，对于中央财政而言，其财政收入功能还是非常重要的。根据拉弗曲线的税率与税基变化原理，始于 1992 年的大规模关税税率削减，因其引致的税基扩大效应，仍旧促成了关税及海关税收的较快增长。因此，不能盲目地追求关税的税率水平降低，对于奢侈品等高端消费品的关税税率，还可以考虑适当提升，在保证中央财政收入的同时，倡导理性的社会消费风尚。①

2. 辩证认识关税政策的有效保护功能

就中国关税政策的发展趋势而言，其聚财功能逐步弱化，优化资源配置的功能日益受到重视。从关税有效保护理论出发②，通过制定合理的关税梯形税率结构，促进产业技术进步，实现资源配置的优化，显得尤为重要。通常，如对投入品和制成品均征收关税，则投入品税率较低，有效保护率较高，反之亦然。二战后，美国、日本、欧洲诸国均积极运用关税有效保护理论，在降低关税总水平的同时对制成品实施有效保护。③ 在中国加入 WTO 后的关税调整中，也试图在有效保护结构的完善中，优化不同产业和产品的关税递减顺序。

然而，关税有效保护理论的应用，是需要某些约束条件的。在投入产出系数很高的行业，如果对投入品的保护略为提高，就会导致关税负保护的出现。④ 根据对我国主要行业 2004 年关税有效保护率的测算，某些在国际市场上竞争力很强的劳动密集型行业，却处于中、高保护水平；而一些资本或

---

① 近年来，关于奢侈品价格的国内外"倒挂"问题（即从国外购买奢侈品的价格，远远低于国内同类进口奢侈品的价格）。某些舆论认为，此系奢侈品的关税及国内流转税负担过重所致，因而呼吁降低奢侈品关税。其实，在各国关税实践中，对于奢侈品从重课税，也是符合国际税收惯例的。所谓"价格倒挂"，很大程度上，系因出国人员带回的物品（主要是奢侈品），已然远远超过进境物品进口税（行邮税）规定的免税额度，但却未依法报关完税。针对这一问题，首先应加大进境物品的海关稽查力度，严厉打击偷税和杜绝漏税行为，而不能简单地寻求降低奢侈品的关税税率。

② 由于中间产品逐渐成为国际贸易商品结构的重要组成部分，关税有效保护理论应运而生。其基本思想是初级原材料及半成品的名义关税率要低于制成品的名义关税率，以免投入品税率较高，对于下游产业增值产生不利影响。

③ 例如，1962 年美国纺织品的名义率是 24.1%，有效保护率高达 50.6%，英国则分别为 20.7% 和 42.2%。进一步论述可以参阅：凌岚. 中国关税制度改革的若干问题探讨 [J]. 涉外税务，1998（12）。

④ 负保护是指一个生产过程在贸易保护措施的作用下，其加工增加额小于自由贸易条件下该生产过程的增值额。也就是说，由于关税制度的作用，使得国内加工增值额低于国外加工增值额。进一步论述可以参阅：李九领. 关税理论与政策 [M]. 北京：中国海关出版社，2010：129.

技术密集型行业，却呈现低有效保护。① 加之，我国的市场机制尚不够完善，价格信号难以充分发挥资源配置的引导功能，这在相当程度上影响了通过优化关税有效保护率，改进资源配置的可能。

因此，就中国关税政策的近中期发展而言，在关税与优化产业结构的关系问题上，恐怕还不能单纯寄希望于关税有效保护率的完善。需要辩证认识关税的保护功能，充分利用《反倾销条例》和《反补贴条例》等 WTO 贸易规则允许的保护措施，运用反倾销税、反补贴税等特别关税制度，进一步实现关税促进产业结构优化和保护幼稚产业的重要功能。

2.7　"单一税"改革的可行性：基于税制简化的考量②

2.7.1　"单一税"制度设计的发展与演进

单一税（flat tax），也译作"统一税"，是 20 世纪 80 年代初期，美国酝酿税制改革方案过程中提出的一种税制理念，它直接影响了美国 1986 年《税制改革法案》的思路。1981 年，美国斯坦福大学的罗伯特·E·霍尔（Robert E. Hall）和阿尔文·拉布什卡（Alvin Rabushka）对纷繁复杂的美国传统所得税制进行了长期深入研究后，提出了"单一税"的税制设计思想，积极倡导实行简明高效的所得税制度改革。其所倡导的降低税率、扩大税基、简化征管的中性税收思想，逐渐在市场经济国家取得了广泛共识。③

单一税制的设计思想主要包括三个方面：单一税率、消费税基和整洁的税基。单一税制遵循的一个基本管理原则是对各种所得采用统一的平等税率，所得应该只被征税一次，并且尽可能接近税源。在具体操作上，通常设置一定的免征额，免征额之内的部分适用零税率，超过免征额的部分适用单一税率。尽管单一税的税率较低（按其早期的设计方案只有 19%），但由于税基广泛，仍旧可能获得与现行税制大体相当的税收收入。在税制设计中，

---

　　① 周申、杨传伟. 我国关税的有效保护率及其变动——基于 2004 年数据的考察 [J]. 财经研究，2006（9）.

　　② 马蔡琛. 略论单一税视野中的新一轮税制改革 [J]. 经济问题，2007（10）.

　　③ 罗伯特·霍尔，阿尔文·拉布什卡. 单一税 [M]. 北京：中国财政经济出版社，2003.

将全部所得区分为营业所得和工资（包括薪金和退休金），从而使得税基涵盖的范围更加广泛。企业就其产生的全部所得扣除支付给雇员的报酬后的余额纳税，雇员则就其所得纳税，并且税收是累进的。所谓消费税基是指对现在和未来的消费统一纳税，以避免对储蓄收益、投资收益和劳动所得造成抑制作用。消费税基是指，对 GDP 减去投资后的余额征税，即在企业和个人取得的全部收入中，对其用于投资的部分免税，对其用于消费的部分征税。所谓整洁税基（clean tax base）是指取消全部或大部分给予特定类型消费或投资的特殊优惠政策，使税制更加中性，税基更加整洁。

单一税的实践，大致可以追溯到 20 世纪 80 年代中期，牙买加成功地按照单一税的基本原则对个人所得税制进行了改革。进而，爱沙尼亚于 1994 年首次实施了现代意义上的单一税改革，并取得了一定成功。此后，俄罗斯、拉脱维亚①、克罗地亚、爱沙尼亚②等国先后实施了具有单一税色彩的税制改革。其中，俄罗斯的单一税改革及其成功所产生的影响是相当巨大的。俄罗斯于 2001 年开始实施税率为 13% 的单一税法案，取代了原来的最高税率为 30% 的三个级次的个人所得税，并且从 2002 年开始对小企业的盈利征收单一的 15% 的低税率。通过单一税改革，促使俄罗斯经济开始稳步增长。③ 据统计，实施单一税的 2001 年，个人所得税征收了 2547 亿卢布，比 2000 年增加了 802 亿卢布，增幅为 46%，扣除通货膨胀因素，收入实际增长了 28%。从而，使得单一税制的设计思想在世界范围内引起广泛的关注。自 21 世纪初叶以来，单一税改革的呼声在沉寂多年后，又重新受到重视。美国福布斯集团总裁兼 CEO 史蒂夫·福布斯（Steve Forbes）在其 2016 年的新作《美国的难题（Reviving America）》中，重举单一税改革的旗帜。福布斯认为，美国经济之所以尚未恢复到 20 世纪 80～90 年代的增速，《联

① 拉脱维亚早在 1995 年就实施了单一税改革，对个人收入征税 23%，对公司收入和资本利得征收 15%。1996～2007 年，拉脱维亚的平均经济增速超过了 7%。该国也从全球金融危机中完美复苏。2011 年以来，增速在 4% 左右，相当可观。资料来源：史蒂夫·福布斯. 美国的难题 [M]. 北京：中信出版集团，2016：69。

② 20 世纪 90 年代，爱沙尼亚独立后，率先实施对企业和个人征收 26% 的单一税。后来，将税率降低到 20%，还将公司所得税归零，使得外国投资者纷纷把该国当作投资目的地。仅 2014 年，爱沙尼亚就吸引了近 10 亿美元的外资。资料来源：史蒂夫·福布斯. 美国的难题 [M]. 北京：中信出版集团，2016：67。

③ 国际巨星杰拉尔·德帕迪约因为反感法国一度高达 75% 的税率，扔掉法国护照，加入了俄罗斯国籍。这件事给俄罗斯总统普京在全球范围内做了宣传。资料来源：史蒂夫·福布斯. 美国的难题 [M]. 北京：中信出版集团，2016：66 - 67。

邦所得税法》就是原因之一，施行单一税毫无疑问是病态经济的最佳解决方案。[①]

　　由于单一税制所具有的独特视角，使得其具有税制优化、提升效率、效果中性、征管简便等显著特征。对于完善中的中国税制体系，这种设计思想应该具有一定的启迪作用。

2.7.2　"单一税"模式在我国税制改革中的可行性分析

　　我国现行税制是在市场经济建设初期酝酿的，受时代的局限，难免具有某些计划经济的痕迹。在中国新一轮税制改革中，需要构建符合社会主义市场经济要求的税制体系。或许这种税制结构未必是完全意义上的单一税模式，然而正如单一税首倡者之一的拉布什卡教授所说：从现实税制到设想的"单一税"之间，存在很多的政策选择范围。而最终的税制改革方案或许就是两者之间的某种折中选择。就现实而言，我国税制改革也确实具备了适当借鉴单一税模式的诸多条件。

1. 单一税理念体现了社会分工演进中的税制结构调整

　　人类社会的分工演进过程大体经历了从农业社会到工业社会再到后工业社会这样几个大致的发展阶段。在农业社会中，以人头税为代表的原始直接税居于主导地位。工业社会中，由于社会化大生产的社会分工脉络比较清晰，产品流转环节易于区分，于是以流转税为主体的间接税开始成为主体税种（比较典型的是增值税）。由于流转税以商品流转额或非商品销售额为课税标的，符合现代工业社会分工的特点，因此，现代间接税是与工业革命后的经济发展大体相适应的税制结构。

　　当人类社会发展演进到后工业文明的时候，以知识经济为代表的现代服务经济逐渐成为经济发展的新增长点。在现代经济体中，社会分工体系日益复杂，交易过程以及交易主体之间的关系错综交织，其商品流转环节日渐模糊，甚至随着电子商务的发展，间接税的某些课税环节已经无法捕捉。因此，间接税作为一种适应相对规范化、单一化社会生产方式的税制模式，其所具有的先天缺陷，已经日益难以适应后工业时代的社会生产方式变迁。

　　在这样的背景下，现代单一税所倡导的针对所得或消费课税的税制设计

---

① 史蒂夫·福布斯. 美国的难题［M］. 北京：中信出版集团，2016：66 - 67，71.

思想，将课税的标的指向其最终的受益主体，从源头上捕捉税源，规避了千变万化的商品流转环节，应该是符合社会分工演进的时代要求的。我国传统以间接税为主体的税制结构，也可以适当吸收单一税的税制设计思想。

2. 单一税有助于免除经济性重复征税

如前所述，世界各国对公司所得税的课征大致可分为两类：一为独立课税制（也称"古典制"），根据法人实体说理论，认为公司为有独立纳税能力的纳税主体。公司所得课征公司所得税后，其盈余分配给股东时须再征个人所得税。另一类为合并课税制，根据法人虚拟说理论，认为公司法人仅为法律的虚拟体，无独立纳税能力，仅作为将盈余传送至股东的导管，故公司阶段的所得与股东阶段的股利，仅应课征一次所得税。

我国现行企业所得税采用的是"古典制"，对股息红利所得存在较为严重的重复征税问题。单一税对各类所得采用统一的平等税率，所得应该只被征税一次的税制设计思想，有助于免除经济性重复征税，减轻税制结构对社会资源配置的负面影响。同时，通过整体税负水平的降低，也有利于化解世界性税制改革后，各国总体税负水平降低而造成的对我国企业国际竞争力的冲击。

3. 我国的税收征管实践中也已具备"单一税"理念的现实基础

尽管单一税对于中国税务管理实践还是一个相对陌生的理念，但现实中对于小型企业和个体工商户，根据纯益率确定综合课征率的做法，却是较为普遍的。其实，这种确定综合课征率的简化方法，已然具有了某种单一税制的雏形。通过以单一税为标志的税制改革，从立法上确认这种实际中已然应用的税收征管模式，并使之进一步规范化，似乎是一种可行的选择。因此，施行具有单一税色彩的税制结构性调整，也具备了相应的组织与实践基础。

2.7.3 中国新一轮税制改革的路径选择

1. 税制结构调整必须结合我国的现实国情

包括税制改革在内的任何经济体制改革举措，都需要结合我国经济转型期的具体国情加以考察。在渐进性的整体改革框架内，税制结构的调整也将是一个逐渐逼近最终目标的过程。当前的税制结构变革必须在政府财力可以承受的范围之内，税负的逐步降低应该采取渐进的方式。在税制结构设计上，应该考虑我国纳税人的涉税知识以及税收征管人员的业务水平的现实约束条件，税制的内容不应过于复杂，要便于操作。单一税征收便利，甚至"纳税申报表只有一张明信片大小"，这对于广大纳税人来说，无疑是一件值得期待的事情。

2. 逐步调整主体税种结构

虽然我国名义上是流转税与所得税并重的双主体税制结构，但实际上所得税占的份额相对较小。2014 年，全国企业所得税和个人所得税共完成 32018.8 亿元，占税收收入的比重仅为 26.87%；而国内增值税、消费税和营业税三项流转税共完成 57544.21 亿元，占税收收入的比重高达 48.29%。由于流转税不适应现代社会分工的演变趋势，从长远发展来看，应该逐步实现主体税种的转型。对于某些难以捕捉流转环节的市场行为（例如电子商务、衍生金融产品交易等），适度地放弃流转税的课征，改从所得收入的源头上加强税收管理。

3. 实行长期性的低税政策

20 世纪 80 年代以来，世界各国的税制改革，总体上体现了降低税率、拓宽税基、清理优惠、简化税制的指导思想，这一趋势也同样彰显了单一税的基本内涵。市场经济发达国家在经历了 80 年代以来的持续性税制改革，其整体税负水平已在某种程度上低于我国。较高的宏观税负水平可能会抑制我国企业参与国际竞争的能力，也不利于吸引国际投资。实行较长时期的低税政策，将是顺应时代潮流的理性选择。低税政策作为一种长期性的制度安排，不同于相机抉择性质的减税政策，而是在社会经济转型的整个过渡时期，给予微观经济体一个相对宽松、低负担的外部税收环境。当我们回顾中国数千年来社会经济发展演进历程的时候，也同样有一个屡屡被证明的规律：任何一个盛世时代的到来，在财政收入汲取机制上，都体现了"轻徭薄赋""休养生息"的政府理财观念；而任何一个公共治理结构出现问题的时候，则或多或少地与公共部门占用的社会资源份额过多有关。

因此，从经济社会的可持续发展出发，也需要通过税制结构上的调整，实现现有税负水平在合理范围的适度降低。从更宽泛的视野来看，这种税收管理理念的根本性转变，对于减少社会转型期的政府管制与对市场经济的过度干预，都将具有深远的影响。

第3章 税法中民法的适用：
基于法律类推的视角

3.1 税法中合同法的适用[①]

税法中的合同法适用，是随着公法私法化理论的日趋成熟而兴起的税收研究前沿命题。税法作为一种正式的法律渊源，在大多数情况下能够被准确加以解释和界定，这样也就不必更多考虑合同法等旁系法律渊源的支撑。但随着市场化改革的深化，单一的税法行为往往涉及多种法律，在税收法治化尚待完善的现阶段，单纯依据税法往往不能为涉税案件的合理解决提供完备的审判规则。尽管税法与民法有着本质区别，但由于课税成立要件与民事行为的不可分割性，故而可以援引民法（主要是合同法）的立法精神来补充税收法规的空白，为其提供理论上的依据。[②]

税法与合同法在法律要件上的交叉共享，使得税法中的合同法适用成为可能。一是调整对象的相互交叠。"税收是对民事行为或其经济后果进行课征，而民事行为的主要类型是合同行为，所以税法与合同法以同一法律事实为其规范对象。"[③] 二是法律功能上的一致。"两法同为国家统一法秩序之下的部门法，法治建设进程为合同法在税法领域中的适用提供了良好契机。"[④] 三是法律概念的共享。由于税法资源往往难以自给自足，故借用其他部门法

---

① 马蔡琛，余琼子. 税法中的合同法适用问题研究 [J]. 湖南财政经济学院学报，2016 (1).

② 例如，对偷税的描述，就并非由税法来评价规范，而是由刑法来加以明确界定。

③ 杨小强，叶金育. 合同的税法考量 [M]. 济南：山东人民出版社，2007：7 - 8.

④ 黄茂荣. 法学方法与现代税法 [M]. 台北：植根法学丛书编辑室，2005：92 - 93.

的管制资源已成为一种常态现象。例如，税法就借用了私法的担保、保全、代理和连带责任等概念，这在一定程度上也造成税法丧失了某些自主性。

3.1.1　文献回顾与述评

税法中的合同法适用大多源于大陆法系国家，英美法系以判例法为基础，通常并不存在他法（如合同法）的税法适用问题。而大陆法系国家以成文法来处理法律问题，即税收法律行为必须严格控制在税法框架之内，不得随意变更或扩大。对于税法中的合同法适用是否违反了"有法可依"的基本原则，大陆法系存在着"独立（否定）说"和"统一（肯定）说"两种截然相反的观点。

1. 独立（否定）说

德国作为税法中合同法适用研究的发源地，在制定 1918 年租税通则之前，税法附属于民法，税法借用民法之概念，其概念内涵及法律效果依民法而为解释。第一次世界大战后，德国经济不景气，为了有效增加财政收入，德国税法学者贝克尔（Becker）认为，税法应从民法的束缚中解脱出来而相对独立。[①]

贝克尔（1919）主张，税法借用私法（包括合同法）要件只适用于概念的核心文义部分（如赠与税中"赠与"虽源于私法，但又不同于其私法界定），私法的解释并不拘束税法之适用，仅是税法尚未建构自身概念之前的"应急措施"。[②] 在德国租税通则中，主张税法应有独立的解释方法，作为私法上的违法无效行为、避税行为、虚构行为的课税依据。[③] 二战结束后，人们又开始反思税法自治理论的缺陷，税法逐渐向私法靠拢，独立说逐渐淡出了研究视野。

直到 20 世纪 70 年代末，独立说在日本重获重视。北野弘久（1979）提

---

① 第一次世界大战后，德国百业待兴，一些不法商人获得的暴利多属违反强制禁止规定，故在民法上的效力系属无效。依当时的法律规范，税法乃"民法附随法"，民法无效之行为亦无须课税。战后的德国经济不景气，无效行为之税收又无法掌控，从而引发了财政危机。于是税法学者贝克尔（Becker）倡议税法应从民法束缚中解脱出来，以实现税法的独立性。资料来源：陈荣哲，陈建宏. 经济观察法与实质课税原则——两个概念的再考 [J]. 军法专刊，2009（2）：121–152。

② Albert Hensel. Zur Dogmatik des Begriffs "Steuerumgehung" [M]. Deutschland：Duncker & Humblot，1923.

③ 陈敏. 德国租税通则 [M]. 台北：财政部财税人员训练所，1985：49–56.

出，税法如欲作为一门独立的法学科而存在，就必须摆脱原来行政法的束缚。认为"税法独立性之问题，系立法机关之课题，非行政机关或法院之课题"①。"税收以法定主义为最高法律原则，不问理由如何，均不许出现法律漏洞之补充解释与适用。否则，税捐行政机关如以税捐正义之要求或合乎目的性之理由，径行超越税法所规定的课税界限，实质上即属立法权之代行，而为依法行政原则所禁止。"②

金子宏（1978）也认为，"对于法律所未加以把握而具有课税价值的事实关系，透过法官法进行类推适用的方式，创设或扩张税法构成要件，乃为法律所不许。"③ 金子宏（1988）进一步指出："税法原则上应依文义解释行使，不许任意的扩张解释或类推解释。倘若运用税法上允许的解释方法，仍无法把握其规定之法律意义时，则该规定因违反课税要件之明确主义而无效。"④

大多数研究认为，合同法难以有效适用于税法的原因，在于研究税收法律关系时，理论上往往急于摆脱原属行政法的约束，使税法作为一门独立法学而存在，从而避免幼稚时期"他法的侵略"。

2. 统一（肯定）说

税法作为一门独立法学在其早期坚持税法的完全独立，拒绝对其他法制资源的借用。然而在世界范围内，税法的研究毕竟起步较晚，理论体系尚不够完善，在实践中，无论是实现财政目的还是经济调节功能都颇为吃力，这促使学术界不得不重新审视税法与其他法律的关系，考虑税法借用他法之可行性，于是统一说（肯定说）便应运而生了。

20 世纪 50 年代以来，受法之统一秩序观点的影响，德国学者弗洛姆（Flume，1952）在《税收与法律秩序》中，承认了税法与私法之间的联系，"税法虽可自行创设课税要件及概念，但如果私法与税法适用上发生冲突，则应承认私法对于税法享有'优先性'，税法应作为民法的'附随法'，以维持法律秩序之统一性"。之后，克里茨莱斯（Crezelius，1983）在《税法适用与一般法律秩序》中表示，税法应掌握私法形成之结果，私法自治之

---

① 北野弘久. 现代税法の構造［M］. 金沢：勁草書房，1972：93 – 94.
② 北野弘久. 税法学原論［M］. 東京：青林書院，2007：10.
③ 金子宏. 租税法と私法——租税法研究第 6 号［M］. 東京：有斐閣，1978：24.
④ 金子宏. 租税法［M］. 東京：弘文堂，1988：104.

保障具有优先于平等课税之价值。①

日本学者今村隆（2011）在《借用概念论》中指出："当税法借用合同法之概念时，应尽可能使课税条件与合同法概念保持一致。并且，应尽可能在限定的范围内解释私法概念和个别例外情况。也就是说，即使借用也要依据税法之目的来解释。"②

日本律师落合正博（2011）在《税法与民法的关系》中，对税法的法定主义和合同法的契约自由进行了比较："税法上的契约自由，是在契约自由的基础上，由于担心会对课税关系产生影响，故在税法上设立了一些制约条件。因而，即使引入合同法的理念和制度，也应与合同法保持一定的独立性，实现其公法上的固有使命。"③

统一说的不断发展，使得税法借用他法的法制资源渐成潮流。其中较具典型性的案例就是，我国台湾地区的大法官会议从"适用禁止"到"适用允许"的立场转变。早先的大法官会议第 151 号解释强调税法"类推禁止"，④ 这意味着禁止合同法的制度运用于税法领域；后来的第 508 号和第 257 号解释则分别表示，税法可以采用类推的方式，在相当程度上允许了税法中适用合同法的做法。⑤

3. 相关国内研究述评

长期以来，国内的税法研究相对滞后，其认识大多停留于权力关系说，即税收是征税机关依权力而强制无偿取得财政收入的手段。但实际上并非如此，税务债务关系说在实践中早已被认可并付诸实施，这导致当前税法中合

---

① Georg Crezelius. Steuerrechtliche Rechtsanwendung und Allgemeine Rechtsordnung［M］. Deutschland：Neue Wirtschafts-Briefe，1983：178.

② 今村隆. 借用概念論・再考［J］. 税大ジャーナル，2011（5）：53.

③ 落合正博. 民法と税法の関系［EB/OL］.［2011 - 02 - 19］. http：//www. z-hinode. or. jp/hinodedayori/hinodedayori2011_2. html。

④ 大法官会议第 151 号解释：查账征税的厂商遗失盖有"查账征税代用"戳记的空白完税凭照，依据税收法定主义，税务机关自不得比照"货物税稽征规则"第 128 条关于遗失查验证之规定补征税款，亦即税务机关就税法未规定应缴纳税款的事项，不得以比照其他规定的方法向人民课税。资料来源：黄婉玲. 司法院大法官解释.［EB/OL］.［2006 - 11 - 09］. http：//www. judicial. gov. tw/constitutionalcourt/P03_01_detail. asp。

⑤ 大法官会议第 508 号解释：基于课税公平及减轻纳税人税收负担，就性质相同的所得，可以比照相关的免税规定予以免税。大法官会议 257 号文：汽车冷暖气机用的"压缩机"虽然与"货物税条例"所称的"冷暖气机"用语不完全相符，唯压缩机为冷暖气机的主要机件，仅能供汽车冷暖气机装配使用，且装配完成后，并不再课征货物税，无加重人民纳税义务的担心，而认为将汽车冷暖气机用的压缩机依"冷暖气机"课征货物税，也可以简化稽征手续，系防止逃漏税及维护课税公平所必要。

同法适用问题的研究，实务界领先于理论界。

从理论上看，合同法和税法两者的界限清晰，直到 20 世纪 90 年代末，我国才开始引入税收债务关系论和税法私法化的观点。如刘剑文、李刚（1999）提倡以"契约精神和平等原则"为核心，构建现代税收法律关系。[①]在抽象层面，税收法律关系应界定为公法上的债务关系；在具体层面，则应分别界定为债务关系和权力关系。

而具体到税法中的合同法适用，始于陈光仪（2006）于《税法合同初论》中较具创造性地提出税法合同这一新概念："为实现一定的税务行政管理目的，以及便利税收债权债务的确定与实现，税法主体相互之间或与相关主体之间依法经意思表示一致而缔结的，以税收的债权债务为内容的，设立、变更、中止税收债权债务权利义务关系的协议。"[②]

黄茂荣（2005）在《税捐法与民事法》中剖析了税法借用他法以致破坏法定主义和法之安定性的观点。其结论认为，税收债务关系仅着眼于具有"特定人（纳税人）对于特定人（税务部门）有为特定给付（税款）之义务"的特征，故与法之安定性无关，也不能因将税收之给付义务定性为税收债务，而使私人可以任意利用合同契约，改变税收债务的内容。随着市场交易形式的复杂化，实质课税原则日益受到重视，这并不违反税收法定主义。[③]

杨小强和叶金育（2007）在《合同的税法考量》中系统构建了税法中的合同法适用理论。税收作为合同的法定成本，是社会财富在政府和公民之间的强制性再分配。合同法和税法具有彼此依赖与相对独立的关系，税收的法定主义和合同法的契约自由可以有序兼容。[④] 在合同变更过程中，作为其法定成本的税收也会随之变动，税法中恰当地引入类推适用的原则，可以在一定程度上弥补税法的漏洞。

刘为民（2007）认为，类推适用与税收法定主义并无本质冲突，也不会影响法之安定性，类推能否适用之关键在于法安定性的维护。"在法律适用过程中，对法律漏洞依立法目的，借类推适用予以填补，正是维持纳税义

① 刘剑文，李刚. 税收法律关系新论 [J]. 法学研究, 1999 (4): 98-100.
② 陈光仪. 税法合同初论 [D]. 厦门: 厦门大学, 2006: 12.
③ 黄茂荣. 法学方法与现代税法 [M]. 台北: 植根法学丛书编辑室, 2005: 92-93.
④ 杨小强, 叶金育. 合同的税法考量 [M]. 济南: 山东人民出版社, 2007: 51-53.

务人对法律的此种信赖，亦即维护法安定性。"① 蒋寒林（2011）探讨了税收之债由第三人代缴的问题，认为税收债务关系说构成了税收之债由第三人履行的理论基础。② 陈丽君（2012）认为，民法上的预期违约通过税收债务论的桥梁，体现为公法之债上的预期违约制度，税收之债的预期违约制度可以防止纳税人隐瞒收入、转移财产等税收规避行为。③

　　当前有关税法中合同法适用的理论研究，大多系法学领域的研究者，且尚未形成一个完整的理论体系。在公私法交融的时代背景下，进一步明确在税法领域借用合同法制度的要件，构建税法中的合同法适用制度，对于加快推进中国税收法治化进程就显得尤为重要。

3.1.2　税法中合同法适用的三大核心命题

　　合同法与税法虽为不同部门之法律，但税收债务关系理论实现了二者在法律关系上的有效契合。税收债务关系论将税收界定为公法上的债权债务关系，从而实现了公法之税法和私法之合同法间的交融与渗透。

1. 税法上的契约自由

　　契约自由是合同法的核心原则，然而当合同法制度映射在税法领域时，便引发了这样一种矛盾：合同法在税法领域的"进驻"，难免会在一定程度上诱使部分纳税人利用契约自由来规避税收。契约自由强调除了最小限度的规制和税负之外，微观经济个体应该享有自由谈判并签订合同的权利。而税收的强制性和无偿性使得纳税人可能出于自身利益的考虑，在契约自由的名义下滥用民事权利，实施虚假或违法行为来规避税收。如果简单地将合同法和税法的部门法进行整合，就有可能导致税收流失。为了保证财税收入的增长，税收征管当局不得不采诸如提高税率、开辟新税源等增税措施，以致加重纳税人负担。税法和合同法作为不同部门之法律，如何实现税收法定主义与契约自由的兼容并蓄？这是研究税法中合同法适用所面临的首要问题。

　　税收法定主义与契约自由的有序兼容，是基于税收债务关系论的一种契约结构：税务部门和纳税人依法对税收法律关系的生成、变更、消灭共同约

① 刘为民. 税法类推适用原理［D］. 成都：西南财经大学，2007：26-32.
② 蒋寒林. 税收之债中的第三人代缴研究［D］. 上海：华东政法大学，2011：15-16.
③ 陈丽君. 论我国税收之债的预期违约制度［D］. 北京：中国政法大学，2012：26-29.

定，并达成合同的意思表示一致。这种"合法又合意"的典型就是预约定价制度安排。预约定价作为一种税法合同，税务机关和纳税人之间的地位并不完全平等。由于合同具有涉税性，合同的契约自由和意思自治受到了一定的限制，使得预约定价有别于普通民事合同。但预约定价的本质仍是纳税人与税务机关就关联交易适用正常交易原则而达成的一致意见。这种合意是将预约定价视为合同的内在原因，预约定价的合同属性使得预约定价的谈判过程更富弹性。如美国《预约定价声明》中就明确规定："预约定价谈签过程中，税务机关和纳税人双方处于相对确定且平等协商的地位，谈签形成的协议或合同不能违背任何一方的原则，必须由税企双方均同意且不得违背转让定价的基本原则。"①

另一个体现契约自由的典型是税法上的约定第三人代为履行。② 税法上的第三人代为履行包括约定的第三人代缴和法定的第三人代缴（即税收代位权）。其中，约定的第三人代缴，是法定纳税人与第三人在纳税义务形成之前，约定由第三人代为履行（见图3-1）。

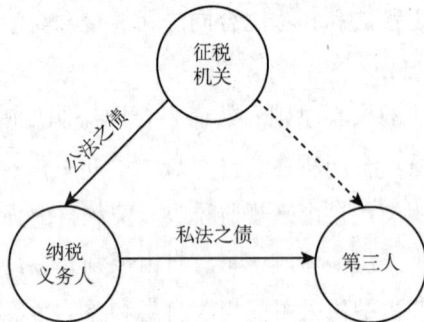

图3-1　税法上第三人履行的债务关系示意

如图3-1所示，由于合同法的先行性，对合同法评价为非法的经营行为所产生的后果（即非法所得），公安、工商管理部门应在纳税义务履行之前进行罚没，于是税法便丧失了评价对象——经营所得。因此，违反合同法的税收执法行为也应予以撤销。也就是说，税法不可任意推翻合同法的评价，只要合同当事人协商一致，同意转移税收债务，税法就无须多加干预。

① Internal Revenue Service. Announcement and Report Concerning Advance Pricing Agreement. [EB/OB]. [2007-2-26]. http：//www.irs.gov/pub/irs-drop/a-13-17.
② 第三人履行是指第三人与当事人约定或者依照法律的规定，由第三人代为履行当事人的行为。

这种纳税人与第三人之间契约自由的表示，属于私法之债，并未改变税收法定主义。因为一旦第三人不履行或未能完全履行纳税义务，纳税人仍须履行原有法定义务，其纳税义务并未因第三人代为履行而减少乃至消亡。第三人代为履行并未削弱债务人的履约能力，反而强化了税收债权的实现能力。[①]在税收征管实践中，第三人代为履行也有法律直接规定的情形。例如，我国台湾地区的《平均地权条例》中就规定："土地所有权移转，其应纳之土地增值税，纳税义务人未于规定期限内缴纳者，得由取得所有权之人代为缴纳。依规定由权利人单独申报土地移转现值者，其应纳之土地增值税，应由权利人代为缴纳。"[②]

2. 税法上的情事变更

情事变更是指合同有效成立后，因不可归责于双方当事人的事由发生，而使合同的基础动摇甚至丧失，若继续维持合同将会显失公平，故允许当事人通过协商或司法程序变更合同内容乃至解除合同。[③] 情事变更是以合意说为基石的近代合同法原则的例外。税法上的情事变更是指纳税人自纳税义务成立起，因不可归责于纳税人的事由发生，而使纳税义务的履行对纳税人造成不公平，因此允许纳税人主张情事变更并改变税收债务关系。依合同法之规定，税法上的情事变更也有客观与主观之分。

客观情事变更是税收债务关系确定后，因战争、地震等不可抗力因素而产生的重大变化。税法上的客观情事变更（即税收减免请求权）作为纳税人的基本权利，已在我国个人所得税法等税收法规中予以明确。[④]

主观情事变更是指，当征纳双方以某种设想和期待为出发点，确立税收法律关系之后，其中一方发现原来的设想或期待并不准确，主张撤销或变更税收债务关系。例如，我国台湾地区自 1989 年对进口自日本的铜版纸课征反倾销税后，五年后进行了情事变更调整。根据台湾当局《平衡税及反倾销税课征实施办法》规定，反倾销税的情事变更应该考虑："原所课征反倾销税是否能消除倾销情事？是否须进行调整（调高或降低）？取消或变更反

---

① 杨小强，叶金育. 合同的税法考量［M］. 济南：山东人民出版社，2007：58–59.

② 陶百川. 最新综合六法全书［M］. 台北：三民书局，1992：1594.

③ 最高人民法院. 最高人民法院关于适用《中华人民共和国合同法》若干问题的解释（二）［EB/OB］. ［2009–4–24］，http：//www. law-lib. com/law/law_view. asp? id=280151.

④ 如《个人所得税法》第 5 条第 2 款规定：因重大自然灾害造成重大损失的经批准可以减征个人所得税。《税收减免管理（试行）》第 27 条规定：属于"风、火、水、震"等严重自然灾害时，税收征收机关拥有减免审批权限。

倾销税，损害是否继续或再度发生，抑或两者并存?"① 若情事变更之原因
与反倾销税之课征要件不相符，就应该考虑停征或减征反倾销税。

在国际税收实践中，与预约定价有关的主观税收情事变更，较为多见。
预约定价的预先性和长期性，使情事变更在预约定价中具有重要地位。预约
定价作为面向未来的一种双方约定，合同履行中可能出现的各种情况并不能
在签约时全部加以预计（如关联企业的破产、兼并），这使得情事变更在预
约定价中具有适用的土壤。相比而言，中国对"情事变更"中"情事"的
定义更为明确，也更接近"情事变更"的实质。② 发生情事变更后，纳税人
和税务部门都应做出相应调整，将实际经营合同调整到合理确定的价格或利
润区间，协商修改或重新起草新的预约定价合同，这较为充分地体现了预约
定价的自由协商精神。

3. 税法上的预期违约

预期违约（anticipatory breach of contract）包括两种情形：一是，在合
同成立后至约定的履行期届满前，一方当事人向另一方当事人明示其将不按
约定履行合同义务；二是，一方当事人的自身行为或客观事实默示其将不能
依照约定履行合同义务。③ 预期违约最初是合同法诚信原则下的一种特殊制
度安排，后来美国法学会将预期违约上升为合同法上的一项普遍原则。④ 税
法上的预期违约，是指纳税义务成立后至清偿期届满前，纳税人明确表示其
将不依法履行纳税义务或以自身行为或客观事实默示其将不能履行纳税义
务。税法上的预期违约更为强调的是，主观故意逃避纳税以及由此造成不交
或少交税款的默示违约。也就是说，客观原因导致的默示违约、主观故意造
成的明示违约都不属于预期违约。

税法上预期违约发生的时间，是在纳税义务成立后至清偿期届满前的这

---

① 平衡税及反倾销税课征实施办法 ［EB/OL］．［1994 - 02 - 23］，http：//law. moj. gov. tw/
LawClass/LawAll. aspx？PCode = G0350034。

② 我国 2015 年修订颁布的《关联企业间业务往来预约定价实施规则（试行）》中规定，预约
期内实际经营结果不在合同所预期的价格或利润值域范围之内；转让定价方法和原则及假设条件发
生变化，使原来的约定难以继续维系；纳税人及关联方本身出现了情况，若继续履行预约定价合
同，则显失公平；预约定价合同政策出现变化，使预约定价合同赖以运行的基础环境尽失。一旦上
述情事出现，纳税人和税务部门都应做出相应调整，纳税人将实际经营合同调整到合理确定的价格
或利润区间，税务部门与纳税人协商修改或重新起草新的预约定价合同。

③ 杨永清. 预期违约规则研究（民商法论丛）［M］. 法律出版社，1995：351.

④ American Law Institute. Restatement（Second）of the Law of Contracts ［S］. St. Paul：American
Law Institute Publishers，1981.

一时间段。在税收司法实践中，期前违约和到期违约的法律后果并不相同。税法上对于到期违约的处理方式，借用了私法的法制资源，如英美法系的留置权①、韩国的第二次纳税义务人责任②、日本③和中国④的税收代位权等。税收代位权参考了私法的代位权制度，当纳税人怠于履行税收债务，且未行使其对第三人享有的权利，致使税收债权不能实现时，税务部门可以自己的名义强制要求第三人代缴税款。例如，A 公司在某纳税年度，应缴企业所得税100 万元，但始终拖欠不缴。由于这家公司缺乏可供执行的财产，也一直未能清缴税款。税收征管当局通过调查取证，发现 A 公司享有 B 公司的到期债权150 万元，但一直没有主张权利。税务当局因而决定行使税收代位权，以次债务人（即债务人的债务人）B 公司为被告，向司法机关提起税收代位诉讼。

　　税期前违约的法律后果往往是提前履行纳税义务，即"提前征收"。例如，某从事生产经营的纳税人，纳税期限为一个月，被要求自期满之日起十日内申报纳税。该纳税人因故于某月中旬停产搬迁至其他地区经营，且并未打算交纳当月的税收。税收征管当局知悉后，发来限期交纳税款通知书，纳税人不予回应。而后税务机关责成该纳税人提供纳税担保，又被拒绝。税务机关于是在当月底之前，扣押了纳税人的库存货物，以备将扣押财物作价变现后抵缴应纳税款。提前征收包括提前请求、提前保全扣押等多种方式，我国税收征管法中规定的税收保全措施，就体现了提前征收的思想。值得注意的是，我国的税收保全制度并非建立在预期违约的合同法理念之上，而是参考了民事诉讼法的财产保全制度，借鉴大陆法国家的税收规定，并结合我国具体国情加以变动而得之。

----

① 如美国《国内税收法典》第 6321 条规定：经通知缴纳税款后，纳税义务人怠于或拒绝缴纳时，就该应缴之额，联邦政府对于属于该人的全部财产，不论动产或不动产，享有留置权。资料来源：IRS. Internal Revenue Code［S/OL］. http：//www. law. cornell. edu/uscode/text/26/6321。

② 纳税义务人的财产因实行滞纳处分后仍不足应征税额，则纳税人的关系人以其相关财产为限承担纳税义务，或可用已让渡的担保财产清偿纳税者的各项税金。韩国《国税基本法》将第二次纳税义务规定以下几种，即清算人的第二次纳税义务、出资者的第二次纳税义务、法人第二次纳税义务及事业受让人的第二次纳税义务。资料来源：［EB/OL］［2010 – 01 – 01］. http：//www. law. go. kr/。

③ 日本民法典第 423 条规定：行使债权人代位权应具备以下要件：①纳税人对第三人享有权利；该权利为财产性质的权利；②纳税人怠于行使权利；③已届税收缴纳期限；④纳税人无资本能力，全额税款的征收有不能实现的危险；⑤其代位权行使只限于保全税收债权的必要范围内。资料来源：星野英一. 民法のもう一つの学び方［M］. 東京：有斐閣，2006。

④ 我国《税收征收管理法》第 50 条规定：欠缴税款的纳税人怠于行使到期债权，或者放弃到期债权，或者无偿转让财产，或者以明显不合理低价转让财产而受让人知道该情形，对国家税收造成损害的，税务机关可以依照合同法的规定行使代位权、撤销权。

3.1.3 中国税收管理改革的未来展望：基于税法中的合同法适用

1. 全面落实税收法定原则

在现时的中国，税收法定主义在具体实施层面尚未得到全面彰显，促使税法不得不借用合同法的法制资源。其具体实现路径大致体现为以下方面：

第一，立法引入是最优选择。一是充分考虑我国作为成文法国家的传统，避免判例形式导致滥用合同法进行避税的缺陷。二是由于我国的税收法治化进程仍在推进之中，若将合同法制度全面引入税法领域，意味着司法机关将介入税收征纳过程。而目前的各级司法机关普遍缺乏税法专业训练，故有必要以税收征收管理法司法解释的形式，进一步明确税法中合同法适用的原则、实施范围、监督方式等基本法律要件。

第二，案例推广是最好途径。鉴于实践中合同制度在税法领域的运用尚不多见，且税务工作者的法律素养参差不齐，在引导部分征管水平较高的地区率先践行该理论的过程中，需要听取并充分尊重专业人士的意见，确保税收执法正确且允当。然后再通过成功案例推而广之，充分发挥现有税务法律专业人才的"火种"作用。

第三，"实质移植"是最佳方式。"实质移植"是指以税收债权债务关系为基石，将合同法的价值取向和法律资源，通过税法映射到税收征纳关系中。这种方式兼顾了税收法定主义与契约自由的协调，使合同法通过一种较具弹性的方式进入税法，对既有的税收征管体制冲击相对柔和。但"实质移植"要求税务人员拥有相对较高的法律素养。

2. 保障税收执法公正性

税法中的合同法适用作为一项实体规则，需要依靠司法程序进行操作。这将会赋予税务部门一定的自由裁量权，为避免这种权力失去制约，有必要在程序、监督和救济等方面做出明确规定。

在程序上，当法院收到税务部门借助司法程序要求纳税人履行纳税责任的诉求时，应当适度参照民事诉讼法进行案件的审理。考虑到税务部门掌握信息的不对称性，应当采取举证责任倒置的原则（即纳税人承担举证责任）。

在监督上，一是采取垂直负责制，即税收案件处理完毕后，税务部门应将相关案件资料提交上级进行报备，以实现上级税务机关对合同法在税收领域具体适用情况的有效监督。二是提升税务执法的透明度和公开性。在处理税收案件时，必须将全部涉案资料交予纳税人进行确认，有效保障纳税人的知情权和监督权。此外，积极拓宽社会监督渠道，充分利用新闻媒体和社交媒体，使广大纳税人加入执法监督的队伍中。当纳税人对税务机关运用合同法解决涉税争议案件的处理结果表示异议时，应当允许纳税人采用税收行政复议或行政诉讼行使救济权，来维护自身的合法利益。

3. 降低纳税人的违约风险

税法引入合同法制度的目的，并非为了使合同法在税收执法中常态化。一旦启用合同法在税法中的适用，往往意味着纳税人违约的概率已经相当大了。针对这种情况，税务管理当局也因之拥有了一定的自由裁量权，这是税法中的合同法适用的内生矛盾。实务中，不能仅凭合同标的物的转移与否，来判断纳税义务的发生。行之有效的方法是，建立纳税人的长期基本税负率（纳税款/营业收入）动态数据库。

表 3-1 是古井贡酒股份有限公司 2012~2014 年酒类产品消费税的税负率，剔除从量计税部分，14% 左右的税负率与 20% 的从价税税率相比，实际税负率明显偏低，且 2014 年按应交税金计算的消费税税负率出现大幅的下降。实际上，许多缴纳消费税的企业就是通过此类转让定价合同，以低价将酒类产品销售给作为其全资子公司的销售公司，通过关联交易方式降低计税价格，达到降低税负的目的。这种通过关联企业营销模式设计而规避税收的行为，在各类缴纳消费税的大型企业（如汽车、烟酒等行业），均不同程度的存在。

表 3-1　　　　古井贡酒 2012~2014 年白酒和葡萄酒消费税的税负率

年份	白酒及葡萄酒销售收入（元）		消费税（合并）（元）		消费税税负率（合并）	
	不合并	合并	主营业务税金	应交税金	主营业务税金占比（%）	应交税金占比（%）
2012	4 036 240 071	4 045 542 438	638 945 267	645 410 021	15.79	15.95
2013	4 437 393 204	4 438 676 469	631 171 183	599 513 448	14.22	13.51
2014	4 525 137 338	4 525 663 475	666 912 988	468 679 523	14.74	10.35

注：①白酒及葡萄酒销售收入（合并）来自公司主营业务构成情况中分产品核算的白酒产品收入；白酒及葡萄酒销售收入（不合并）来自古井贡酒主要负责销售的子公司亳州古井销售有限公司营业收入。②主营业务税金来自合并后的利润表营业税金及附加；应交税金来自合并资产负债表应交税费。

资料来源：曹康林. 两年偷税近亿财政部急查古井贡 [N]. 中国经营报，2005-5-13；古井贡酒（000596）的 2012、2013、2014 年报。

在现时的中国，完善合同法的税法适用，首先应避免因合同法的强行植入对税法造成过度冲击。同时，还应促使税收债务关系取代原有的权力关系，改变长久以来过多重视税务部门之权威而忽视纳税人的权利，改变过度强调税法作为公法之封闭而拒绝与私法互动的现状，从而有效推进中国税收管理的法治化进程。

3.2 税收债务转移的启示与借鉴[①]

税收是否属于一种债务，这是一个自从税收法律关系产生以来就颇具争议的话题。近年来，随着企业并购的日渐兴起，税收义务在企业产权重组后的转移，需要遵循何种道路规则，已然成为当前我国税收管理中亟待解决的问题。

税法作为公权力行使的公法规则，其义务之转移自然需要遵照税收征管法律规范，但由于法律规定的普适性与企业并购引发的税收义务转移的复杂性之间的冲突，可能会存在大量税法未尽之规定。对于这些税法空白领域，能否援引民法制度中有关债务转移的立法精神作为补充，则是一个相对新颖的课题。对此有必要从国际经验的视野提供一个可供借鉴的参照体系。

3.2.1 税收法律关系界定的比较分析：基于债务关系视角的考察

如前所述，在税收法律关系性质的问题上，长期存在着权力关系说和债务关系说之争。这一争论始于 1926 年明斯特召开的德国法学家协会，更早的分歧则始于 1919 年《德国租税通则》的颁布。该法第 811 条规定，租税债务在具备法律规定的要件时成立，肯定了税收法律关系的"债务"属性。

债务关系说以德国著名税法学家艾伯特·韩赛尔（Albert Hensel）为代表，主张将"税收法律关系定性为国家对纳税人请求履行税收债务的关系"[②]，税收法律关系属于公法上的债务关系。而权力关系说的代表人物鄂图·迈耶（Otto Mayer）则认为，税法是特别行政法的一种，"税收法律关

---

① 马蔡琛，刘嵘. 企业税收债务转移的国际经验及启示 [J]. 国际税收，2008（2）.
② ［日］金子宏. 日本税法原理 [M]. 北京：中国财政经济出版社 1989：19.

系可理解为国民对国家课税权的服从关系"①，即以课税处分为中心的权力服从关系。随着时代的演进，有的学者从税收实体法与程序法的关系出发进一步指出，税收实体法律关系的性质属于债务管理，而税收程序法则主要以国家行政法为基础。②

那么，税收法律关系与民事债务关系的相通之处表现在哪些方面呢？首先，依民法学界通行的说法，债是指特定人之间请求为特定行为和不为特定行为的法律关系，"债是拘束我们根据国家的法律而为一定给付的法锁"③，其给付须以财产或可以主体为财产（例如劳务）的利益为主要内容④。而税收是国家或公共团体为实现其公共职能而按照预定的标准，强制、无偿地从私人部门向公共部门转移资源⑤，税权也是一种财产权。由此可见，税收法律关系与民事债务关系的性质具有一定的相通之处。

此外，税收与民事债务二者在发生的原因上，也有相通之处。债之本旨，即债的发生原因，有依约定者，亦有依法定者。"给付者，乃债务人依债之本旨所为之作为或不作为也。"⑥我国《民法通则》第84条也规定："债是按照合同的约定或者依照法律的规定，在当事人之间产生的特定的权利和义务关系。"因此当双方当事人合意形成契约，或基于法律直接规定的要件被满足时，即可发生债权债务关系。因而，税收实体法上法律关系与私法上的债务具有共通的性质，均于具备法定给付义务的构成要件时，发生给付义务，均为特定当事人之间的财产移转，并强调法律关系的相对性，因而与私法上的法定之债相类似。⑦

税收的债务属性，在立法实践中也基本得到了认可。德国、日本税法都提到了税收债务（抑或说是租税债务）这一用语，而且在税法中规定税收债务可由第三人清偿或代缴。我国2015年颁布实施的《税收征管法》也认可了税收债务的存在，可以说税收立法实践上已然在一定程度上承认了税收

---

① ［日］金子宏．日本税法原理［M］．北京：中国财政经济出版社1989：18.

② 党东升．"偷税"的词义辨析——兼比较税收"权力管理"和税收"债务关系"之优劣［J］．新学术，2007（2）.

③ 江平，米健．罗马法基础［M］．北京：中国政法大学出版社，1987：102.

④ 张俊浩．民法学原理［M］．北京：中国政法大学出版社，1997：143.

⑤ 张守文．税法学原理［M］．北京：北京大学出版社，2001：143.

⑥ 葛克昌．行政程序与纳税人基本权［M］．北京：北京大学出版社，2005：18.

⑦ 杨小强．税收债务关系及其变动研究［A］．刘剑文．财税法论丛（第1卷）［M］．北京：法律出版社，2002：163.

的债务属性。

由上述的比较分析可以看出，尽管民法与税法有着本质的区别，但由于课税成立要件与民事行为的不可分割性，以及税收法律关系与民事债权债务关系性质的相通性，它们之间的联系非常紧密，从而为援引民法中的债务转移立法精神，以补充税收法规之空白，提供了理论上的依据。

3.2.2 我国税收债务移转的制度安排

税收债务关系及其引致的税收债务转移问题，将"公法中的债务"这一崭新命题，纳入我们的分析视野。债的主体变更，又称为债之移转，即债之关系由原主体间移转到他主体间，债之移转的内容有债权之移转（债权人之变更）和债务之移转（债务人之变更）。

税收之债的移转大多系指法定转移，包括税收债权的移转（税收债权人的变更）和税收债务的移转（税收债务人的变更）。税收债权的移转又称税收债权的让与，一般而言，主要有税收债权在中央政府与地方政府之间的让与，税收债权在税务机关之间以及税务机关与其他征税机关之间的让与三种表现形式。[①] 税收债务的移转主要有税收继承和税收承担。税收债务的继承主要有纳税人的合并与分立过程中税收债务的继承，继承人、受遗赠人、遗嘱执行人或遗产管理人税收债务的继承；税收债务的承担则表现为第三人代为履行税收债务。[②]

对于税收债务的移转，按我国税法规定仅存在一种情形，那就是纳税人合并与分立后的税收债务承继。《税收征管法》第 48 条规定："纳税人有合并、分立情形的，应当向税务机关报告，并依法缴清税款。纳税人合并时未缴清税款的，应当由合并后的纳税人继续履行未履行的纳税义务；纳税人分立时未缴清税款的，分立后的纳税人对未履行的纳税义务应当承担连带责任。"此外，《公司法》第 184 条第 4 款规定："公司合并时，合并各方的债权、债务，应当由合并后存续的公司或者新设的公司承继。"第 185 条第 3

---

① 在单一制国家的税收体制下，国家是税收债权的唯一主体，因而发生税收债权人变更的情形在社会生活中较为少见。目前我国税法对税收债权移转的规定很分散，需要对法条进行分析才能得出，而且对税收债权移转并非属于民法制度的适用，本节暂不作研究。

② 魏俊. 论税收之债的移转 ［OL］. http：//www. civillaw. com. cn/weizhang/default. asp？id = 20285.

款规定："公司分立前的债务按所达成的协议由分立后的公司承担。"《税收征管法》关于企业合并分立后的税收债务的处理，实际是适用的民商法规定，是民法制度在税法中的适用。

3.2.3　税收债务移转规定的比较及其启示

1. 第三人代缴

税收债务由第三人清偿，德国、日本均有相关规定。《德国租税通则》第 48 条第 1 款规定："对稽征机关之租税债务关系之给付，得由第三人为之。"日本《国税通则法》第 41 条第 1 款也明文规定税收债务可由第三人清偿之。[①] 第三人代缴税款，除第三人与税收债务人约定外，也有法律直接规定的情形。如前所述，我国台湾地区的《平均地权条例》第 50 条规定："土地所有权移转，其应纳之土地增值税，纳税义务人未于规定期限内缴纳者，得由取得所有权之人代为缴纳。"[②]

对于第三人代缴税款之后的代位求偿权利[③]，日本《国税通则法》第 41 条第 2 款有明文规定："代替纳税人缴纳税款的第三人，在对交纳拥有正当利益或其交纳行为征得纳税人同意时，可以取代国家或地方政府享有纳税人为担保其税收而设定的抵押权。但是该抵押权如为最高额抵押且在应担保的本金确定前已交纳时，不在此限。"日本税法与其民法中的第三人清偿的不同点在于，没有民法中有关"无利害关系之第三人不得违背债务人的意思实施清偿行为"的限制。任何第三人均可以自己的名义交纳纳税人应纳之税款。[④]

与上述税收债务移转的规定相比，我国尚无税收债务由第三人合意清偿的规定。其实对于税收债权人而言，税收之债由原税收债务人（即纳税人）进行清偿，或由第三人合意清偿，并无原则上的不同。且税收债务如果由第三人合意清偿，或对特殊情形下的税收债务由法律直接规定清偿，显然可扩

---

①　杨小强. 税收债务关系及其变动研究 [A]. 刘剑文. 财税法论丛（第 1 卷）[M]. 北京：法律出版社，2002：186.

②　最新综合六法全书 [M]. 台北：三民书局 1992：1594.

③　债权人的代位权是指债权人为确保其债权的受偿，当债务人怠于行使对第三人的财产权利而危及债权时，得以自己的名义代替债务人行使财产权利的权利。

④　[日]金子宏. 日本税法原理 [M]. 北京：中国财政经济出版社，1989：325.

大税收债务的清偿能力，税收债权的实现将更有保障。就税收征管而言，法律上也无对第三人代偿税款予以禁止的必要。

2. 税收债务的继承

通常，纳税义务的继承仅限于税法明文规定的特定情形。例如，因企业合并或继承遗产而发生的纳税义务继承等。对于纳税人在合并与分立过程中税收债务的承继，日本《地方税法》第 9 条有"由于法人的合并而对纳税义务的继承"① 的规定；韩国税法也承认"因法人合并的纳税义务之承继"②。

对于继承人、受遗赠人等的税收债务继承，世界许多国家和地区的税法对此都有规定。如《日本地方税法》第 9 条有"由于继承财产而对纳税义务的继承"③ 的规定，韩国税法也承认"因继承的纳税义务之承继"④。我国台湾地区《税捐稽征法》第 14 条也规定，"纳税义务人死亡，遗有财产者，其依法应缴纳之税捐，应由遗嘱执行人、继承人、受遗赠人或遗产管理人，依法按税捐清偿之顺序，缴清税捐后，始得分割遗产或交付遗赠。遗嘱执行人、继承人、受遗赠人或遗产管理人，违反前项规定者，应就未缴清之税捐，负缴纳义务。"⑤

我国《继承法》中也承认继承人对税收债务的承继。《继承法》第 33 条规定："继承遗产应当清偿被继承人依法应当缴纳的税款和债务，缴纳税款和清偿债务以他的遗产实际价值为限。超过遗产实际价值部分，继承人自愿偿还的不在此限。继承人放弃继承的，对被继承人依法应当缴纳的税款和债务可以不负偿还责任。"第 34 条规定："执行遗赠不得妨碍清偿遗赠人依法应当缴纳的税款和债务。"

在税收债务的继承中，有一种较为特殊的情况，那就是，在企业并购行为发生后，如果发现被并购方在并购前，存在税收违法行为（例如偷税），是否应由并购企业承继全部税收债务？一般情况下，违法行为由谁实施，就由谁负担由此产生的法律后果。但当发生违法主体变更（合并或分立）或者消灭的情况下，税收债务的承继问题如何处理，我国现行税收管理法规中

---

① 日本自治省税务局. 日本地方税法 [M]. 北京：经济科学出版社，1990：10.

② 杨小强. 税收债务关系及其变动研究 [A]. 刘剑文主编. 财税法论丛（第 1 卷），法律出版社 2002：187.

③ 日本自治省税务局，日本地方税法 [M]，经济科学出版社，1990：10.

④ 杨小强. 税收债务关系及其变动研究 [A]. 刘剑文. 财税法论丛（第 1 卷）[M]. 北京：法律出版社，2002：187.

⑤ 《最新综合六法全书》，台北：三民书局，1992：1804.

尚没有明确规定（参见专栏 3 - 1）。随着企业并购行为的发展和税收执法力度的加强，今后这类问题在我国的税收管理实践中，将会日益凸显。

专栏 3 - 1

企业并购中的涉税问题：内蒙古金店税案

2001 年 8 月 30 日，涉嫌内蒙古金店特大虚开增值税发票案的主要犯罪嫌疑人林××在广东落网，至此，由内蒙古自治区公安厅与内蒙古自治区国税局联合侦办，涉嫌利用虚开增值税专用发票非法抵扣税款 2500 多万元的案件尘埃落定。然而，让人没有想到的是，后续的"补税"过程历时三年，至今仍不能完全入库。"偷税"与"补税"的环节距离，在这起涉税案中"近在咫尺，却远在天涯"，其症结究竟出在哪里？

乾坤公司：改制前的税，我不管

内蒙古金店，这家不起眼的集体企业，由于偷税 2500 万元成为内蒙古自治区国税局稽查机构的"座上宾"。相关人员分析，这笔税款至今仍无法补缴入库，正是由于这家企业在改制过程中引发的法律上、政策上许多不为外人道的原因所致。

内蒙古金店原是内蒙古自治区某银行下属的一家集体所有制企业，具有独立的法人资格，从事金银饰品的批发、零售业务。1999 年 3 月从银行脱钩后，与同属该行的另一家国有企业内蒙古贵金属冶炼厂整体改制，发起设立内蒙古乾坤金银精炼股份有限公司（以下简称"乾坤公司"）。

乾坤公司成立后经营效益一直不错，然而，2000 年 8 月，一纸《关于辽宁省丹东市特大虚开增值税专用发票案协查取证的通知》（公经〔2000〕921 号），牵出一起偷税大案，主角便是改制前的内蒙古金店。

经查，1995 年至 1999 年 3 月间，内蒙古金店对销售工作采取承包经营的方式，相继成立了三个推销部，分别承包给林××等三人。推销部自主经营，对外以内蒙古金店的名义购进、销售金银饰品，取得的增值税专用发票由内蒙古金店抵扣，销售开具内蒙古金店的增值税专用发票，利用内蒙古金店的银行账户进行款项结算，内蒙古金店扣除应交税款，每销售一克金饰品向推销部收取 0.7 ~ 1.5 元的管理费。

正是在这几年间，内蒙古金店先后从广东省汕头市、饶平县、吉林省长春市非法取得了 234 份虚开的增值税专用发票，价税合计187 565 738.77 元，抵扣税款27 253 139.09 元。扣除该企业 2001 年 5 月底累计留抵税额2 055 683.01 元，其实际应补税额25 197 456.08 元。

2001 年 6 月 13 日内蒙古自治区国税局稽查局向乾坤公司下达了《税务处理决定书》（内国税稽处字〔2001〕第 003 号），要求其限期补缴上述税款25 197 456.08 元。针对这一处理决定，乾坤公司于 6 月 25 日向呼和浩特市赛罕区人民法院提起行政诉讼，后又申请撤诉。不久，该公司又以同一案由向同一审法院重新起诉，赛罕区人民法院依法做出了不予受理的裁定。乾坤公司对一审法院不予受理裁定不服提起上诉，经呼和浩特市中级人民法院二审审理，驳回上诉，维持原裁定。除去呼和浩特市国税局稽查局已经清缴入库的 103.8 万元、罚款 103.8 万元外，乾坤公司从 2002 年 3 月起先后八次缴库税款90.9 万元。

乾坤公司认为：内蒙古金店的违法行为全部发生在企业改制之前，因此只能以内蒙古金店在当时改制时投入乾坤公司的净资产股本负责。1999 年改制时，内蒙古金店实际投入股本556.57 万元，2000 年因税收违法行为乾坤公司向呼和浩特市国税局上缴税款及罚款 207.6 万元，2001 年 4 月因涉案被公安部门划走 264 万元，2001 ~ 2002 年因本案又向内蒙古自治区国税局上缴90.9 万元，以上合计金额为 562.5 万元，实际已超出原金店的股本总额，如果继续追缴，实际上等于侵害了乾坤公司其他股东的权益。

内蒙古自治区国税局则明确表示，被公安部门划走 264 万元与税款无关，不应记入已缴税款。但乾坤公司对此存有较大异议，税企双方意见长期不能达成一致。

税务局：资产流向哪里，税款就追向哪里

一直以来，乾坤公司不服内蒙古自治区国税局下达的《税务处理决

定书》，进而迟迟不缴纳税款的理由是：乾坤公司取得的增值税专用发票均逐一送税务局检验并加盖公章，如果税务局及早发现并通知公司，那么乾坤公司就不会与虚开增值税专用发票的单位有业务往来，因而，责任应由税务机关承担；《中华人民共和国税收征管法》第80条规定："因税务机关的责任，致使纳税人、扣缴义务人未缴或者少缴纳税款，税务机关在3年内可以要求纳税人、扣减义务人补缴税款，但是不得加收滞纳金。"也就是说，从时间上看，所抵扣的增值税专用发票即便是虚开，也已经超过3年期限，依法不应由乾坤公司补缴；增值税问题发生时，内蒙古金店是独立的集体所有制企业，因而内蒙古自治区国税局稽查局的处理决定书针对乾坤公司是不妥的，应给内蒙古金店下达。

对此，内蒙古自治区国税局态度非常明确：首先，企业是在没有真实业务背景的情况下，取得虚开的增值税发票，其违法事实是存在的。基层税务部门的审核只是就票验票的初步审核，所加盖的也是"暂予抵扣"章。当税务检查机关一经核实发现是取得虚开增值税专用发票者，必须予以追缴。

其次，内蒙古自治区国税局稽查局下达的《税务处理决定书》只是追缴税款，没有涉及行政处罚。根据《中华人民共和国税收征管法》第52条第3款规定：对偷税、抗税、骗税的，税务机关追征其未缴或者少缴的税款、滞纳金或者所骗取的税款，不受3年期限的限制。因此，税务机关对该企业偷税款的追缴是无期限的。

第三，内蒙古金店和内蒙古贵金属冶炼厂是1999年合并进行股份制改造的，在税务机关检查期间，企业已经合并改造完毕。根据《中华人民共和国公司法》第184条规定：合并各方的债权、债务，应当由合并后存续的公司或者新设立的公司承继。《中华人民共和国税收征管法》第48条规定：纳税人有合并、分立情形的，应当向税务机关报告，并依法缴清税款。纳税人合并时未缴清税款的，应当由合并后的纳税人继续履行未履行的纳税义务。因此，内蒙古自治区国税局针对乾坤公司下达的《税务处理决定书》是无可争议的。

第四，《中华人民共和国税收征管法》第88条明确规定：纳税人、扣缴义务人、纳税担保人同税务机关在纳税上发生争议时，必须先依照税务机关的纳税决定缴纳或者解缴税款及滞纳金或者提供相应的担保，然后可以依法申请行政复议；对行政复议决定不服的，可以依法向人民法院起诉。因而，乾坤公司必须先行缴清税款后再行使法律救济手段。

乾坤公司税款补缴问题，从 2001 年 6 月内蒙古自治区国税局稽查局向乾坤公司下达《税务处理决定书》至今已有数载，一直久拖不决，内蒙古自治区国税局多次召开会议研究，为了慎重起见，2001 年 12 月还专程赴京请示国家税务总局。总局虽然没有明确答复，但其观点认为：资产流向哪里，税务机关便向哪里追缴。（批注：作为最高税务征管当局，这种既不做"明确答复"，又提出颇具哲学韵味的回应观点，也是颇难做出评论的）。然而，虽经内蒙古自治区国税局对乾坤公司采取冻结银行账户、停供发票等措施，但终因其目前已是内蒙古自治区 20 户重要支柱企业之一，因而执行起来面临着各方面的巨大压力。

"偷税"与"补税"看起来十分清晰的环节，在这起涉税案中却变得复杂起来。表面上，税款不能执行入库的原因是源于税企双方意见的分歧。实际上，背后映照的却是中央利益与地方利益的"博弈"和我国现行税收法律法规的某些空白与滞后。

有法学专家表示，由于改制前的企业资产通过货币形式进行了置换，改制后的企业由多人持股，企业改制前偷逃、欠缴的税款由谁缴纳的问题，现行的《中华人民共和国税收征管法》对此并未明确，造成当前各地税务机关对企业改制前偷逃、欠缴税款的追缴缺乏相应的法律依据；依据《中华人民共和国民法通则》及《中华人民共和国公司法》关于公司合并的债权、债务处理原则处理本案也有待商榷。虽然债的本质是债务人负担的不利益，债的履行，一方面使债权人的利益得到实现，另一方面又使债务人失去既有利益，处于不利益的状态，但是这种原则毕竟调整的是平等主体之间的权利义务关系，体现的是一种等价有偿，而税收则是纳税人的经济利益向国家的无偿让渡，两者还是有相当的差距的。

资料来源：王静. 查补税款未能入库孰之过［J］. 中国审计，2005（4）。

感谢当时担任《中国审计》杂志编辑的王静同志，在撰写该文过程中与本书作者进行的探讨与交流。尽管时隔十多年，类似问题在现时的中国，其明确之税收管理规定，仍旧付之阙如。我们也只能遗憾。

我们不妨援引民法对类似问题的处理原则，被并购企业在并购前发生的税收违法行为所导致的过错责任，是否需要由并购企业全部负担，需以并购企业于并购行为发生时，是否明知该税收违法行为的存在，作为判断的标尺。也就是说，并购企业是否具有主观故意，成为一个非常重要的因素。如果并购企业明知该税收违法行为的存在，仍旧实施了并购行为，则具有恶意欺诈之嫌，自然需要承担税收违法行为所造成的全部经济损失。

但如果证据显示，并购行为发生时，并购企业不具备知晓该税收违法行为存在的可能性，则需要援引民法中对"善意占有"① 的处理，对于并购企业予以必要的保护。也就是说，在善意占有的情况下，不能无条件地由并购方承继此前税收违法行为的全部经济后果。在处理尺度上，可以参照英国公司法对于类似问题的处理，将继承公司承担的连带责任限制在一定范围内。英国公司法规定，对于企业重组中的新设公司，以其由原公司承继下来的净资产价额为限，对相应的债务承担连带责任。因此，对于并购企业善意占有行为时，其所承担的被并购企业税收违法行为经济后果，至多只能以被并购企业并入的资产价值，并适当考虑其增值部分，作为赔偿的上限。同时，为不致影响并购企业的资金周转，可在纳税时间上允许适当之延期，采取税收保全措施时，也需更加谨慎，并保留并购企业对税收违法责任者的代位求偿权利。

①　所谓善意占有，也称诚实占有，系指占有人不知道，也不可能知道其占有为无权占有。

第4章 税收政策的社会性别影响分析

4.1 公司所得税和流转税的社会性别影响①

4.1.1 问题的提出

税收制度的设计与运行,对不同利益群体将产生影响差异。在各种群体划分中,性别分类是最为重要的类型分布之一。考察税制设计的相关性别影响,对于经济增长与社会发展具有十分重要的作用。

首先,更具性别平等的税收制度,可以促进男女两性经济地位与发展条件的平等,进而提升经济运行效率。其次,就社会和谐而言,体现性别平等的税收制度,也将缩小男女之间的收入差距,有助于缓解贫困问题。最后,税收制度对于性别因素的考量,还可进一步提升税收精细化管理的水平。

在相关国外研究中,多从税种分类出发,考察不同税种对男性和女性劳动者的影响差异。例如,埃尔森(Elson,2006)根据《消除对女性一切歧视公约》(CEDAW)的宗旨原则,对税收政策(尤其是税制设计的作用效果)的性别影响,进行了系统分析。②其研究结论显示,实现性别中性的税制设计,需要逐步转变传统性别观念(如男尊女卑等),促进男女两性在有

---

① 马蔡琛,刘辰涵. 税收制度的社会性别影响——基于流转税和公司所得税的考察 [J]. 广东社会科学,2012(5).

② Elson(2006). Budgeting for Women's Rights: Monitoring Government Budgets for Compliance with CEDAW, New York: UNIFEM.

酬劳动和无酬劳动上的共同分担。男女两性具有不同的消费模式，因而流转税（如增值税、消费税等）具有不同的性别影响差异。就所得税而言，芬伯格和罗森（Feenberg & Rosen，1995）[①] 以及伊萨（Eissa，1995）[②]，分析了美国 20 世纪 80 年代个人所得税改革对于女性劳动力的相关影响。斯托茨基（Stotsky，1997）指出，在个人所得税的独立申报与联合申报制度中，存在显性或隐性的性别歧视。[③] 史密斯（Smith，2000）研究了南非公司所得税对不同性别劳动者（及企业主）的性别影响。[④]

税收制度可能导致两种形式的性别歧视（Stotsky，1997）：显性的性别歧视和隐性的性别歧视（explicit gender bias and implicit gender bias）。

所谓显性税收性别歧视，是指特定税法条文中存在明显不合理的性别区别对待。在各国税收实践中，显性税收性别歧视在针对个人的税种中曾经较为常见。例如，20 世纪 70 年代，加拿大政府受到供给学派税收理论的影响[⑤]，不断提高其失业保险税的受益条件，规定某些重新加入劳动力队伍的工人（如因抚养子女重返岗位的女工），无权享受失业保险（白景明，1996）[⑥]。在现代社会，显性税收性别歧视已然较为少见。

隐性税收性别歧视主要是指，基于社会分工或经济活动的税收制度性别影响差异。如对某些女性就业比例高的行业课以重税，就会对女性劳动者不利。例如，在国际税收实践中，出于鼓励投资的需要，大多数国家均对房产租赁、股票红利等财产性资本利得收入，采取有区别的轻税政策（马蔡琛，1997）[⑦]，其边际税率与工资薪金所得相比，适用更低的边际税率。但通常

---

① Feenberg, Daniel and Rosen, Harvey (1995). "Recent Developments in the Marriage Tax", *National Tax Journal* 48 (1)：91 – 101.

② Eissa (1995). "Taxation and Labour Supply of Married Women：The Tax Reform Act of 1986 as a Natural Experiment", *NBER Working Paper*, No. w5023. Cambridge, MA：National Bureau for Economic Research.

③ Stotsky, Janet (1997). "Gender Bias in Tax Systems", *Tax Notes International*, June.

④ Smith, Terence (2000). "Women and tax in South Africa". In Debbie Budlender (ed.) *The Fifth Women's Budget. Cape Town and Pretoria*, South Africa：IDASA (Institute for Democracy in South Africa). http：//www. worldbank. org/wbi/publicfinance/documents/gender/smith. pdf.

⑤ 供给学派（supply-side economics）是 20 世纪 70 年代兴起的经济学流派，强调通过改革税制结构（特别是降低税率），允许市场经济中的积极因素发挥作用，进而鼓励储蓄和生产；同时还强调注重人力资本投资，反对过度社会福利。进一步论述可参阅：尹伯成，华桂宏. 供给学派 [M]. 武汉：武汉出版社，1996。

⑥ 白景明. 社会保障税制国际比较 [M]. 北京：中国财政经济出版社，1996：79.

⑦ 马蔡琛. 中国期货市场税收管理的现状、问题及其对策 [J]. 税务与经济，1997 (2).

男性拥有的财产性资本利得更多，对资本性收入赋予较低边际税率的政策，从社会性别角度来说，对男性而言显然更趋有利。

4.1.2 流转税制度的社会性别影响

流转税也称商品税，主要包括增值税、消费税、营业税等商品（或服务）的课税。流转税制度的相关性别影响，大致包括这样几个方面：

1. 税收引致相对价格变动的性别影响

流转税的课征将改变征税商品（或服务）与免税商品（或服务）间的相对价格，故其造成的税收性别歧视，总体上应为隐性而非显性的。女性与男性有着不同的消费模式，尽管其确切差别需在特定社会环境下才能体现出来，但通常而言，女性更倾向于消费有益于家庭健康、教育等方面的商品或服务，而男性在个人物品上的花费相对较多。因此，如果对满足基本生活需要的产品课以较多的流转税，女性可能会承受更多的间接税负担。

英格里德和帕尔默（Ingrid & Palmer，1995）的研究指出，由于男性和女性的消费侧重点存在差别，对核心商品（主要指生活必需品）实行税收豁免，可以使增值税变成温和的累进税。[1] 在许多发展中国家，同样的商品篮子对于不同收入水平的家庭，其增值税负担是有所不同的。最贫困家庭的增值税负担，占其纳税总额及年收入的比例，均为最高份额；而当家庭收入提高时，这两个比例则呈降低趋势。

此外，流转税还改变了有酬劳动和无酬劳动（即照料经济）[2] 的相对价格，进而影响二者之间的时间分配。就具体影响程度而言，尽管缺乏分国别数据支持的量化研究，但流转税对有酬劳动和无酬劳动的双向影响，仍旧是一种存在的事实。

2. 流转税对不同性别的私营企业主（或个体工商户）的影响差异

女性控股企业的资本有机构成，也与男性所有的企业存在一定差异，这也会引致流转税的负担差异。在社会学意义上，由于传统的家庭责任分工和社会习俗，使得女性个体工商户及私营企业主的规模和数量相对较少，且多

---

[1] Palmer, Ingrid (1995). "Public finance from a gender perspective", *World Development* 23 (11): 1981-86.

[2] 照料经济（care economy）主要包括生育、照料他人等活动，虽然照料活动也有男性参与其中，但主要由妇女以无酬劳动的方式来承担。

为低附加值产业。在增值税征管中，这类企业通常难以按一般纳税人缴税，往往只能被认定为小规模纳税人，[①] 只能以含税销售额作为应税基础。这样女性个体工商户和私营企业主所缴纳的增值税税额，就会相对较高。

3. 职业隔离的税收性别歧视

由于职业隔离的存在[②]，也会影响男女两性的流转税负担。在中国，服务业的从业者中女性较多，而在工农业领域则男性居多。研究表明，在"营改增"之前，服务业缴纳的营业税，其税负要较增值税更重一些。[③] 通常情况下，服务业中女性的就业比例较高，这种税制安排对女性来说更为不利。

此外，税收制度的性别影响还包括产业链的上下游延伸视角。例如，在各国应对本轮金融危机的产业政策中，不乏对汽车行业实施税收优惠政策的举措（如降低车船税或汽车消费税），这不仅会促进汽车行业的发展，还可惠及钢铁、机械等男性工人较多的相关产业，表面上似乎对男性劳动者更为有利。但汽车产业的发展同样也促进了金融业、汽车服务业、销售业以及配套饰品等行业的发展。在现时的中国，上述行业中也不乏女性劳动者占比较高的部门，所以女性劳动者也可能从振兴汽车产业的税收政策中获益较多。

4.1.3　公司所得税制度的社会性别影响

公司所得税通过两种方式产生性别影响：一是公司所得税对不同性别股东的影响；二是公司所得税率对企业投资构成的影响。就第二点而言，同流

---

① 各国对于小规模纳税人的增值税制度规定，主要包括直接免税、改交营业税和降低税率。目前已有 40 多个国家，针对小规模纳税人采取免征增值税的办法。例如，丹麦规定对月流转额在 10000 丹麦克朗以下（约 1570 美元）的小企业完全免税。

② 在妇女/性别学研究意义上，职业隔离包括两种形式：横向隔离和纵向隔离。横向隔离指有些行业被认作是"男性的职业"或"女性的职业"，导致某些特定行业中某一性别所占比例偏高，另一性别则很难进入。纵向隔离则是指在同一行业内部，男性往往具有较高的薪酬待遇和职位，女性则往往职位较低，薪资较少且不稳定。进一步论述可以参阅：Elson Vertical Equity. Horizontal Equity and Gender Equality in Taxation, Draft Note for Methodology Meeting of Gender and Taxation Project, Durban, South Africa. 2007。

③ 相关研究显示，在"营改增"之前，服务业缴纳的营业税如折算成增值税，其税率达到 18.2%，高于增值税的标准税率 17%。资料来源：平新乔等. 增值税与营业税的福利效应研究 [J]. 经济研究，2009（9）。

转税的性别影响方式一样，具有隐性税收性别歧视的特点。

理论上，男性和女性股东都会从公司所得税削减带来的利润及股价增值中受益，但在许多国家（尤其是发展中国家），公司股东多为男性。公司所得税优惠的利润增加及股票溢价等收益，只有为数不多的女性股东才可能享有。

在发展中国家，资本市场发育不够完善，使得女性企业主往往比男性企业主更难获得小额信贷。原因不仅在于社会对女性经营企业的不信任，更重要的是，女性企业主的产业规模相对较小，且缺乏可抵押的资产。这就使得女性中小企业主只得接受较高的贷款利率，承受比男性更高的融资成本。而在许多国家，公司所得税制度中的税前利息扣除，往往限定为"合理的市场利率"。女性企业主融资成本中高于该标准的部分，将难以实现税前扣除。

范·斯塔弗伦和阿克拉姆－卢迪（Van Staveren & Akram-Lodhi, 2003）的研究，揭示了越南女性中小企业主的资本使用成本及不同性别的信贷情况。[①] 其研究显示，越南男性的借贷利率比女性要低（男性平均月利息率为1.2%，女性则为1.4%）。男性贷款人中，获得来自银行和公共项目的资金比例，也远高于女性（男性为46.6%，女性为32.4%）。

就中国的情况而言，阎竣（2011）考察了国内私营企业融资中的性别差异，女性企业主所拥有企业融资水平比男性要大致低42%，且来自民间借贷渠道的比例也较高。[②] 由于民间借贷利率较银行为高，且利息费用难以在所得税前全额扣除，故女性企业主在融资方面的劣势更为明显。

另外，还需考虑公司所得税税率变化溢出效应的性别影响。例如，2005年墨西哥实行了公司所得税改革（采用最高28%的公司所得税率），而美国同期公司所得税的税率为36.5%。由于《北美自由贸易协定》提供了美国和墨西哥间的相互投资便利，许多美国制造业因而将投资转向墨西哥（Spieldoch, 2004）。[③] 墨西哥女性的就业率获得改善，但众多美国女性却因

---

① A. Haroon Akram-Lodhi, Irenne van Staveren (2003). A Gender Analysis of the Impact of Indirect Taxes on Small and Medium Enterprises in Vietnam Small and Medium Enterprises in Vietnam.

② 女性企业主向民间金融机构和个人借贷的规模，占总贷款额的13.24%，而男性企业主则仅为8.85%。资料来源：阎竣. 私营中小企业主性别与融资约束的实证研究 [J]. 商业经济与管理，2011（5）。

③ Spieldoch, A.（2004）."NAFTA Through a Gender Lens：What Free Trade Pacts Mean for Women"，*Counter Punch*，December 30.

此而失去工作。在俄亥俄州，阳光咖啡（Sunbeam Mr. Coffee）等支柱企业迁出后，地方政府因税收收入锐减，而不得不削减公共预算。在预算项目的削减中，与女性福利有关的项目，又可能会率先受到波及，从而进一步加剧了性别不平等问题。

4.1.4　基于社会性别视角的中国税收制度调整

1. 扩大生活必需品的增值税免税范围

通常女性在食品、基础教育、基础医疗服务上的支出较大（尤其是低收入女性），进而承担了很大的增值税负担。基于这种消费模式的性别差异，扩大对生活必需品和基本公共服务的增值税豁免，将有利于减轻女性照顾和支持家庭的经济压力。在国际税收实践中，也不乏对生活必需品免征流转税的先例。例如，在南非，许多食品都实行了增值税零税率（如黑面包、玉米粉、干豆类、奶粉、大米、蔬菜和水果），基本日用品（如煤油）的增值税率也为零（Trudi Hartzenberg，1996）。[1] 在特立尼达和多巴哥，基本食品、健康相关的服务、大部分教育服务、公共交通和邮政均享有增值税零税率（Le，Tuan Minh，2003）。[2] 在中国新一轮税制改革中，可以考虑将大部分生活必需品作为基本公共服务，纳入增值税的免税范围，以更好地促进民生发展。

2. 构建具有性别敏感性的公司所得税制度

公司所得税的税率和税前扣除项目调整，可以矫正市场机制对女性的性别歧视。通过对雇用更多女性员工的企业，给予更多所得税优惠政策，可在一定程度上缓解女性就业率低、工资水平低、同工不同酬等性别歧视现象。以公司所得税中的职工福利费税前扣除为例，可以考虑采用"加倍或加计扣除"的方式，对于吸纳女性就业较多的企业，其女性员工的工资薪酬可以实行税前"加倍或加计扣除"，以更好地促进女性就业。

---

① Trudi Hartzenberg (1996). Taxation in Debbie Budlender (editor), *The Women's Budget*, Cape Town: Institute for Democracy in South Africa, pp. 218 - 233.

② Le, Tuan Minh (2003). Value-Added Taxation: Mechanism, Design, and Policy Issues, paper prepared for the course on Practical Issues of Tax Policy in Developing Countries, 28 April-1 May, World Bank, Washington, DC.

4.2　社会保障税的社会性别影响[①]

4.2.1　社会保障税政策的性别敏感分析

社会保障问题中的性别因素，可以上溯至 16 世纪英国空想社会主义者提出的"乌托邦"构想中，对于孕妇、产妇、哺乳妇女以及婴儿将受到社会保护、享受专供饮食的美好追求。近期的研究，则包括奥本海姆和哈克（Oppenheim & Harker, 1996）对于男女之间社会保障项目不公平提出的指责。[②] 其研究显示，一些与妇女特别相关的津贴（如一般的生育奖励）逐步被取消，其他津贴（如未成年子女津贴、单亲父母津贴等）亦变得不再那么慷慨。[③]

自 20 世纪 90 年代以来，我国一直在探索社会保障体系的转型，其中社会保障税一直是屡屡言及却鲜有实质进展的改革动议。社会保障税征缴效率高且成本低，体现了社会保障筹资手段优化与效率提升的制度优越性。[④] 在发达市场经济国家，社会保障税实际上是一个由养老社会保障税、医疗社会保障税、失业社会保障税等诸税种组成的复合税收体系。不同的社会保障税制设计，也会产生相应的性别影响差异，主要体现为如下几个方面：

1. 社会保障税与男女退休年龄之间的性别影响

根据各国人口统计数据，男女寿命存在一定差别，女性寿命较男性要长，退休后需要享受保障的时间也较长。据卫生部的统计资料，中国 2009 年的人口预期寿命为 73.1 岁[⑤]，其中男性为 72 岁，女性为 75 岁[⑥]。根据美

---

① 马蔡琛，刘辰涵. 社会保障税的性别敏感分析——基于税收政策中社会性别因素的考察 [J]. 山东女子学院学报，2012（3）.

② Oppenheim and Harker. Poverty：The Fcats. Child Poverty Action Group，1996.

③ 庞凤喜. 社会保障税研究 [M]. 北京：中国税务出版社，2008：16.

④ 马蔡琛. 关于开征社会保障税的若干思考 [J]. 税务研究，2011（2）.

⑤ 转引自：世界银行 WDI 数据库 http：//www. stats. gov. cn/tjsj/qtsj/gjsj/2010/t20110629 _ 402735541. htm。

⑥ The World Bank. World Development Report 2012. Gender Equity and Development [R]. Washington DC. 2011：384.

国社会保障署的《全球社会保障》统计，男女法定退休年龄不一致的国家有 67 个，退休年龄相同的有 98 个。发达国家和新兴工业化国家和地区中，英国、意大利、奥地利、巴西、阿根廷、智利男女退休年龄分别为 65 岁、60 岁；中国大陆和台湾地区均为 60 岁、55 岁；东欧国家和澳大利亚男女退休年龄也不一致。[①]

同时，女性的劳动参与率一般低于男性。根据世界银行统计显示，2008年各国女性的劳动参与率与本国的总劳动参与率相比，均存在较为明显的差距（见表 4 - 1）。

表 4 - 1　　　女性劳动参与率和总劳动参与率对比（2008 年）　　　单位:%

	总劳动参与率	女性劳动参与率
全世界总计	64. 8	51. 9
高收入国家	61. 1	52. 5
中等收入国家	64. 3	49. 7
中等偏上收入国家	61. 4	48. 5
中等偏下收入国家	65. 2	50
中低收入国家	65. 7	51. 8
低收入国家	74. 8	65. 8
中国	73. 8	67. 5
日本	60. 5	48. 6
南非	55. 3	47. 2
美国	65. 4	58. 9
巴西	70. 7	59. 9
德国	59. 8	52. 9
俄罗斯	62. 8	57. 1
英国	62. 2	55. 2

资料来源：中国国家统计局，《国际统计年鉴 2010》。另有部分指标转引自世界银行 WDI 数据库。

并且，无论发达国家还是发展中国家，女性收入与男性收入相比，仍存在较大差距。2009 年，国际劳工大会上提交的一项报告中就明确指出，在大多数国家，妇女的等量工作工资平均只有男性的 70% ~ 90%。国际工会

---

① SSA (The United States Social Security Administration). Social Security Programs Throughout the World [R]. http：//www. socialsecurity. gov/policy/docs/progdesc/ssptw/.

联合会（ITUC）2009 年对 20 个国家进行的劳动力统计分析也指出，平均性别工资差距高达 22.4%，男性处于优势地位。① 经合组织（OECD）2010 年的研究报告则显示，其成员国正式职工收入存在着 17.6% 的性别工资差距（其中，差距较大的有韩国和日本，分别超过 40% 和 30%）。② 根据中国 2005 年 1% 人口抽样调查数据表明，2005 年全国女性就业人员月均收入为 465.51 元，仅为男性月收入的 67.75%。③

伴随着我国从"现收现付制"的养老保险制度，向"部分积累制"或"完全积累制"的逐步转型，劳动者退休后领取的社会保险金，与其个人账户积累关系越来越大（即社会保险税的个人积累账户基金越多，退休后可以享有的社会保障金就越多）。然而女性一方面收入较男性低，并且退休年龄较男性提前，实际工作时间较短，所以社会保障税（或社会保障缴款）的个人账户积累基金与男性相比，难免会相对较少。同时，因为女性平均寿命较男性更长，故女性退休后需要的社会保障时间段也相应更长，这进一步加剧了女性养老金水平的相对差距。

此外，对一些学历较高的女性劳动者，她们因求学导致开始工作时间较晚，而其所在技术型工作岗位，即使超过退休年龄也仍可继续胜任。对这一高知女性群体而言，这种社会保障税制设计就显得更加不公平。

2. 社会保障税中再分配效应的性别影响

在税制结构设计上，尽管社会保障税通常具有缴款上限的规定，④ 但其与个人所得税一样，仍具有一定程度的收入再分配效应。各国社会保障税制体系中，劳动者退休后领取社会保障数额的计算方法，对中低收入者也比较有利。如在美国的社会保障税体系中，对社会安全金的计算，主要是设立两个计算点：680 美元和 4100 美元，分别分配以不同的权重。对一个月收入

---

① 国际劳工组织（ILO）. 性别平等——处于体面劳动的核心位置 [R]. 报告六，第 98 届国际劳工大会，日内瓦，2009。这 20 个国家分别是阿根廷、巴西、智利、丹麦、芬兰、德国、匈牙利、印度、意大利、韩国、墨西哥、荷兰、巴拉圭、波兰、俄罗斯、南非、西班牙、瑞典、英国、美国。

② 国际劳工组织（ILO）. 工作中的平等：不断的挑战 [R]. 根据《国际劳工组织关于工作中的基本原则和权利宣言》的后续措施要求编写的综合报告。第 100 届国际劳工大会，日内瓦，2011：21 - 22。国际劳工组织北京局网站，http://www.ilo.org/ilc/ILCSessions/99thSession/reports/WCMS_154784/lang - fr/index. htm。

③ 谭琳，蒋永萍，姜秀花. 中国性别平等与妇女发展报告（2006 ~ 2007 年）[M]. 北京：社会科学文献出版社，2008：407 - 422.

④ 在各国社会保障税实践中，通常对于超过一定数额的工资部分，不纳入社会保障税的征收范围，这就是社会保障税的"累退性"。

5000 美元的劳动者来说，假定其收入保持不变，退休后可以领取的社安金为：$680 \times 90\% + (4100 - 680) \times 32\% + (5000 - 4100) \times 15\% = 1841.4$（美元）。[①] 单纯就计算方法而言，低于两个计算点的收入占社安金的权重较大，这对中低收入者是比较有利的。

因此，就社会保障税的再分配效应而言，至少在理论推演层面上，社会保障税的性别影响表现得对女性更加有利。因为女性无论在经济地位还是收入水平上，通常比男性劳动者要低。单纯从这一性别分析视角来看，社会保障税的实施，应该是有利于占低收入者较大比重的贫困女性的。

3. 社会保障税对女性劳动供给的影响：日本的案例

由于社会进步以及习俗的变化，社会保障税政策也需要与时俱进。固化的社会保障税制度，反而会对女性劳动者的就业率和就业质量产生负面影响。日本的社会保障税就提供了一个很好的例证。

日本的社会保障制度规定，厚生养老金和共济养老金的被保险人，其无业配偶年收入不超过 130 万日元，或劳动时间不超过普通劳动者的 3/4，就可视为第三类被保险人，无须缴纳社会保障税也可获得"国民年金"。这一规定是与日本二战后普遍的"男主外，女主内"的家庭分工相适应的。[②] 然而，日本的社会保障制度，尤其是第三类被保险人制度，未能充分考虑双职工家庭、单身职业女性等自己缴纳保险费者的利益。对单一户主家庭（尤其是单身母亲家庭）、单身女性家庭等生活较困难群体，缺乏养老保障方面的特殊考量。这样就从制度上固化了未尽合理的性别分工模式，因为只有"丈夫工作、妻子做全职主妇"的模式选择，才更能体现利益最大化的原则。

日本的社会保障税模式所可能造成的性别歧视，主要体现为，双职工家庭和"男主外女主内"家庭之间的不公平。单身职业女性工作期间需按月缴纳高额的养老金（即社会保障税），而婚后如果不选择成为全职家庭主妇，则难以享受"第三类被保险人"减免养老金缴纳额的优惠待遇。[③] 此外，只有公司雇员的妻子，才可以享受这一福利，个体经营者、农民的妻子

---

① 计算方法来自金葵花保险网，http://www.xiangrikui.com/yanglaobaoxian/changshi/20101119/74271.html。

② 但随着经济社会发展，这一制度与男女平等的理念背道而驰，也不符合日本政府希望男女发挥各自价值、共同参与社会的目标。

③ 胡澎. 性别视角下日本养老保险制度再思考 [J]. 日本学刊，2009（1）：129 - 132.

却无缘享有。从社会公平的视角来看，对某一类型的女性提供额外优待，似乎有悖于就业政策的性别中立原则。更为重要的是，在女性参与劳动比例越来越高的发展趋势下，这种做法也在相当程度上抑制了有工作能力和热情的已婚女性的工作积极性。

4. 社会保障税的遗属保障和配偶津贴

第一，遗属保障（allowance for the survivor）。由于通常女性寿命比男性长，并且在婚姻中男性往往较女性略为年长，故而丧偶女性的社会保障问题，应该作为社会保障税机制设计的单独方面来加以重点考察。很多女性晚年丧偶，而之前的家庭养老中，男性的社会保障金往往较多，占退休后家庭总收入的比重很大。这时社会保障税制设计中的遗属保障金，就显得十分重要。因为很多情况下，一对年老夫妇的生活费用，很大程度上是依靠丈夫的社会保障金，丧偶后的老年女性生活难免会陷入窘迫。采用遗属保障制度，通过对丧偶的女性给予一定的保障金补偿，可在相当程度上保证其晚年的正常生活。

第二，配偶津贴（spouse's allowance）。现实中往往存在这样的情况，家庭中女性仅为家庭主妇，负担家庭劳动、照顾子女老人，未能正式就业或者仅从事临时性兼职工作。虽然她们为家庭和社会做出了贡献，但并没有获得相匹配的收入。这些无酬劳动应该得到政策上的补偿，配偶津贴恰恰考虑了这一因素。家庭中的低收入者，由于从事了大量的无酬劳动，以致未能通过市场来获得货币收入，其缴纳的社会保障税自然较少，所以获取的社会保障金也相对较少。配偶津贴通过对这类家庭中的低收入一方发放额外津贴，以有效保障其家庭生活。

4.2.2　中国社会保障税政策设计中的社会性别因素

由于我国尚未正式开征社会保障税，而仅为具有一定社会保障税功能的"五险一金"制度，其中最具有社会保障性质的是养老保险、医疗保险和失业保险。在拟议的社会保障税制度设计中，需从以下方面就性别因素加以必要考虑：

第一，实行与社会保障税相配合的高学历女性弹性退休制度。我国各行业的工作性质、工作环境颇为不同，地区发展也极不均衡。强制要求女性在某一年龄退休，会使得一些尚具劳动能力并愿继续工作的女性，被迫离开工作岗位。这种"一刀切"的做法，不仅对经济发展不利，且因退休后养老金收入与个人账户相关（退休前个人账户积累越多、工龄越长，退休后所能获得的收入也越多），对于那些因求学导致开始工作时间较晚的知识女性尤为不利。

因此，可以考虑对高学历女性（如博士研究生以上学历）施行弹性退休制度。对达到法定退休年龄但仍具备工作能力和意愿的知识女性，并不强制退休，而是采行尊重其个人意愿的弹性退休制度。这种做法在继续发挥知识女性社会贡献的同时，也丰富了社会保障税的税收来源，合理推迟了社会保障专户的支付启动时点。

第二，在社会保障税制设计中，适时引入遗属保障金和配偶津贴等救济性规定，为丧偶遗属和夫妻一方为低收入者的家庭，提供必要的生活保障。这类缴款可以纳入现有的养老保障缴款体系中，也可待社会保障税统一开征时，再行综合考虑。

第5章 税收政策的区域性影响分析

5.1 我国地方政府间税收竞争的空间计量分析[①]

随着我国市场开放度与地区关联性不断增强，生产要素流动与重组日益深化，客观上加剧了地方政府间的税收资源竞争。我国税法对特定区域、出口、高科技、中小企业等提供的各类税收优惠政策，也使地方政府具有一定的税收竞争空间。由于生产要素的流动性，地方政府在采行某项税收政策时，往往受到空间地理上邻近地区政策的影响。本节对政府间税收竞争的空间计量分析，采用省级面板数据和 Matlab 空间计量软件，根据数据分析结果建立空间计量面板数据模型，进而探讨地方政府税收竞争的策略互动模式。

5.1.1 文献综述

在发达市场经济国家，地区间税收竞争的研究由来已久。蒂布特（Tiebout，1956）较早关注了地区间竞争问题，在其之后相关研究日益深化。[②] 其中，进入 21 世纪以来的税收竞争研究主要包括布鲁克纳和萨维德

① 马蔡琛，郑改改. 我国地方政府间税收竞争的空间计量分析——基于省际面板数据的考察 [J]. 河北经贸大学学报，2014（5）.

② Tiebout，Charles. A Pure Theory of Local Expenditure [J]. Journal of PoliticalEconomy，1956，44.

纳（Brueckner & Saavedra，2001）[①]、埃尔南德斯—穆里略（Hernandez-Murillo，2003）、科罗林（Coughlin，2006）、雅各布斯（Jacobs，2007）等的研究结果，与早期研究结论类似，认为税收竞争中存在策略互补特征，有所不同的是以弹性系数度量的竞争程度存在差别，近期研究则更侧重于具体税种的分析。赫·蒂奇和维纳（Hettich & Winer，1999）揭示了税收竞争中的策略替代证据；而罗克（Rork，2003）、弗里德里克松等（Frederiksson，2003）、奇林科和威尔逊（Chirinko & Wilson，2007）[②]则发现了混合结果。上述文献大多基于美国的数据展开研究，且多使用空间滞后模型，即认为地方政府间的税收竞争存在空间关联性。此外还有利用欧洲各国的数据展开的研究（如表 5 – 1 所示）。

表 5 – 1　　　　欧洲地区对于分税种税收竞争策略互动模式的研究

研究者	研究的国家及地区	研究的税种	相互作用（回归系数）
Brett、Pinkse（1997，2000）	加拿大，不列颠哥伦比亚省，大都市区	商业财产税	0.2
Heyndels、Vuchelen（1998）	比利时，州	个人所得税和财产税（税率）	0.5 ~ 0.7
Buettner（2001）	德国，社区	地方商业税（征收率）	0.05
Revelli（2002）	英国，非大都市区	财产税（税率）	0.4 ~ 0.5
Bordignon 等（2003）	意大利，州	商业财产税（税率）	0.3
Feld、Reulier（2003）	瑞士，州	个人所得税	0.42
Solé Ollé（2003）	西班牙，巴塞罗那附近的州	财产税和地方机动车税（税率）	0.39（财产税） 0.3（机动车税）
Allers、Elhorst（2005）	荷兰，州	财产税（税率）	0.35
Edmark、Agren（2007）	瑞典，州	所得税（税率）	0.745

表 5 – 1 中的研究表明，地方政府间税收竞争存在着空间策略互补的特

---

① 布鲁克纳和萨维德纳（Brueckner & Saavedra，2001）利用美国波士顿地区 70 个城市的数据，对地区间财产税的策略性进行分析，采用的是空间滞后模型。资料来源：Brueckner, J. K., and L. A. Saavedra. Do local governments engage in strategicTax competition？［J］. National Tax Journal, 2001，54。

② 奇林科和威尔逊（Chirinko & Wilson，2007）利用美国 48 个州在 1969 ~ 2004 年的面板数据，研究资本税政策的决定因素。

征，且竞争程度较为显著。上述研究中多使用税收反应函数[①]，这与本节使用的空间计量面板数据模型存在一定的相似性，但西方学者的研究变量多为税率，而依据中国的现实，地方政府通常缺少税率的决定权，较适合的变量是税收负担水平（即地区税收收入/GDP）。

国内对于地方政府间税收竞争的研究，最近几年才开始兴起。由于我国税收立法权高度集中，讨论地区间的策略性征税行为存在一定的困难。近年来，政府间税收竞争的国内研究主要有：沈坤荣、付文林（2006）运用空间滞后模型，分析了中国政府间的税收竞争呈现空间策略替代性特征[②]，但因截面数据使用的样本量过少，实证分析的结果存在某些不稳定性。解垩（2007）选用1997～2004年30个省的面板数据，得出省级政府间税收竞争存在空间策略互补特征，[③] 李聆佳（2008）利用省级面板数据也得出了同样的结论。

李永友、沈坤荣（2008）用2005年的截面数据与1995年的截面数据进行对比，发现我国省际税收竞争呈现策略互补特征，且各省份的税收竞争程度显著下降。王守坤、任保平（2008）选取1978～2006年的各省面板数据[④]，利用工具变量法（2SLS），也发现我国政府间税收竞争表现为策略互补模式[⑤]。康锋莉（2008）的研究结果也表明，地理位置上相邻的省份在税收竞争上存在策略互补性特征。[⑥]

张宇麟、吕旺弟（2009）采用空间计量模型，对1994～2007年省级面板数据进行回归，发现省际税收竞争反应函数斜率为正，说明省际税收竞争

---

① 税收反应函数：$t_i = \beta_0 + \beta_1 \sum_{j \neq i} w_{ij} t_j + \theta X_i + \mu_i$ 其中 β_0、β_1、θ 是未知的参数，β_1 是反映函数的斜率，反映地区间税收竞争的强度。W_{ij} 是空间权重矩阵的元素，反映其他地区 j 的税率对地区 i 的税率的相对重要性，X_i 是地区 i 的其他社会经济特征变量。

② 税收竞争呈现空间策略互补特征是指，地方政府在税收竞争时，采取的是相同方向的税收政策；税收竞争呈现空间策略替代特征是指，地方政府在税收竞争时，采取的是相反方向的税收政策。

③ 解垩. 政府效率的空间溢出效应研究 [J]. 财经研究，2007（6）.

④ 截面数据是采用某特定时点的数据，存在一定的偶然性，可能会使结果与实际存在较大的出入。面板数据是采用某段时间的数据，数据的连续性可以消除特定时点带来的扰动。同时，面板数据的样本量一般要远远大于截面数据的样本量，这使得分析结果更为稳定。因此，本节使用的是面板数据，以期更符合实际。

⑤ 王守坤，任保平. 中国省级政府间财政竞争效应的识别与解析：1978～2006 [J]. 管理世界，2008（11）.

⑥ 康锋莉. 税收竞争的空间相关性和FDI效应：一个实证分析 [J]. 财贸研究，2008（3）.

呈现空间策略互补特征。[1] 袁浩然（2010）利用1992年和2006年省级截面数据的回归结果表明，在分税制之前和之后，我国都存在税收竞争，且均呈现空间策略互补的竞争模式。[2] 袁浩然、欧阳崚（2012）根据1978～2006年的面板数据分析得出，分税制之后的税收竞争更为激烈。[3] 李文、胡菲菲（2013）运用税收反应函数对1992～2009年省级面板数据，发现各省之间的税负水平呈现高度正相关性，即地方政府间的税收竞争存在空间策略互补特征。[4]

当前国内的政府间税收竞争研究，主要集中于税收总量的计量分析，较少涉及分税种的竞争呈现何种状态及其成因。本节拟采用空间面板数据模型，分析我国流转税（增值税和营业税）及所得税（个人所得税和企业所得税）的税收竞争情况，其研究结论更具精细化特色。

5.1.2　我国省际税收竞争的实证分析

本节拟采用 Matlab 软件对于1998～2010年我国省际空间面板数据进行分析，并利用计量结果，讨论地方政府间各税种的竞争策略互动模式。在模型建立过程中，使用的变量设置如下。

1. 被解释变量的选取

基于政府治理结构的特殊性，我国的地方政府甚少税率决定权，故本节以各税种的税收负担水平来代替税率，重点考察税收总额、增值税、营业税、企业所得税及个人所得税的税收竞争情况。其中，总体税收负担水平采用各省税收收入占当年 GDP 的比重来表示，记为 fis_gdp；增值税的负担水平用各省的增值税收入占当年 GDP 的比重来表示，记为 vat_gdp；营业税、企业所得税及个人所得税的负担水平计算方法与增值税相似，分别记为opt_gdp，eipt_gdp，iit_gdp。各税种的税收收入均为预算内收入，GDP 为按当年价计算的数值。

① 张宇麟，吕旺弟. 我国省际间税收竞争的实证分析 [J]. 税务研究，2009 (6).
② 袁浩然. 中国省级政府间税收竞争反应函数的截面估计 [J]. 统计与决策，2010 (17).
③ 袁浩然，欧阳崚. 大国地方在政府间税收竞争策略研究——基于中国经验数据的空间计量面板模型 [J]. 大国经济研究，2012 (4).
④ 李文，胡菲菲. 我国地方政府间税收竞争存在性及竞争程度的实证分析 [J]. 税务研究，2013 (2).

2. 解释变量的选取

解释变量选取的是影响各税种的相关因素，主要包括人均实际 GDP、人口密度、开放度、城市化水平、固定资产投资比例、人口结构、人力资本水平及产业结构水平。

人均实际 GDP 是衡量地区经济发展水平的特征变量，反映当地税源的丰裕程度；本节研究的时间起点为 1998 年，故以 1998 年为不变价并通过 GDP 平减指数处理后，作为各地人均实际 GDP 水平，记为 pgdp[①]，单位是万元/人。

人口密度是外生的区域特征，反映了公共服务需求规模的大小，以地区人口总数/地区面积，记为 pop_den，单位是万人/平方公里。

开放度表示一个地区的经济开放水平，用进出口总额占当地当年 GDP 的比例表示，记为 open。

城市化水平采用非农业人口/当地总人口数的比例来表示，记为 urban。

固定资产投资比例采用全社会固定投资占当年 GDP 的比例来表示，记为 invest。

人力资本水平体现为高校在校生占当地总人口的比例，记为 SS。

人口结构以青年抚养率（0～14 岁人口数/15～64 岁人口数）和老年抚养率（65 岁以上人口数/15～64 岁人口数）来表示，分别记为 youth 和 old。

我国的税收主要来源于二、三产业，且第一产业对于税收收入的直接贡献日益减少，因此产业结构用第一产业产值占 GDP 的比重来表示，记为 first。

3. 空间权重矩阵的选取

空间权重矩阵的设立方法，不仅有针对邻接、距离的权重建立方法，也有关于经济变量的经济权重矩阵以及其他复杂的组合形式。但因经济权重矩阵会导致模型的内生性，0，1 权重矩阵则存在一定的局限性[②]，因此，本节采用基于空间地理距离的空间权重矩阵。其具体形式为：

$$w_{ij} = \begin{cases} \dfrac{1}{d_{ij}} & i \neq j \\ 0 & i = j \end{cases} \qquad (i = 1,2,\cdots,28; j = 1,2,\cdots,28) \qquad (5-1)$$

---

① 在计量分析时，此处的人均 GDP 和下文的人口密度，采用的均是对数数据，即 lnpgdp 和 lnpop_den。

② 由于空间邻接矩阵认为不相邻的地区之间不存在相关性，故对 Moran's I 指数没有贡献，与实际情况存在出入。

其中，d_{ij} 为地区 i 的省会城市和地区 j 的省会城市之间的直线距离。这是依据托勒（Toler, 1970）的地理学第一定理（first law of geography）而设立的，即任何事物在空间上均是相关的：距离越近，关联程度越强；反之，距离越远，关联程度越弱。本节重点关注各地区基于空间距离因素而产生的税收竞争策略互动模式。

本节选用 1998~2010 年的面板数据，基于数据完整性，暂未包括西藏自治区和海南省的数据，并将四川省和重庆市合并考虑。资料来源于《中国统计年鉴》《中国财政年鉴》《中国税务年鉴》《中国人口和就业年鉴》等官方数据。

5.1.3 分税种的税收竞争策略互动模式的实证分析

首先，根据省际面板数据进行空间自相关检验，采用常用且结果较稳定的 Moran's I 指数检验，判断分税种是否存在空间相关关系及相关程度；其次，判断空间计量模型的形式：采用普通最小二乘法（OLS）对数据进行计量分析，并在此基础上进行 LM 检验，根据结果选择合适的空间计量模型；第三，判断面板数据模型的形式，主要采用 Hausman 检验，探究固定效应或随机效应模型的选择；最后，基于以上模型设计，构造空间面板模型并展开计量检验和结果分析。

1. 空间自相关检验

通过对各税种负担水平的空间相关关系进行初步检验，观察是否存在空间相关关系（依赖性或异质性），以及相关关系的大小和显著性程度。本节采用 Moran's I 指数检验[1]，对于各税种的空间自相关检验结果如表 5-2 所示。

---

① Moran's I 的表达式为：$Moran's\ I = \dfrac{1}{\sum\limits_{i=1}^{N}\sum\limits_{j=1}^{N}w_{ij}} \times \dfrac{\sum\limits_{i=1}^{N}\sum\limits_{j=1}^{N}w_{ij}\ (x_i-\bar{x})\ (x_j-\bar{x})}{\sum\limits_{i=1}^{N}\ (x_i-\bar{x})^2/N}$，$\bar{x}=\dfrac{1}{N}\sum\limits_{i=1}^{N}x_i$。若

Moran's I > 0，表示地区之间的观察值表现为空间正相关关系；若 Moran's I < 0，则表明地区之间的观察值表现为空间负相关关系；如果 Moran's I 接近于 0，则表明地区之间的观察不存在空间自相关关系。同时，另一种检验方法为：当 Z 值为正且显著（依据 P 检验值的大小判断）时，表明存在正的空间自相关；反之，则存在负相关。

表 5 – 2   Moran's I 指数检验

	宏观税负水平	增值税的税负水平	营业税的税负水平	企业所得税的税负水平	个人所得税的税负水平
Moran's I 指数	0.1010	0.0489	0.0139	0.2573	0.1055
Z 值	6.3575	3.2764	1.1935	15.6848	6.6496
P 值	0.0000	0.0011	0.2327	0.0000	0.0000

表 5 – 2 显示，省际宏观税负水平之间的 Moran's I 指数为0.101，且 Z 统计量的 P 检验值为 0，表明前述 28 个省份的宏观税负水平，在空间分布上具有显著的正相关关系（空间依赖性），某一地区的税收负担水平会受到位置相近地区的正向影响。同时，增值税、企业所得税及个人所得税的税负水平在空间上也存在显著的正相关性，但营业税在空间上的相关性不显著。这表明对于我国各地税收负担水平的研究中，不能仅从时间维度考虑，也应考虑地理空间上的相关性。

2. 空间计量模型的选取

空间计量模型包括空间滞后模型、空间误差模型和混合模型。在实际运用当中，通常使用的是前两种。[①] 通常，根据 Anselin 的判断准则进行选择[②]，使用的方法是 LM 检验。在 Matlab 中，首先应用普通最小二乘法（OLS）对数据进行计量分析，得出 LM 的统计量及其显著性结果（如表 5 – 3 所示）。

---

① 空间滞后模型（SAR）表达式为：$y = pW_1y + X\beta + \varepsilon$，$\varepsilon \sim (0, \sigma^2 I_N)$；空间误差模型（SEM）的表达式为：$y = X\beta + \xi$，$\xi = \lambda W + \xi\varepsilon$，$\varepsilon \sim (0, \sigma^2 I_N)$。式中，$y$ 是 $N \times 1$ 的向量，代表被解释变量向量。X 是 $N \times K$ 的数据矩阵，代表解释变量。ρ 是空间滞后因变量 W_1y 的系数。β 反映解释变量对因变量 y 变化产生的影响。W_1 和 w 均是 $N \times N$ 维空间权重矩阵，分别与因变量的空间自回归过程和干扰项 ε 的空间自回归过程相关。

② Anselin 关于空间计量模型的选取准则：如果 LMLAG 比 LMERR 更显著，且 R – LMLAG 显著而 R – LMERR 不显著，则应采用的模型是空间滞后模型；如果 LMERR 比 LMLAG 更显著，且 R – LMERR 显著而 R – LMLAG 不显著，则适合的模型为空间误差模型。

表 5－3　　　　　　　主要税种税负水平的 OLS 回归结果及 LM 检验

	宏观税负水平	增值税的税负水平	营业税的税负水平	企业所得税的税负水平	个人所得税的税负水平
	（1）	（2）	（3）	（4）	（5）
Constant	21. 366 ***	5. 368 ***	2. 456 ***	1. 890 ***	2. 023 ***
	（4. 498）	（7. 716）	（4. 405）	（1. 934）	（4. 135）
Lnpgdp	－ 4. 381 ***	－ 0. 829 ***	－ 0. 820 ***	－ 0. 546 ***	－ 0. 571 ***
	（－ 4. 281）	（－ 5. 529）	（－ 6. 826）	（－ 2. 594）	（－ 5. 414）
First	－ 0. 084 **	－ 0. 051 ***	－ 0. 009 **	－ 0. 017 **	－ 0. 005 *
	（－ 2. 833）	（－ 11. 778）	（－ 2. 518）	（－ 2. 712）	（－ 1. 755）
Invest	0. 042 ***	－ 0. 0004	0. 014 ***	0. 003 ***	0. 002 **
	（4. 311）	（－ 0. 264）	（11. 917）	（1. 593）	（2. 025）
Urban	0. 016	0. 006 ***	0. 007 ***	0. 011 ***	0. 009 ***
	（1. 329）	（3. 373）	（4. 876）	（4. 394）	（7. 456）
SS	0. 915 ***	－ 0. 061 ***	0. 128 ***	0. 014 ***	0. 004
	（3. 373）	（－ 1. 531）	（4. 021）	（3. 246）	（0. 151）
Youth	－ 0. 048 *	－ 0. 004	0. 005	0. 0004	－ 0. 001
	（－ 1. 654）	（－ 0. 820）	（0. 021）	（0. 007）	（－ 0. 201）
Old	－ 0. 038	0. 026 ***	0. 028 ***	0. 003 ***	0. 003
	（－ 0. 718）	－ 3. 343	（4. 021）	（0. 259）	（0. 539）
lnpop_den	0. 190	－ 0. 181 ***	－ 0. 059 *	0. 274 *	0. 099 ***
	（0. 666）	（－ 4. 334）	（－ 1. 772）	（4. 678）	（3. 365）
Open	0. 039 ***	0. 002 **	0. 008 ***	0. 007 ***	0. 004 ***
	（7. 586）	－ 2. 682	（12. 736）	（6. 840）	（7. 625）
R^2	0. 5587	0. 5214	0. 7308	0. 6467	0. 6298
LMLAG	0. 0000	0. 0059	0. 0000	0. 0000	0. 0000
R － LMLAG	0. 0000	0. 0670	0. 0580	0. 0000	0. 0180
LMERR	0. 0000	0. 0560	0. 0000	0. 0000	0. 0000
R － LMERR	0. 4550	0. 5540	0. 5330	0. 7570	0. 1910

注：回归结果（1）～（5）的被解释变量分别为 tax_gdp、opt_gdp、eipt_gdp、iit_gdp，*** 、** 、* 表示回归系数的显著性水平分别为 1% 、5% 和 10%，括号中的数值是系数的 t 检验值，R^2 为可决系数，表明回归方程的拟合程度。LMLAG、LMERR、R － LMLAG、R － LMERR 是 LM 检验的显著性水平。

　　表 5 － 3 中 LMLAG 检验的原假设为变量之间不存在空间滞后关系，LMERR 检验的原假设为变量的误差项之间不存在空间滞后关系，若统计量

显著,则表明拒绝原假设(即变量之间或变量的误差项之间存在空间滞后关系)。R-LMLAG 和 R-LMERR 是原假设稳健性的检验。根据模型判定准则,宏观税负的 LMLAG 比 LMERR 显著,同时,R-LMLAG 显著而 R-LMERR 不显著,政府间的宏观税负水平存在空间滞后关系。因而,在选取模型时,比较适合采用空间滞后模型。同样,我们分析选取的增值税、营业税、企业所得税和个人所得税的税负水平之间也存在空间滞后关系,同样更适合使用空间滞后模型。因此,本节对模型(1)~(5)采用的空间计量模型,均为空间滞后模型。

3. 面板数据模型的选取

我们使用 Hausman 检验结果,来判定固定效应模型和随机效应模型的选取。[①] 对所收集的空间面板数据进行分析,得到如表 5-4 所示的检验结果。

表 5-4 各税种税负水平的 Hausman 检验结果

	宏观税负水平	增值税的税负水平	营业税的税负水平	企业所得税的税负水平	个人所得税的税负水平
Hausman 检验值	36.7438	-29.3441	-138.5303	45.276	25.2613
P 值	0.0000	0.0000	0.0000	0.0000	0.0003

表 5-4 的 Hausman 检验结果中,5 个变量的小概率 P 值均小于 1% 的显著性水平,拒绝"使用随机效应更好些"的原假设,因此应选择固定效应模型分析面板数据。

4. 模型建立及实证检验结果

基于上述分析,本节选取空间滞后模型及固定效应面板数据模型,即固定效应的空间滞后面板数据模型。根据前文选取的解释变量和被解释变量,模型构造如下:

$$y = \alpha + \rho Wy + x_1 \ln pgdp + x_2 first + x_3 invest + x_4 urban + x_5 SS$$
$$+ x_6 youth + x_7 old + x_8 \ln pop\_den + x_9 open + \varepsilon \qquad (5-2)$$

其中,y 是被解释变量向量,包括宏观税负水平和增值税、营业税、企业所得税和个人所得税的税负水平。$x_j, j = 1, 2, \cdots, 9$ 为各自变量的系数。ρ

---

① Hausman 的检验原理为:将原假设采用随机效应的面板数据模型更好些。如果检验结果为接受原假设,表明使用随机效应模型更为合理,而如果拒绝原假设,则应选择固定效应的模型。

是税收反应系数，若 $\rho > 0$ 且显著，则表明政府间的税收竞争存在空间策略互补特征，即采取相同方向的税收政策；若 $\rho < 0$ 且显著，则表明政府间的税收竞争存在空间策略替代特征，即采取方向相反的税收政策；若 $\rho = 0$ 或 ρ 不显著，则表明政府之间不存在税收竞争或税收政策是独立或随机的，不存在空间上的相关性。

将1998~2010年间28个省（自治区、直辖市）的数据，在空间滞后面板数据模型中进行分析，得到如表5-5所示的回归结果。固定效应的空间滞后面板数据模型得出的结果，较之 OLS 方法得出的结果，拟合优度具有明显改进，且对数似然值均较大，说明采用空间面板数据模型的估计结果比较可信。

表5-5　　　　　各税种的空间滞后面板数据模型的回归结果

	宏观税负水平	增值税的税负水平	营业税的税负水平	企业所得税的税负水平	个人所得税的税负水平
空间滞后变量	0.2489 ** (2.2369)	0.1120 (0.9789)	0.1861 (1.6052)	0.3392 *** (3.3142)	0.3119 ** (2.8516)
Lnpgdp	5.7706 *** (5.9724)	-0.1818 (-0.9998)	1.3978 *** (4.2069)	1.7226 *** (5.4349)	0.4663 *** (3.7221)
First	0.0735 *** (3.3594)	-0.0220 *** (-4.5045)	0.0179 ** (2.5675)	0.0116 (1.4710)	-0.0011 (-0.3437)
Invest	0.0040 (0.9220)	-0.0044 *** (-4.1538)	0.0087 *** (5.7146)	-0.0039 ** (-2.2196)	-0.0009 (-1.1791)
Urban	0.0003 (0.0291)	0.0032 (1.6429)	0.0002 (0.0865)	-0.0068 ** (-2.0616)	-0.0017 (-1.2265)
SS	-0.9332 *** (-4.7831)	-0.0477 (-1.1206)	-0.2486 *** (-4.0460)	-0.2939 *** (-4.1440)	-0.1709 *** (-5.8370)
lnpop_den	10.4180 *** (5.1743)	0.9812 ** (-2.3053)	3.3046 *** (5.1190)	3.5181 *** (4.8568)	-0.4377 (-1.4710)
Open	0.0168 *** (6.2317)	0.0019 ** (3.1082)	0.0083 *** (9.4606)	0.0037 *** (3.6955)	0.0016 *** (3.8797)
Youth	0.0550 *** (3.3642)	-0.0172 *** (-4.7777)	0.0093 * (1.80530)	0.0180 ** (3.0198)	0.00003 (0.0124)
Old	-0.0121 (-0.4893)	0.0210 *** (4.0521)	0.0179 ** (2.3822)	-0.0183 ** (-2.0735)	-0.0062 * (-1.7048)

续表

	宏观税负水平	增值税的税负水平	营业税的税负水平	企业所得税的税负水平	个人所得税的税负水平
R^2	0.9544	0.8953	0.9695	0.8897	0.9226
sigma^2	0.3374	0.0156	0.0337	0.0450	0.0077
log_likelihood	–319.47593	240.2621	99.9772	46.5814	368.8278

注：表中 log_likelihood 是空间计量模型回归结果的对数似然函数值。一般而言，其值越大，空间计量模型的效果就越好。其他符号的意义同表 5–3。

2002 年以来，我国的企业所得税和个人所得税在中央与地方间的分享方式发生了变化，针对这一变化对政府间税收竞争的影响，将企业所得税和个人所得税分为 1998～2001 和 2002～2010 两个时期来加以分析。模型的建立方式和模型（2）一样[①]，得到适合的模型同样是空间滞后面板数据模型，表 5–6 是两个时期内企业所得税和个人所得税的回归结果[②]。

表 5–6   2002 年前后企业所得税和个人所得税的
空间滞后面板数据模型的回归结果

	企业所得税的税负水平		个人所得税的税负水平	
	1998～2001	2002～2010	1998～2001	2002～2010
空间滞后变量	0.0930	0.2510	0.0520	0.2510
t 值	0.3921	1.9927	–0.2055	2.1417
R^2	0.9761	0.9573	0.9621	0.9390
log_likelihood	–38.479	–200.2844	147.5640	224.8032

5. 回归结果的分析

（1）空间滞后变量系数的解释

表 5–5 的回归结果显示，我国省际总宏观税负、企业所得税及个人所得税的空间滞后变量的系数显著为正，而增值税和营业税的空间滞后变量的系数不显著。这表明我国各省之间在总体税收和所得税（企业所得税和个人所得税）方面，存在比较明显的税收竞争，且表现为空间策略互补模式。周边省份宏观税负的变动会正向地影响该省的政府税收决策。

---

① 由于篇幅有限，本节对于分时期的模型建立过程省略。
② 该部分主要是分析 2002 年前后企业所得税和个人所得税的空间滞后变量的变化情况，故在回归结果中只截取了关于滞后变量的系数和检验值以及模型的总体检验情况。

同时，省际增值税和营业税等流转税的税收竞争较弱，而企业所得税和个人所得税的税收竞争较强。造成这种结果的原因，大致有以下几个方面：

增值税作为中央和地方共享税，地方政府所占份额较少。作为中央财政收入的主要来源之一，我国增值税的制度建设也比较完善，其优惠政策主要体现在农业和资源综合利用行业、文化产业等方面，对于税收收入的影响并不是特别明显。地方政府在增值税方面的竞争渠道较少且效果相对不显著，因而增值税的竞争也就相对较少。

营业税不同于增值税和企业所得税，基本上是完全意义上的地方税种，且收入较为稳定。在地区间税收竞争中，营业税的竞争对地方财政收入变化影响很大，且更易进行有针对性的操作，导致地方政府在营业税收入上难免出现恶性竞争。这会导致社会福利损失及财政收入乏力，从而抵消其收益效应。对于较为成熟的地方政府而言，在运用营业税竞争时会比较谨慎，在实际中，反而不会过多地受相邻地区政策变化的影响。

企业所得税作为中央与地方共享税，也是地方财政的重要收入来源。地方政府为实现利益最大化，吸引外部资金流入，会对企业和资本实行税收优惠制度或投资配套优惠措施。合理的企业所得税会提高当地的资本存量，增加社会产出和经济效益，提高产业资本的流动性及集聚力，创造更多就业机会。考虑到企业所得税竞争的有益效果，同时国家对于引进资本也有相应的优惠措施，地方政府会积极运用这些措施。

个人所得税从 2002 年起也成为中央和地方共享税，其主要来源是技术工人和高收入人群，明智的地方政府为了吸引这些专业人才，往往采取各种政策来降低其实际税负。就劳动力流动而言，高收入群体更加注重边际税率的高低，且迁移成本较低。目前，中国正处于产业结构深度调整过程中，各地均致力于吸引人才，通过设法降低个人实际边际税负，突出个人所得税的税基拓展效应。

从表 5-6 的回归结果可以发现，2002 年前，企业所得税和个人所得税的税负水平的空间滞后变量数值不显著，而 2002 年后，相应空间滞后变量的系数显著为正。这表明 2002 年后各省在企业所得税和个人所得税的税收竞争中，呈现空间策略互补特征（即某省的税收政策会受到空间上邻近地区税收政策的正向影响），政府间的所得税竞争变得更加显著。

综上所述，地方政府间流转税的税收竞争较不明显，而所得税的竞争比较显著，且表现为空间策略互补特征。

(2) 对于重要解释变量的解释

人均实际 GDP 和经济开放度与宏观税负水平、营业税、企业所得税及个人所得税的税负水平之间系数均显著为正。其原因在于，经济开放度高或者较富裕地区的税源较为丰富，导致税收占 GDP 的比重也较高。

第一产业比重的提升，会显著降低增值税的税负水平，提高营业税的税负水平，表明我国增值税和营业税的税负水平，受产业结构变化的影响较大。

社会固定资产投资比例的提高，将降低增值税和企业所得税的税负水平，提升营业税的税负水平。根据我国固定资产投资的现状，受影响的税种主要包括建筑安装营业税等相关税收，其比例的上升会导致营业税收入增加，进而提高税负水平。同时，增加社会固定资产投资，会增加政府的支出，在广义上可能会减少企业留利，导致相应税种的税负下降。

城镇化程度会显著降低企业所得税的税负水平。在城镇化过程中，政府为了吸引更多外部资金流入，推进地区产业集聚，会借助企业所得税优惠政策，降低企业的投资成本，从而降低了企业所得税的税负水平。

人口密度增大会提高税负水平，这表明人口密度对于社会产出的影响，大于对公共产品需求的影响水平。人口结构年轻化将提升宏观税负水平以及营业税和企业所得税的宏观税负水平，降低增值税的税负水平。人口结构的老龄化会显著提高增值税、营业税的税负水平，降低企业所得税的税负水平。人口老龄化不仅意味着劳动力的减少，也意味着政府的支出增加，因此，各级地方政府应采取有效措施，妥善应对日趋严重的人口老龄化问题。

5.2 西部开发的财税政策：效应评价与路径选择[①]

如果从 20 世纪 90 年代末期提出西部大开发战略算起，包括财税政策在内的各项促进西部发展的政策举措，已然运行了近 20 年。从这个意义上讲，系统地梳理评价促进西部开发财税政策的运行绩效与面临挑战，进而探讨其未来路径选择应何去何从，也就具有了非同寻常的理论价值与现实意义。

---

① 马蔡琛. 促进西部开发财税政策的效应评价与路径选择［J］. 税务研究，2010（2）.

5.2.1 促进西部开发财税政策的阶段演进与基本评价

尽管 20 年并不是一个很长的时间跨度，但自实施西部大开发战略以来，中国区域经济发展布局较高频度的板块轮动，以及期间财政政策经历从积极到稳健再到积极的轮回演进，使得促进西部开发财税政策仍旧体现出较强的阶段演进特点。概括起来，可以大致划分为如下三个阶段：

1. 西部开发财税政策的单兵突进阶段：1999～2003 年

以 1999 年中央提出西部大开发的区域发展战略为标志，为促进这一战略目标的实现，先后制定了一系列相关财税支持政策。这些政策系统体现在 2001 年颁布的《国务院西部开发办关于西部开发若干政策措施的实施意见》中，主要包括公共支出政策和税收优惠政策两个方面，其中公共支出政策又包括公共投资和转移支付两种工具手段。

这一时期，由于中国经济格局的总体构架，开始从单边的沿海开放战略转向促进区域经济协调发展，西部开发在相当程度上扮演了推进中国区域经济布局调整"排头兵"的角色。因而，在相对欠发达地区中，西部开发的财税政策具有"一枝独秀"的特点，扶持政策的焦点比较集中。据统计，2000～2003 年国家预算内经常性建设投资用于西部地区的比重均为 25%；用于西部的建设性国债支出，从 2001 年开始大幅提升，由 2000 年的 22% 提高到 2001 年的 41%。[①] 加之，2000 年以来，分税制财政体制改革的收入汲取功能逐步突显，中央财政状况得到根本好转，中央预算超收资金日益充裕，这为西部开发提供了难得的财力保障。同时，这一阶段实施的积极财政政策，也进一步加大了对西部地区的支持力度。

2. 促进区域经济发展财税政策的板块轮动阶段：2003～2006 年

自 20 世纪 90 年代末提出西部开发战略，到 2003 年 9 月发布《关于实施东北地区等老工业基地振兴战略的若干意见》，再到 2006 年 4 月出台《关于促进中部地区崛起的若干意见》，前后数年的时间跨度，就凸显了西部、东北、中部这三大区域经济板块重点发展的轮番启动。在这样幅员广阔的区域范围内，经济发展板块轮动的频度如此之快，不仅开创了中国改革开

---

① 国家发展与改革委员会. 中国中西部地区开发年鉴（2006）［M］. 北京：中国财政经济出版社，2007：427.

放的先河，在世界经济发展史上也是不多见的。

由于板块轮动的间隔周期过短，政策着力点的变迁速度相对较快，这一阶段中，促进西部开发财税政策的区位比较优势，不再如前一阶段明显。甚至在某些具体政策上，东北地区和中部地区基于区域性财税政策的后发优势，反而获得了较之西部地区更具投资吸引力的税收政策①和大体持平的中央财政投入力度。以生产销售环节的生产税②税负水平变化为例，期间西部地区的生产税税负水平不降反升（从 2000 年的 13.89% 上升到 2005 年的 14.20%）③。由于增值税的 75% 和消费税均属于中央财政固定收入，这表明在税收收入的纵向配置上，以所得税优惠为主的西部开发税收政策，并没有给予西部地区在税收收入留成上更加优惠的支持，反而因流转税负担的增加，从西部地区反向汲取了一定的税收资源。如果再考虑到原有东部地区已享受的税收优惠政策，西部开发相关财税政策的优势不再明显，财税扶持政策开始呈现某种大范围"撒胡椒面"的现象。

然而，就财税政策支持的绝对量和实际效果而言，由于连续多年的财政资金投入以及诸多大型项目陆续建成，这一阶段西部地区财税扶持政策在其经济社会发展中的现实效应，仍旧是相当显著的。"十五"期间，国家累计向西部地区投入长期建设国债约 2758 亿元，占全国同期国债的 43% 左右；中央预算内资金累计投入约 393 亿元；公路、铁路、三峡、民航和水利等五种国家专项建设基金累计投入约 1934 亿元，占同期全国的 53%。西部地区在基础设施建设、生态环境保护、对外开放水平、基本公共服务均等化等方面，均取得了较好的成效。

3. 西部开发财税扶持政策的同质化阶段：2006 年以来

在 2006 年出台的《关于促进中部地区崛起的若干意见》和《国务院关于推进天津滨海新区开发开放有关问题的意见》中，至少在税收政策上，给予区域经济板块轮动中后发地区的优惠政策，大多是其他区域已采行激励措施的普适性推广，而较少具有独特性的先导性激励政策。这从一个侧面表

---

① 例如，东北地区和中部地区 26 个城市先后于 2005 年 1 月和 2007 年 7 月，率先实施消费型增值税转型，有效促进了其产业结构调整、技术升级和吸引社会资本，具有较强的政策效果。与之相较，西部地区反倒处于相对劣势。

② 生产税主要是指生产销售环节的增值税和消费税。

③ 上海财经大学区域经济研究中心. 2008 中国区域经济发展报告：西部大开发区域政策效应评估［M］. 上海：上海财经大学出版社，2008：62 – 63.

明，在 21 世纪初期中国区域经济战略布局中，区域性税收政策的地位已然日益淡化。[①] 加之，随着新一轮税制改革的推进，此前给予西部地区的一些税收优惠政策或者已经过时，或者即将到期。[②] 因此，在某种程度上，西部开发财税扶持政策与其他欠发达经济区域相比，已然基本趋同，进入了同质化的发展阶段。

　　当然，财税扶持政策的同质化仅表明西部地区的相对优势不再显著，并非意味着支持力度在绝对量上的减弱。例如，在制度安排层面，2007 年国务院确立的中央预算超收安排使用原则中明确规定，重点用于"三农"、教育、卫生、社保等民生领域的支出，并向中西部倾斜；在支持力度上，中央财政不断加大对西部地区的均衡性转移支付、调整工资转移支付、农村税费改革转移支付等一般性转移支付力度，提高了其基本公共服务水平。2000 ~ 2012 年，中央财政累计对西部地区财政转移支付 8.5 万亿元，中央预算内投资安排西部地区累计超过 1 万亿元，分别占全国总量约 40%。[③] 2012 年中央对地方均衡性转移支付 8582.62 亿元，同比增长 14.6%，2013 年中央财政安排对地方均衡性转移支付 9812.25 亿元。[④] 中央对地方均衡性转移支付，明显增强了中西部等经济欠发达地区财力，有效缓解了这些地区财政运行中的突出矛盾，在保障基层机关事业单位职工工资发放、机构正常运转和推进基本公共服务均等化等方面发挥了重要作用，促进了区域间协调发展与社会和谐。2015 年，中央财政又进一步加大了对革命老区、民族地区、边疆地区、贫困地区等的转移支付力度，帮助其加快发展。2015 年中央财政支持民族地区转移支付 582 亿元，支持边境地区转移支付达到 136 亿元，专项扶贫资金达到 467 亿元，2011 ~ 2015 年，中央财政累计安排财政专项扶贫资金 1898 亿元。[⑤] 这些财税政策支持举措，对于促进西部地区的可持续发展，发挥了不可替代的作用。

---

　　① 马蔡琛. 促进中部崛起协调区域发展的财税政策 [J]. 税务研究，2008 (5).

　　② 例如，对设在西部地区国家鼓励类的内资企业和外商投资企业，减按 15% 的税率征收企业所得税，于 2010 年到期；对保护生态环境、退耕环林还草产出的农业特产收入，自取得收入年份起 10 年内免征农业特产税，这一政策也因该税种的大部分税目，已然停征，而没有实质性的优惠意义。

　　③ 数据来源：中央财政累计对西部财政转移支付 8.5 万亿元 [OL]. 新华网。

　　④ 数据来源：均衡性转移支付情况 [OL]. 财政部网站。

　　⑤ 数据来源：2015 年中央财政加大对革命老区、民族边疆贫困地区转移支付力度 [OL]. 新华网。

5.2.2 促进西部开发财税政策面临的主要挑战

促进西部开发的财税政策作为一种中长期制度安排，当前面临的主要挑战有以下几个方面：

1. 宏观经济形势的变化，导致支撑西部开发财税政策中的某些特殊性作用因素，逐渐趋于减弱

西部开发以来的十多年，恰恰是中国财政收入高速增长的阶段，财政收入（尤其是中央财政收入），逐年跃上新台阶。这种状况甚至被市场经济国家誉为"中国财政之谜"。然而，自2008年以来，受国际金融危机的影响，中国财政收入的增长速度呈现某种放缓态势，尤其是大规模预算超收的格局已难以为继；而西部开发中的一些专项转移支付，一度主要来自于预算超收资金向西部倾斜的政策导向，超收资金的相对减少，在一定程度上难免影响中央财政对西部的相对投入力度。

同时，恰巧在这十多年间，为应对亚洲金融危机和本轮全球金融危机，我国先后两次启动了积极财政政策，这两次扩张性财政政策中的国债转贷资金和中央代地方发行的债券资金，都给予了西部地区较多的倾斜。然而，这种源于外部冲击而启动的特殊政策，无论是其持久性，还是发生的频率，都很难作为一种中长期的制度安排来加以看待。

2. 促进西部开发的财税政策，具有"逆市场"调节的特点，需要较强的政策作用力度与持续性

在东部沿海开放过程中，尽管也有较多且力度较大的财税支持政策，但是这些政策基本是"顺市场"调节的，主要是激发东部沿海地区原有的区位优势和经济发展潜能；而针对西部开发制定的包括财税政策在内的扶持政策，主要是弥补市场调节的缺陷和市场机制的不足①，具有"逆市场"调节的特点。也就是说，需要通过财税政策的支持，增强西部地区的区域竞争力和产业竞争力，改善当地的投资环境，构造"政策洼地"，以吸引社会资本对西部地区的持续性投入。这就需要促进西部开发的财税政策，具有较之当初东部地区开发开放，力度更大且更持久的支持水平与持续时间。

---

① 上海财经大学区域经济研究中心.2008中国区域经济发展报告：西部大开发区域政策效应评估 [M]. 上海：上海财经大学出版社，2008：17.

同时，按照区域经济学理论，由于西部地区幅员过于辽阔，与东部沿海地区的发展梯度相差较大，加之西部地区内部的子区域之间，也同样差距悬殊，这就使得区域经济政策面太宽，政策缺乏聚焦。体现在财税支持政策上，尤其是增加居民收入的财政转移支付资金，难免给人"杯水车薪"之感，从而难以最终形成推动西部经济持久发展和消费水平大幅提升的"增长极"。

3. 财税政策手段仅止于税收优惠和财政转移支付投入，支持工具过于单一，且转移支付资金的区域配置以及公共预算资源的安排，均缺乏相应的透明度，影响了社会投资者稳定预期的形成

通观促进西部开发的财税政策，在税收优惠政策的早期阶段，基本上延续了东部沿海开放时期的直接性税收优惠政策，缺乏对于投资抵免、加速折旧等间接性税收优惠的运用；在财政转移支付政策上，则呈现为一般性转移支付力度与各类名目繁多的专项转移支付并存的格局。

在转移支付资金管理问题上，各类资金在中央与地方政府间纵横交错的流转过程，缺乏一种有序的运行轨迹与道路规则。每年中央财政对地方的资金转移，其测算依据与最终结果，不仅普通公众难于了解，即便是地方政府之间对彼此的资金配给状况也不甚了了，具有一定程度的"暗箱操作"色彩。①

5.2.3　促进西部开发财税政策的路径选择

1. 改进西部开发资金的财政预算管理方式，打造阳光财政体系，探索实行西部开发专项预算单列

如果用一句话来概括当前中国财政预算改革最为动人心弦的成果，那就是，我们找到了一条推进财政预算科学化、规范化和法治化管理的新路。这条新路上最为醒目的路标就是——阳光财政。就现实而言，西部地区由于受到传统治理模式的惯性影响以及能力建设等多方因素制约，在财政管理公开透明等阳光财政建设方面，仍有待于进一步提升。例如，根据《2015 中国财政透明度报告》评估结果显示，在中国省级财政透明度排行榜中，分值排名最低的九个省份中（第四组和第五组），西部地区就占有六个；最后两

---

① 马蔡琛. 从"自由裁量"到"阳光财政"：中国转移支付制度的法治化进程［J］. 中国审计，2005（20）.

名（第五组）均为西部地区。① 因此，构建西部开发资金管理的阳光财政体系，不仅关系到财政资金科学化管理，提升西部地区公共治理水平的显性化政策效果，还可以通过阳光财政举措的实施，构建反腐倡廉的财政制度基础，完善西部地区整体投资环境。

在具体操作层面，可以借鉴日本开发北海道地区的做法，探索西部开发预算单列。日本对北海道区域开发财政预算进行统管，单独列支，从1950年到2003年末，北海道开发局累计从中央财政得到的开发事业费预算为24.97兆日元，占国家财政预算的比重平均每年都在10%左右。② 当前包括西部开发在内的欠发达地区发展战略调整，往往通过设立直接隶属于国务院的相应开发办公室的方式，以协调议事机制发挥相应的统筹规划功能，但这些开发办并非一个独立的政府部门，在现行部门预算体系下，难以生成独立的西部开发专项预算。这种预算管理技术上的障碍，难免导致西部开发资金分散于各地区、各部门的预算之中，难以形成合力，资金的运用效果也难以进行科学的综合性评价。

因此，可以沿用我国既往复式预算体系中"其他预算"的规定，以"其他预算"或"附属预算"的形式，实行西部开发资金预算单列，尝试探索编制跨越部门藩篱的西部开发专项预算。在西部开发专项预算中，结合西部地区幅员广阔，区域内部差距显著的特点，应将西部地区的范围进一步细化，初步建议按照西北地区和西南地区的子区域划分，分别编制相应的专项开发预算。

2. 在中央财政对西部地区的专项转移支付资金管理中，尝试引入激励性配置机制，提升专项扶持资金的使用绩效

当前西部开发的主要资金支持，来自于中央财政转移支付资金，其中相当部分属于专项转移支付。这些专项资金的拨付依据、计算标准、隶属部门等，受多种因素的影响，或者不够公开，或者过于繁杂，或者存在"多龙治水"等问题。因此，针对中央财政支持西部开发的中等规模项目的专项

---

① 《2015中国财政透明度报告》对2015中国财政透明度省际差异进行了分组考察，结果是：第一组：山东、福建、山西和安徽，信息公开指数在50～60之间；第二组：黑龙江、广西、广东、海南、上海、新疆、甘肃、西藏和辽宁，信息公开指数在40～50之间；第三组：吉林、北京、河南、内蒙古、河北、浙江、天津、江西和重庆，信息公开指数在30～40之间；第四组：宁夏、四川、江苏、云南、湖南、青海和湖北，信息公开指数在20～30之间；第五组：陕西和贵州，信息公开指数在20以下。资料来源：新浪网，2015年10月31日。

② 数据来源：http://www.cddln.gov.cn/news.php? id=7。

转移支付资金，可以参考广东等地曾经探索推进的财政专项资金竞争性激励配置的方式①，在发展水平大体相当的地区之间，就具有一定横向可比性的项目，引入专项资金的竞争性激励配置，体现西部开发项目建设间的优胜劣汰，切实提升有限公共财政资源的使用绩效。

3. 结合西部地区产业结构特点，优化相关税收制度

第一，鉴于当前中国的税收政策已然基本完成了从区域性调节到引导产业发展的转型，在西部开发中需要结合西部地区的产业结构特点，优化相关税收制度，而不能一味地强调给予区域性优惠政策。由于中国 60% 以上的矿产资源分布在西部，目前除中心城市以外的西部大部分地区经济发展的基本模式是"立足资源搞开发"，这导致西部地区基本属于重型产业结构，专业化部门少，传统产业比重大。在现行税制结构中，对于资源类产品的税收调节作用较弱，这些资源性垄断行业凭借其大多属于中央国有企业的主导优势，获得了大量超额利润。但这些超额利润因分税制财政体制中对于企业隶属关系的规定，又往往转化为中央财政收入。因此，有必要进一步加大资源税等税种对资源性收益的调节力度，扩大资源税征收范围，提升其税率。这不仅可以进一步丰富西部地区的地方税结构，也有助于促使企业节约资源的使用，促进低碳经济的发展。

第二，突破西部开发税收政策延续直接性优惠政策的传统思维，适时引入加速折旧、投资抵免、再投资退税等间接性税收优惠手段，促进社会资本进一步加大对西部地区的再投资和设备更新。当然，这些间接性税收优惠政策，在税收管理上具有较强的技术性，也需要切实提升西部地区税收征管部门的业务能力和治理水平，以避免不必要的税收流失。

第三，提升包括财税政策在内的西部开发相关政策的法律位阶，稳定社会投资者的政策预期。同时，在系统分析西部地区税制结构的基础上，转变以往税收优惠重点放在地方留成收入而导致"中央请客、地方买单"的现象，尝试在增值税等共享税或消费税等中央专属收入上，或者给予新的优惠政策，

---

① 2008 年，广东省财政打破常规的资金分配方法，在六个欠发达地市参与的广东省 15 亿产业转移扶持资金中，首次引入招投标方式。通过对众多备选项目的遴选比较和科学评判，优选出使用效益最高的项目，克服了以往对项目进行"一对一"单向式审批的弊端。这在我国省级财政资金分配中尚属首次，这也是公共财政制度建设和政府治理结构转型的重大试验。资料来源：广东产业转移六市竞标 15 亿财政资金 [OL]. http://www.gd.gov.cn/gdgk/gdyw/200807/t20080730_60504.htm。

或者调整中央与西部地区的分成比例。这种税收划分方式的思维转变，将会突破目前中央财政集中收入再通过转移支付下拨给西部的传统模式，既可以进一步体现西部地区丰富的自然资源，对于本地经济社会发展所具有的财政价值，也有助于克服当前将西部开发问题"扶贫化"的惯性思维，从长效机制的建立上，促进西部地区经济发展和社会稳定。

4. 探索实行国内税收饶让原则，确保区域税收优惠政策的真正落实①

税收饶让原本是指国际税收实践中，协调发达国家与发展中国家税收关系的重要原则。但当一国国内不同经济区域之间，也存在着较为明显的税收差异问题时，"国内税收饶让"原则也同样需要引起足够的重视。

所谓"国内税收饶让"原则，是指在一国国内存在低税地区和高税地区的情况下，由于低税地区的税收优惠政策是税务当局统一制定的，对于从低税地区分回高税地区的利润，就不应再实行税率差额补税（在此主要就企业所得税而言）。②为加快西部开发战略的实施，有必要实行国内税收饶让原则。对于经济发达地区的企业，从中西部地区分回的税后利润不再补税，从而使西部开发战略的税收优惠政策，进一步落到实处。

---

① 马蔡琛. 促进中部崛起协调区域发展的财税政策 [J]. 税务研究, 2008 (5).

② 黄凤羽. 浅谈免除经济性重复征税问题 [J]. 上海会计, 2002 (1).

第 6 章　新兴经济业态的税收政策

6.1　中国企业的税务风险：基于宏观视角的考察[①]

近年来，随着我国经济的市场化进程不断深化，税务风险日益成为困扰企业长久性制度安排的重要问题。国内外学者也就此展开了一系列研究，其侧重点主要集中于税务风险的影响因素、风险识别手段与策划方案等方面。例如，李淑萍、孙莉（2005）对税务风险影响因素的研究；桂华林等（2000）从税收政策对企业资本流动影响的考察；黄凤羽（2003）揭示的税务筹划中有关"风险"的表现形式，以及"风险"对税收筹划效果的影响；王志强（2004）借鉴市场经济国家"税差学派"的研究思路，对税收影响我国上市公司资本结构和股利政策的研究；王震寰（2006）通过对流转税和所得税导致税务风险的案例分析，探讨了中小企业的税务风险等。

在发达市场经济国家，由于其宏观治理结构与调控手段日臻成熟，宏观税务风险的表现并不明显，因此在税务风险问题上，当前更加侧重于微观操作层面上的考察。例如，比斯利、马克（Beasley & Mark）等人（2006）在《税务顾问》（*Tax Adviser*）上发表的《利用头脑风暴法识别和管理税务风险》（*Brainstorming to Identify and Manage Tax Risks*）一文中，通过大量的实证研究，论述了企业如何有效地利用"头脑风暴法"管理

---

① 马蔡琛. 中国企业的宏观税务风险——基于公共治理结构的考察［J］. 财贸经济，2007
（12）.

涉税风险①；贝格利和康纳（Begley & Conor，2006）在发表于《爱尔兰会计》（*Accountancy Ireland*）的《未来全球税收风险的加大》（Dawn of a New Era Tax Risks Heighten Across the Globe）一文中，提出了税务风险管理的操作技巧②；克雷斯特、塞德（Crest & Sed，2005）在《国际税务评论》（International Tax Review）上发表的《英国税收风险大幅下降》（Tax-risk Tolerance Declines Sharply in the UK），揭示了在英国56%的税务主管认为，税务风险管理在加大企业税务执行成本的同时，并未改善其经营状况③；莱布勒、马克（Leibler & Mark）于2004年在《企业资源白皮书》（*Business Resources White Papers*）上发表的《高风险业务》（Risky Business）中，质疑了由澳大利亚税务委员会向公司经理人员提出的税务风险管理建议。

其实，就中国社会转型期的现实而言，由于公共治理结构仍有待进一步完善，而导致的宏观税务风险问题，似乎更加值得重视。普华永道公司发布的一项名为"亚太区的税务管理及规划"的调查指出，中国复杂的税收法律给企业税务工作带来很大挑战，经济快速增长的地区总会带来较大的宏观税务风险。④ 在中国企业面临的诸多风险因素中，宏观税务风险构成了一个重要的风险源。

6.1.1　公共治理视野中企业税务风险的主要表现

1. 财税政策转型的拐点突兀性风险

宏观财税政策对于包括涉税风险管理在内的企业经营活动，具有根本导向性的影响。而一个相对娴熟的宏观经济管理体系，往往需要具有较为平滑的运行与转换轨迹，以充分体现驾驭经济运行的平顺性，在冷暖转化的"拐点"上，应该尽可能体现温和演进的色彩。然而，无论是始于1993年的宏观调控，还是1998年的积极财政政策，2004年转向的中性（稳健）财

---

① Beasley, Mark S., Jenkins, J. Gregory, Sawyers, Roby B. (2006). "Brainstorming to Identify and Manage Tax Risks", *Tax Adviser*.

② Begley, Conor (2006). "Dawn of a New Era Tax Risks Heighten Across the Globe", *Accountancy Ireland*.

③ Crest, Sed (2005). "Tax-risk Tolerance Declines Sharply in the UK", *Tax Review*.

④ 陈光. 普华永道调查显示企业转让定价税务风险最高［N］. 新京报，2006 – 5 – 25.

政政策，乃至 2008 年为应对金融危机而重启的积极财政政策，在冷暖转换的信号显示机制上，都显得有些突兀。甚至在个别时候，竟以回答记者提问的非正规方式，彰显财政政策转型的"信号标志"。[①] 这种状况自然难免导致作为微观经济主体的企业，对较长时期内财政经济政策的走向及其调整，感到有些茫然，自然也难以期待其涉税事务安排能够具有较多的理性化与长期性色彩。

此外，财税政策转型信号显示机制中使用的种种"新名词"，也容易诱使企业对于政策导向的含义，产生种种猜测乃至误解。无论是"积极"的财政政策，抑或"稳健"的财政政策，大多属于具有中国特色的术语创造，而不是通常经济学中的标准界定。因此，在财税政策出台的初期，对于政策含义的理解，理论界与实务部门往往需要花费相当的时间和精力加以诠释，自然也难免存在着种种理解上的争议与分歧。这导致了我国的宏观财政政策，在通常的时滞因素（认识时滞、决策时滞、执行时滞）之外，又增加了一个"理解与解释时滞"。[②] 试想在财税政策取向的具体含义上，即使是政策制定者或参谋智囊机构也未能妥为参通解透，还具有某些"摸着石头过河"的色彩；也就难以期待着作为"政策受动者"的企业，能够形成一个相对稳定的财税政策预期了。

2. 曾经的大规模预算超收，造成企业对宏观税负水平的预期紊乱

我国市场经济建设的起步时间不长，无论是政府部门，还是民间企业，对于宏观税负总体规模的政府收入总额都较为关注。因此，一个明确且具有法律约束力的宏观税负水平，大体构成了促进企业理财行为长期化的基本前提。然而，针对 21 世纪第一个十年前半段的数据分析显示，我国连续多年预算执行情况的实际财政收入结果，均大幅度超过立法机构批准的年度预算法案的收入规模（如表 6-1 所示）。从增长幅度的比较来看，最少的年份也是年初预算增幅的 1.75 倍，最高的年份达到 3 倍。远远超出预测误差、加强税收征管、经济形势变化以及防止地方层层指标加

---

① 2004 年 5 月 27 日，时任财政部长的金人庆同志在上海全球扶贫大会闭幕式上提到了"中性财政政策"这一说法，成为世界财经新闻的热点。资料来源：http://www.people.com.cn/GB/shizheng/1027/3047597.html。

② 2004 年 12 月，中央经济工作会议又再次明确：要实行稳健的财政政策和货币政策。时隔仅半年多，财政政策又从"中性"变脸为"稳健"，也由此导致了理论界和实务部门对于"中性"抑或"稳健"的财政政策二者之间关系的大量无谓争论。

码而适度低估等因素，所许可的正常变动区间。在某种程度上，这种状况造成了企业对于政府税收总体规模的预期混乱，影响了其永续经营与投资预期的形成。

表 6 – 1 　　　　　　2000 ～ 2006 年度预算增幅与实际增幅的比较 　　　单位:%

年份	预算增幅（1）	实际增幅（2）	实际增幅比预算增幅算（2）/（1）
2000	8.4	16.9	201.20
2001	10.3	22.2	215.53
2002	7.7	15.4	200.00
2003	8.4	14.7	175.00
2004	7	21.4	305.71
2005	11	19.8	180.00
2006	12	22.4	186.67

　　资料来源：2000～2007 年度，历次政府预算报告。

按照经济学的一般原理，公共部门使用资源的效率通常会低于市场微观个体，公共部门配置的资源超越适度规模，可能诱发社会资源的非效率使用。由于预算收入安排的预测数据偏低，致使财政收支缺口增大，进而导致了更多的国债发行，促使较大份额的社会资源向公共部门转移。同时，大量的预算超收收入，尽管需要报经本级人大备案，但其具体运用的自由裁量权却往往由政府部门斟酌使用，容易脱离立法监督机构的审查和监督，加重公共财政行为的非规范化程度。

以 2006 年为例，统计显示，2006 年 1～11 月全国财政收入累计完成 36084 亿元，同比增长 24.7%[1]，已然超额完成了全年收入预算 35423.38 亿元的任务，且远远高于年初人代会审议批准的预算收入增幅 12% 的规定[2]，其超收数额已然达到 660.62 亿元。然而，在大量超收已于预算年度终了前得以确认的情况下，仍旧于当年 12 月 14 日发行了 260 亿元记账式国债。[3]

---

　　① 数据来源：《以科学发展观统领财政工作 大力促进构建社会主义和谐社会》——2006 年 12 月 19 日金人庆部长在全国财政工作会议上的讲话。

　　② 数据来源：中华人民共和国财政部：《关于 2005 年中央和地方预算执行情况与 2006 年中央和地方预算草案的报告》。

　　③ 数据来源：财政部发行 2006 年记账式（二十一期）国债 [OL]. http://www.mof.gov.cn/news。

国债与其他财政收入形式之间具有隐含的替代关系，政府举债与否或举债多寡，更多地取决于其他形式的财政收入状况。[①] 在年度预算收入计划已经完成后继续发行的这 260 亿元国债，在某种程度上违背了国债发行的初衷，也承担了不必要的发行手续费和利息支出，无疑具有某些利用预算超收，人为扩大预算规模的色彩。政府公共经济行为的非规范化运行，进一步导致了作为政策受动者的企业对于宏观税负总水平的预期紊乱。

3. 税制改革蕴含的税务风险

任何处于变革世界中的社会经济制度，对于微观经济个体而言，都孕育着某种潜在的风险，尤其是渐进演化的制度变革，这一特点更加显著。税收制度作为公共管理体系的重要组成部分，无疑是一个动态调整的过程。无论是作为既定税收制度局部调整的税制改良（tax improvement），还是作为税收制度重新构造的税制改革（tax reform），都与微观经济个体的命运存在着密切的联系。税制变迁之于中国企业所蕴含的税务风险，主要体现在以下几个方面：

第一，税制调整的时滞性风险。在税制改革的总体方向明确后，对于微观经济个体而言，税制调整的时机，是必须加以斟酌考虑的因素。但中国渐进式改革一度呈现的特点就是，往往在具体制度变革方案出台的时点上，反复权衡取舍，以至有些拖延犹豫。正面来看，这体现了必要的谨慎；但也容易由此扭曲企业的经营决策。例如，增值税由生产型向消费型的转变，理论上的论证早已结束，但仅仅是当初东北地区的试点方案，具体实施时间就一拖再拖，引起了媒体连续很长时间的炒作。"达摩克利斯之剑"的一度悬而未决，构成了税制转型期间重要的宏观税务风险。类似的案例还包括消费税的扩围、燃油税的出台、房产税的改革等等。

第二，税收中性与税收调控的冲突性风险。一国的税收政策与税制选型，是更多地倾向于税收中性，还是倾向于税收调控，取决于特定时期的社会经济环境。回顾 20 世纪以来的几次国际性税制改革，清晰地显示了现代各国税制具有向中性化方向演进的趋势。[②] 在我国新一轮税制改革中，在整体税制的政策导向上，也应适当突出税收中性化的色彩，这似乎

---

① 高培勇．国债运行机制研究［M］．北京：商务印书馆，1995：235．
② 文英．税收调控理论与实践［M］．成都：西南财经大学出版社，1998．

已然是基本价值判断上的重要共识。① 但是，在特定时期的具体问题上，税收在现时的中国，又是作为重要的宏观经济调控杠杆使用的。例如，自2004年底以来，为了抑制过高的房地产价格，在税收政策上，先后启动了营业税、企业所得税、个人所得税、土地增值税等税收调控工具，虽然未能达到预期的效果，但确实对于房地产企业的运营，构成了政策性冲击。这种税收中性化的时代趋势与税收调控的适时性选择之间的持久冲突，构成了我国社会转型期企业税务风险的重要特色。

第三，压力型税收考核机制导致的税务当局自由裁量风险。尽管近年来税收计划不再是考核各级税务部门工作的唯一指标了，税务系统绩效评价体系的构建，也开始提上议事日程。但是，我国税收征管体制的总体格局，仍旧具有较强的完成收入计划的压力型考核色彩。各级税务部门为了完成（特别是超额完成）税收计划（尽管是指导性计划），往往需要运用较多的自由裁量权②，根据某一时点上具体税收任务的完成情况，确定税收征管的"松紧度"。这种自由裁量权的运用，尽管是依法治税原则赋予税务征管当局的合法性权力，但因税务当局掌控着重要的裁量尺度，也同样影响着纳税人的生产经营活动，从而构成了企业涉税管理中的税务当局自由裁量风险。

6.1.2 化解企业宏观税务风险的路径选择

第一，在基本道路规则层面上推进中国现代财政制度建设的阳光化进程，体现政府收入汲取机制的"程序公开、过程透明"原则，从而确立中国税收治理环境的长期制度演化线索。中外社会制度的变迁演进中，有一个共同的规律，那就是，就一个处于社会经济转型期的经济体的长远发展而言，建立社会经济生活运行秩序的"程序正义"与"过程公开"的道路规则，远较追求经济资源短期配置的"实体绩效"重要得多。就中国宏观税收治理环境的阳光化建设而言，需要将构建财政收入汲取机制的

---

① 马蔡琛. 中性财政政策下的新一轮税制改革 [J]. 税务研究，2004（11）.
② 这里所说的"自由裁量权"（discretionary power）主要借用了法学理论中对行政机构自由裁量权的界定，是指法律赋予行政机关根据具体情况进行判断，决定其行为的权力。"自由裁量权"的设定目的，在于使行政机关根据具体情况和具体对象，做出一个正确合理的选择和判断，从而更加准确地贯彻相关法律法规的政策意图。

道路规则，纳入未来路径选择的视野之中。也就是说，财政税收政策的调整和具体税制改革举措的出台，需要进一步纳入立法监督机构和社会公众的监督之下，按照"涉及所有人的问题，应该由所有人来批准"的现代财政治理理念，推进税收制度安排的阳光化进程。循着"政府公共收入汲取机制的规范化－政府公共经济行为阳光化－重塑政府治理结构，建设诚信政府，促进经济发展"，这样的一条改革路径，我们也似乎看到了未来中国"阳光财政"的大致轮廓。① 体现当代政府治理模式的"阳光财政"建设，自然也为包括税收治理环境在内的整体社会转型期制度构建，确立了基本的道路规则。

第二，尝试探索构建年度预算总额控制体系，稳定企业对于宏观税负总水平的预期。所谓年度总额预算控制，也称为"财政收支总额控制体系"，是 20 世纪 80 年代以来，市场经济国家为约束政府财政收支和控制赤字规模而实行的公共部门管理改革的重要举措。就财政收入而言，主要是指预先并且独立于年度预算决策之外，来确定财政收入规模。该总额一经确定，则原则上不得突破。我国曾经连续多年出现的大幅度预算超收及其诱发的诸多问题，主要源于未能建立起较为完善的财政总额控制体系。

当我们考察成熟市场经济国家财政收入汲取机制的时候，可以发现类似于我国曾经出现的连续多年大幅度预算超收现象，是相对少见的。原因就在于，其财政收支总额控制体系是相当完善的。例如，瑞典在每年预算制定工作开始之前，就先由政府和议会决定预算收入总额。② 因此，从稳定企业对于宏观税负总水平的理性预期出发，亟须建立并完善全口径的财政收支总额控制体系。

第三，推进相对全面的结构性税制改革，逐步实现总体税负水平的适度降低③和税制结构的适当简化。在经历了连续多年的税收收入持续高速增长之后，我国的宏观税负水平，即使不包括更加广义上的非税收入、预算外收入和制度外收入等政府汲取收入，在不包括社会保障缴款的最窄口径上，也

① 马蔡琛. 阳光财政与政府诚信：重塑中国政府治理结构的重要线索［J］. 广东技术师范学院学报，2004（3）.
② ［美］艾伦·希克. 当代公共支出管理［M］. 北京：经济管理出版社，2000：53.
③ 严格说来，"结构性减税"的提法，在修辞学上是存在一定语法和逻辑困惑的。"减税"和"增税"主要体现为一维向量，从常识而言，是无所谓"结构性"的。

已接近甚至超过了 20 世纪 90 年代世界性减税浪潮之前①，某些发展中国家的税负水平。②

在各国税收制度的竞争力比较中，我国的税制结构自然也需要做出因应性的调整。从稳定企业长期制度预期，降低税务管理风险，提供相对宽松的经营管理环境出发，也有必要推进相对全面的以税负适度降低和税制相对简化为特征的全面性税制改革。低税政策作为一种长期性的制度安排，不同于相机抉择性质的减税政策，而是在社会经济转型的整个过渡时期，给予微观经济体一个相对宽松、低负担的外部税收环境。

道格拉斯·诺斯在 20 世纪 80 年代分析经济史的变迁中曾经指出，国家（state）具有双重目标，一方面通过向不同的权力集团提供不同的产权，获取租金的最大化，另一方面，国家还试图降低交易费用以推动社会总产出的最大化，从而获取国家税收的增加，但这两个目标经常是冲突的。当我们回顾中国数千年来社会经济发展演进历程的时候，也同样有一个屡屡被证明的规律：任何一个盛世时代的到来，在财政收入汲取机制上，都体现了"轻徭薄赋""休养生息"的政府理财观念；而任何一个公共治理结构出现问题的时候，则或多或少地与政府公共部门占用的社会资源份额过多有关。因此，从构建现代国家治理体系的角度出发，也需要通过税制结构上的调整，实现税负水平在合理范围的适度降低。从更宽泛的视野来看，这种税收管理理念的根本性转变，对于减少社会转型期的政府管制与对市场微观主体的过度干预，都将具有深远的影响。

6.2　私募股权基金的税收政策③

进入 21 世纪以来，除因金融危机而引致的短暂波动外，全球私募股权

---

① 20 世纪 90 年代中后期以来，随着新经济和全球化的进展，以减税为主的税制改革在世界各国深入展开，其宏观税负水平，较本节分析的 90 年代初期的平均水平，在理论上，又有一定幅度的下降。

② 1990 年世界的平均税收比率（税收收入占 GDP 的比重）是 29.68%，工业化国家平均为40.7%，发展中国家平均为 18.65%（1989 年为 17.60%）。资料来源：国际货币基金组织：《政府财政统计年鉴》；转引自：孙玉栋. 中国税收负担问题研究 [M]. 北京：中国人民大学出版社，2006：97-98.

③ 马蔡琛，万鑫. 我国私募股权基金税收政策的取向 [J]. 税务研究，2015（10）.

基金（private equity fund，以下简称私募基金）的行业规模不断扩大。在中国，2014 年私募投资案例达到了 943 起，投资金额为 537.57 亿美元①；2015 年 1 月末至 5 月末，已完成登记的私募基金管理机构的管理规模，从 2.11 万亿元增长到 2.69 万亿元。② 但其行业规模与中国经济发展仍不匹配，从国际经验来看，这与税收政策不无关系。③ 相关研究显示，合伙制私募基金企业家的个人边际税率如果增加 5%，将会减少 10.4% 的新增投资者数量和 9.9% 的投资量④；与之对应，增加个人净税后份额（net - of - tax share = 1 - 边际税率）10%，则会增加私募基金行业收入 8.4%⑤。当前，我国经济的下行压力较大，私募股权基金丰富了市场融资方式，降低了融资成本，对于促进经济可持续发展具有重要作用。⑥ 因此，本节结合国际经验，对于私募基金税收政策的系统性研究，具有较强的理论价值和现实意义。

6.2.1　相关文献述评

在国际研究层面，私募基金税收政策的研究路径，体现为从宏观转向微观研究。宏观研究开始的契机是 1978 年美国推出的减税法案，将资本利得税从 49% 降到 28%；1981 年进一步将个人长期资本利得税从 24% 降低至 20%。这一减税政策促进了私募基金的快速发展，从而引起了诸多研究者的关注。

宏观研究主要集中在两方面：第一，资本利得税对私募基金企业的影响。主流观点认为，资本利得税率与私募基金的行业规模呈负相关，降低

① 清科研究中心. 中国股权投资市场 2014 年全年回顾［EB/OL］. (2015 - 2 - 11)［2015 - 6 - 21］. http：//www. pedata. cn/resource/listFree.

② 证监会. 私募投资基金登记备案总体情况［EB/OL］. (2015 - 6 - 8)［2015 - 6 - 21］. http：//www. csrc. gov. cn/pub/newsite/smjjjgb/.

③ 闻军，王乐. 股权基金税收政策亟须优化完善［N］. 人民日报，2014 - 12 - 08 (13).

④ Slemrod J B. Does Atlas Shrug? The Economic Consequences of Taxing the Rich［M］. Harvard University Press，2002.

⑤ Carroll R，Holtz-Eakin D，Rider M，etc. Personal Income Taxes and the Growth of Small Firms ［J］. Center for Policy Research，2000：121 - 147.

⑥ Shapiro R J. The Role of the Private equity Sector Promoting economic Recovery［EB/OL］. http：//www. pegcc. org/wordpress/wp-content/uploads/pec_economic-recovery_032309a. pdf，2009 - 3.

资本利得税率会促进私募基金发展（Warne，1989）[①]。但也有观点认为，促使私募基金大幅增长的原因，并非资本利得税率的降低，而是相关法律的修改（Poterba，1989[②]；Gompers 等，1997[③]）或创业活动增加（Poterba，1987[④]）。第二，关于个人所得税对私募基金的影响，其研究结论存在一定分歧。有观点认为，个人所得税率的降低，不能促进行业的发展（Anand，1994[⑤]）；有些则认为个人所得税率对私募基金行业的发展有重大作用（Gorden，1998[⑥]；Fuest，etc.，2003[⑦]）；甚至有观点主张，个人所得税率的降低，会抑制私募基金行业的发展（Cullen etc.，2002[⑧]）。

微观研究则开始于 2000 年之后，重点考察了税收对于企业家精神、福利水平、投资活动水平等微观个体的影响（Keuschnigg，etc，2000[⑨]，2002[⑩]，2004[⑪]）以及其他税收（如间接税）对企业的影响（Bozkayay，etc，2009[⑫]）。研究结论表明，较低的税率（无论直接税还是间接税）对企业各利益主体均会产生激励作用。总之，国外研究主要集中于直接税对私募基金的影响，对间接税的研究相对较少，但其量化分析方法对后续研究提供了有

① Warne F K. Essay on the Venture Capital Market [D]. Yale University, 1989.

② Poterba J M. Venture capital and capital gains taxation [J]. Tax Policy and the Economy , 1989, 03: 47 - 67.

③ Gompers P A, Lerner J. Risk and Reward in Private Equity Investments: The Challenge of Performance Assessment. [J]. Journal of Private Equity , 1997, 01: 5 - 12.

④ Poterba J M. How Burdensome Are Capital Gains Taxes? Evidence from the United States [J]. Journal of Public Economics, 1987, 33: 157 - 172.

⑤ Anand B N. Survivors, Angels, and Taxes: Essays in The Economics of Entrepreneurship [D]. Princeton University, 1994.

⑥ Gordon R. Can High Personal Tax Rates Encourage Entrepreneurial Activity? [J]. International Monetary Fund Staff Papers, 1998, 45 (1): 2.

⑦ Fuest C, Huber B, Nielsen. Why Is the Corporate Tax Rate Lower than the Personal Tax Rate? [J]. Journal of Public economics, 2003, 87: 157 -174.

⑧ Cullen J B, Gordon R H. Taxes and Entrepreneurial Activity: Theory and Evidence for the U. S. [R]. National Bureau of Economic Research Working Paper9015, 2002.

⑨ Keuschnigg C, Nielsen S B. Tax Policy, Venture Capital and Entrepreneurship [R]. National Bureau of Economic Research Working Paper 7976, 2000.

⑩ Keuschnigg C, Nielsen S B. Tax Policy, Venture Capital, and Entrepreneurship [J]. Journal of Public Economics, 2002, 87: 175 - 203.

⑪ Keuschnigg C, Nielsen S B. . Taxation and Venture Capital Backed Entrepreneurship [J]. International Tax and Public Finance, 2004, 11 (2): 369 - 390.

⑫ Bozkayay A, Kerrz W R. Labor Regulations and European Private Equity [R]. Harvard University School working paper, 2009.

益的启示。

在中国，因私募基金出现较晚，相关研究的启动也略显滞后。国内研究大体可以分为两个阶段：第一阶段的研究主要集中于国际经验的总体性考察以及对中国的启示（席卫群，2001[①]；黄凤羽，2004；中国部委联合赴欧创业投资考察团，2012[②]）。第二阶段的标志是《合伙企业法》实施、有限合伙制私募企业出现，这一阶段重点关注了有限合伙制的税收优势、缺陷及改进建议等（张学博，2008[③]；张学勇，2010[④]；李静，2011[⑤]；邢燕，2012[⑥]）。

6.2.2　私募股权基金税收激励的国际经验

从私募基金行业的发展来看，每一次全球性的税制改革浪潮，都会对其产生重大影响。总体而言，各国私募基金税收政策的制定，大多遵循以下三项原则：

1. 避免经济性重复课税

作为古典所得税制的历史遗产，很多国家的所得税制设计都会产生经济性双重课税。也就是根据"法人实体说"理论，将公司视为有独立纳税能力的实体，对其课征公司所得税后，再对分配给股东的盈余征收个人所得税，认为两种所得税之间并无关联。[⑦] 这使得公司股东面临较高的税负，抑制了其投资积极性。如前所述，目前各国针对双重课税的问题，大致有三种解决方案：

一是，免除股东的个人股息税收。这类政策规定公司制企业只需就利润

---

① 席卫群. 部分国家（地区）促进风险投资发展的财税政策及借鉴 [J]. 涉外税务，2001，9：39－43.

② 中国部委联合赴欧创业投资考察团. 欧洲创业投资发展及启示 [J]. 证券市场导报，2012，01：4－9＋14.

③ 张学博. 私募股权基金税法问题研究 [J]. 郑州航空工业管理学院学报，2008，26：68－73.

④ 张学勇. 私募股权投资税收政策探讨 [J]. 税务研究，2010，06：58－60.

⑤ 李静. 关于我国私募股权基金税收政策的探讨 [J]. 税务研究，2011，04：84－86.

⑥ 邢燕. 例谈公司制和有限合伙制创投企业的所得税差异 [J]. 财经界，2012，01：234－237.

⑦ 马蔡琛. 免除经济性重复征税的方式及对我国的借鉴 [J]. 山西财经大学学报，2003，25（1）：59－62.

缴纳公司所得税即可，从根本上杜绝了双重课税的可能性。譬如，新加坡公司制企业只需缴纳 17% 的公司所得税，其后公司分配利润等无须缴纳任何税收，实行的就是这种单重税制。①

二是，设立有限合伙制等纳税"透明体"。美国、英国、加拿大等国均设定了有限合伙制的企业组织形式。有限合伙制企业并非纳税实体，而是根据"流经原则"（pass through principle）确定纳税义务人，各项收入和费用"流经"合伙企业，依合同约定最终流入合伙人账户中。② 也就是说，基金公司就像一根"导管"，将利润和费用传输给合伙人，各合伙人构成最终纳税主体。

更有一些国家专门制定了特殊的公司形式（如法国、巴西等国）。法国早在 1807 年就确立了合伙制，但与公司制一样要缴纳公司所得税，故法国的私募基金公司均采用公司制形式，而甚少采用合伙制。直到 1993 年，法国通过立法设立了投资者共有创业基金（FCPR）的投资方式，规定无须在基金环节纳税，只需在投资环节纳税，因此迅速成为法国私募基金的主流形式。③ 法国个人投资者只要符合相关条件（持有股份时间至少 5 年，以 5 年期基金中获得之收益全部再投资，持有股份占管理该基金的投资公司股权的比例不超过 25%），就可以免缴投资收益的个人所得税以及资本利得税。该优惠政策涵盖的基金包括投资者共有创业基金、创新基金（FCPI）、地方型基金（FIP）等。④ 2003 年以来，巴西为促进私募投资业的发展，推出了特殊的地方型基金制度，并实施了与之相应的税收激励政策。地方型基金与有限合伙制相似，也无须缴纳公司所得税。⑤

三是，符合条件的公司制企业被视为非法人纳税实体。制定这类政策的国家通常确定某些条件，符合规定的公司制企业可以选择成为非法人实体，从而不必缴纳公司所得税。例如，英国考虑到公募基金较之私募基金更具优

① Enter Singapore Business. Tax Rates and Exemptions for Companies［EB/OL］.（2010 - 12 - 31）［2015 - 6 - 21］http：//www. entersingaporebusiness. info/taxation-companies. php.

② 周炜.“黑石法案”与私募基金征税之困惑［J］. 涉外税务，2008，06：19 - 23.

③ 中国部委联合赴欧创业投资考察团. 欧洲创业投资发展及启示［J］. 证券市场导报，2012，01：4 - 9 + 14.

④ Practical law. Private equity in France：market and regulatory overview［EB/OL］.（2014 - 4 - 1）［2015 - 6 - 21］. http：//uk. practicallaw. com/9 - 383 - 7931？ source = relatedcontent#a118022.

⑤ Guy S. Private Equity in Brazil Industry Overview and Regulatory Environment［J］. Michigan Journal of Private Equity & Venture Capital Law，2012，2（155）：163 - 170.

势，对于通过公开市场进行公募的创业投资信托（VCTs）基金公司，给予不视为纳税实体的优惠，使其免于基金和投资者两个环节的重复征税问题。①又如《韩国商务法》规定，Hapja Hoesa 形态的公司尽管是法人纳税实体②，但与有限合伙制具有诸多共同点，可选择采用"流经"原则核算税收，各合伙人分别纳税，企业本身不缴纳公司所得税③。

2. 以直接税作为主要激励方式

以美国为代表的发达经济体往往更为偏好直接税的激励方式，主要包括降低或免征资本利得税、降低或抵扣个人所得税等。比如，在 1978 年的时候，美国私募基金曾适用的最高边际税率高达 49%，之后为克服"滞胀"，采纳了供给学派的税收理论，1980～1986 年间将资本利得税率降低至 20%。2003 年《就业与经济增长税收减免协调法案》又进一步将长期资本利得税率从 20% 下降到 15%，红利税率从 38.6% 下降到与长期资本收益税率相同的 15%。④

欧美诸国之所以采用直接税作为主要激励方式，系因其间接税地位薄弱难以达到激励目的，而直接税体系则更为健全，但这种方式也是利弊参半的。其利在于直接税作为对人税，相关税收政策可以直接激励投资主体；其弊在于容易引致税收不公平，过低的长期资本利得税很容易成为投资者的避税工具。私募基金的投资者大多属于富裕阶层，却享受 15% 的低税率。有鉴于此，美国国会于 2012 年推出了巴菲特规则（the Buffett rule），规定收入超百万美元的个人最低缴纳税率不得低于 30%。⑤

3. 结合国情明晰税收激励目标

大多数国家都结合国情制定了税收激励政策，并由相应的计划、法案来付诸实施，其主要激励目标大致分以下三种：

---

① 国家发改委课题组. 英国创业资本投资早期创新企业相关政策及启示［J］. 经济参考研究，2013，63：36－50.

② 韩国的主要商业组织类型包括私营有限责任公司（chusik hoesa）、股份有限公司（yuhan hoesa）、类似于无限合伙（hapmyung hoesa）、类似于有限合伙（hapja hoesa）。

③ Bo Yong Ahn，Sung-soo Choi. Fund growth in Korea［J］. Private Equity and Venture Capital，2013，10：51－54.

④ 潘玉香. 美国创业风险投资税收政策演变及其启示［J］. 中国科技论坛，2012，07：142－147.

⑤ United States National Economic Council. The Buffett Rule：a Basic Principle of Tax Fairness［EB/OL］. （2012－4－1）［2015－6－21］，https：//www. whitehouse. gov/sites/default/files/Buffett_Rule_Report_Final. pdf.

一是，促进中小企业、高新科技企业的早期发展。欧美国家注重发展自身的创新能力，对于投资高新企业的投资者给予较多优惠。比如英国的企业投资计划（EIS）规定，个人投资者按其对企业早期投资额度的30%抵免个人所得税；如果个人投资者将其收入再投资于EIS企业，则允许递延纳税。[①] 2012年，英国推出了种子企业计划（SEIS），激励天使投资人投资于融资困难的小型、初创企业，符合条件的投资者可以减免个人所得税与资本利得税。[②] 美国的《R&D减税修正法案》激励企业对科技的投入，政府给予其取决于企业实际R&D支出的免税额度，并允许企业在此后一段时期内逐步实现其既往未能使用和尚未用完的免税R&D额度。其他诸如小型企业创新研究项目（small business innovation research program）、小型企业技术转移项目（small business technology transfer program）、高级技术项目（advanced technology program）等均为投资者投资于高风险、高科技企业，设立了相应税收优惠政策。[③]

二是，吸引投资者的长期投入资本。为了能更好地促进企业发展，多数国家鼓励投资者长期投入资本，其政策通常是设定较低的长期资本利得税率或对于长期投资者给予免税。例如，美国设定较低的长期资本利得税率来激励投资者，资本所得最高适用税率仅为20%，比短期最高资本利得税39.6%的税率低很多。又如，法国规定，持有基金不超过25%、持有期5年以上的投资者，转让基金股份获得的资本利得，免缴基础性资本利得税。再如，韩国规定私募基金公司的投资者，持有份额5年以上的，从私募基金中取得的红利和所得均予以免税，公司与个人同时适用。[④]

三是，引进国外资金，提升本国私募基金行业水平。发展中国家为努力缩小与发达国家的差距，制定了强劲的税收优惠政策来吸引海外资金，以期提升本国私募基金行业水平。譬如，印度为了吸引海外基金设立了《印

① Baygan G. Venture Capital Policy Review: United Kingdom [R]. OECD Science Technology and Industry Working Papers, 2003.

② Clark J. VC Evolved: How VC has adapted in the 15 tumultuous years since the Dotcom Boom [EB/OL]. (2014-10-1) [2015-6-21]. http://www.bvca.co.uk/ResearchPublications/Research/NewVCEvolved.aspx.

③ Bygan G. Venture Capital Policy Review: United States [R]. OECD Science Technology and Industry Working Papers, 2003.

④ Baygan G. Venture Capital Policies in Korea [R]. OECD Science Technology and Industry Working Papers, 2003.

度—毛里求斯税收协定》，海外投资者可以利用该协定，达到完全规避印度税收的目的[1]（无论是长短期资本利得税，还是红利税）[2]。又如，巴西法律规定，允许外国投资者在国外设立有限合伙制公司并回国内进行投资，这些企业实体并不必接受本国法律监管。此外，各国还制定了多样的税收优惠方式，与主要激励目标相辅相成，除了常用的降低或免征直接税方式外，还包括亏损抵扣、其他税收抵免、递延纳税等（参见表6－2）。

表6－2　　　　　　　　　典型国家的私募基金税收激励措施

	美国	英国	法国	韩国	新加坡	印度	巴西
特殊公司体制			是				是
降低资本利得税	是		是			是	是
免征资本利得税	是	是	是	是		是	是

---

① 1982年，印度政府和东南非岛国毛里求斯政府签署了双边税收协定，两国采用免税法和抵免法两种方式避免双重征税。在免税法下，某项所得只需在一个国家纳税，而在另一个国家免税。对于跨国投资的资本利得，投资者可以选择在印度或毛里求斯中的任何一国纳税。多年来两国一直遵循这一协定，没出现大的税收争端。2000年，印度税务机关发现，印度国内一些公司或个人，利用该协定中关于资本利得的条款，前往毛里求斯注册成立投资公司，取得毛里求斯的税收居民身份，然后再回到印度投资。根据两国双边税收协定，这些戴着毛里求斯面纱的投资所得，可以选择在毛里求斯纳税，而不用向印度政府纳税。而毛里求斯是著名的低税地，对资本利得基本上不征税。税务检查人员认为，这些纳税人实际上是滥用双边税收协定条款进行不合理避税。根据印度所得税法，只要是来源于印度的所得，印度政府都有权对其征税，对于资本利得，按投资期限分别按15%、20%征税。税务检查人员据此对一些公司重新核定了应纳税额。于是，征纳双方出现争议，引起印度中央直接税委员会的关注。受理此案的德里高等法院经过调查取证发现，印度国内每年都有数百家机构投资者，以毛里求斯税收居民的身份在印度进行投资，并根据印—毛双边税收协定条款避免在印度缴税，据估计，印度政府因此损失的税款高达上百亿印度卢比。其实，许多在印度投资的所谓毛里求斯公司，在毛里求斯仅有一个注册地址，没有任何经营活动，只是一个空壳公司；还有一些印度公司与毛里求斯公司搞假合资，并把合资公司总部设在毛里求斯，再通过合资公司到印度投资；另外，一些英美公司也在毛里求斯注册成立子公司分支机构，获得毛里求斯税收居民身份，再通过这一身份到印度投资。因此，在印—毛双边税收协定下，毛里求斯税收居民身份已成为一些投资者在印度获得免税的"护身符"。尽管如此，2013年10月7日，印度最高法院做出终审裁决，继续免除毛里求斯居民公司（个人）在印度投资所得的资本利得税，从而为一场涉及税务机关与纳税人、国际法与国内法、行政机关与司法机关，历时数年、争论激烈、影响颇大的税案画上了句号。这一终裁明确了印度和毛里求斯双边税收协定的相关规则，坚持了原来的免税条款，为印度继续吸引外资疏通了道路。这种"程序正义"高于"实体正义"的涉税司法审判精神，也同样是颇具启示价值的。资料来源：税收协定引发官司 印度高法刀斩乱麻［OL］. http：//www.chinaacc.com/new/253/263/2006/1/ad22927351716002890.htm。

② Blake J, Pathak A. Private Equity Fund Structuring ［J］. Student Bar Review, 2007, 19 (1): 2 - 14.

续表

	美国	英国	法国	韩国	新加坡	印度	巴西
其他税收抵扣	是	是	是	是	是	是	
亏损抵扣	是	是		是	是		是
递延纳税		是					
特别税收						是	

注：本表只列举了较典型的税收激励政策。表格中"是"代表该国实行此类型税收优惠政策，空白部分表示该国并未实施此类型税收政策。

6.2.3 优化中国私募股权基金税收政策的几点启示

1. 落实税收法定原则，规范私募基金的财税支持政策

英美等国均以相应的税收法案来制定税收政策，各州郡再以地方法规的形式进行补充。而我国有关私募基金的财税支持政策，却主要由地方政府设立，且各地之间的差异甚大。例如，普通合伙人为自然人时，对于其取得的附带收益（carried interest）的性质，目前税法并没有明确的规定，各地征收标准也不一致。如北京、天津、吉林等地，[①] 对自然人普通合伙人就其投资收益征收 20% 的个人所得税；上海[②]、深圳、重庆等地则就其投资收益按 5% ~35% 的五级超额累进税率征收。目前，针对私募基金的地方性税收优惠政策，主要为企业所得税、个人所得税的税收返还、个人所得税的减免等（见表6 -3）。因此，按照统一税法、公平税负、促进公平竞争的原则，需

---

① 天津市和吉林省均规定，自然人普通合伙人既执行合伙业务又为基金出资人的，取得的所得能划分清楚时，对其中的投资收益或股权转让收益部分，税率适用20%。但从各国实践来看，往往难以区分清楚哪一部分是劳动所得，哪一部分是资本利得。我国一般将普通合伙人管理咨询等取得收入视为劳动所得，分红收入则视为投资所得。这属于"一刀切"的划分方法，并未详加考量分红中劳动所得和其出资所得的投资收益占比。

② 2011 年5 月，上海市颁布了《关于本市股权投资企业工商登记等事项通知（修订）》（沪金融办通〔2011〕10 号）。在修订前的原通知中，对自然人合伙人作普通合伙人和有限合伙人的区分，规定对自然人普通合伙人和自然人有限合伙人分别依照《个人所得税法》"个体工商户的经营所得"（5% ~35% 的五级超额累进税率）和"利息、股息、红利所得"（20% 的税率）征税。但后者有违背财政部和国家税务总局的〔2008〕159 号文件之嫌。因159 号文件中，并未对自然人有限合伙人及自然人普通合伙人的税率做出区分。在修订后的新通知中，删除了这一规定，取而代之总括性的规定，以合伙企业形式设立的企业的生产经营所得及其他所得，按照国家有关税收规定，由合伙人作为纳税人，按照"先分后税"原则，分别缴纳所得税，从而与159 号文一致。这一新规定的有效期至2016 年2 月。

要进一步落实税收法定原则，尽快从国家层面出台相关法规，规范税收优惠政策。

表 6 – 3　　　　　　　　　　各地方私募基金税收优惠政策总览

	北京	天津	上海	深圳	重庆	浙江	吉林	河北	湖北	新疆	内蒙古
企业所得税减免					是					是	是
企业所得税返还							是	是	是	是	是
个人所得税减免	是	是	是	是	是		是	是	是	是	是
个人所得税返还		是								是	
营业税返还					是		是	是	是	是	
亏损抵扣							是				
免征契税					是						是
免征房产税						是	是		是		是
免征城镇土地使用税							是		是		是
免收水利建设专项资金							是				是

注：本表中"是"代表该地方实施此类型政策，空白表示该地方没有实施此类型政策。
资料来源：王楠、隋平：《私募股权投资基金实务详解与政策优惠》，北京大学出版社，2013。

2. 加大税收支持政策的激励力度

就全国而言，私募基金的规范性税收支持主要体现为税收抵扣政策，而地方政府制定的税收返还等非规范性政策，其合规性则颇多质疑。较之新加坡的低税率、印度为吸引海外投资设立的税收协定、韩国的免税政策，我国的税收优惠政策少、力度低，且未能形成完整统一的激励体系。

导致这种状况的原因主要有两个方面：第一，我国直接税的占比较低，主要税种为个人所得税和企业所得税。这两个税种均为地方与中央共享税。地方优惠政策主要是一定比例的税收减免，而地方分享税收部分本身较少，其激励程度自然就小。第二，缺乏资本利得税的有效激励措施。资本利得税可以通过调整税率与设置长期资本利得税率，来灵活调控私募行业发展。美国的私募基金发展就与资本利得税率息息相关，通过调整税收政策可以直接促进或抑制其行业发展。① 开设资本利得税的国家，大多将其分为短期资本利得税和长期资本利得税，从而针对不同类型的资本利得项目，制定不同的税收政策目标。例如，英国针对个人和非公司性质的合伙企业，就仅征收资本利得税，以便于对资本利得实行灵活的或特殊的政策。② 又如，印度为了吸引海外基金投入长期资金，而制定了降低长期资本利得税率的优惠政策。而我国相关应税项目只有"利息、股息、红利所得"和"财产转让所得"税目，且均为 20% 比例税率，难以体现税收的纵向公平，也较难吸引长期资本。因此，应该将资本利得税从个人所得税的税目中剥离，并对长期资本利得实行轻税政策。

3. 完善有限合伙企业的税收制度安排

我国现行税制规定，对于合伙制的投资个人获取之收益，比照《个人所得税法》所列"个体工商户的生产经营所得"税目，适用 5% ~ 35% 五级超额累进税率。关于有限合伙人（自然普通合伙人）获得的投资收益，各地标准并不一致，有的地方按"个体工商户的生产经营所得"课税，有的则按"利息、股息、红利所得"采用 20% 的税率征收。因为私募基金投资量巨大，很少能按 5% 的最低边际税率征收，多数以 35% 的高边际税率课征。这与公司制的股东因双重课税而形成的约 40% 的税负（公司所得税 + 个人所得税之股息红利所得），已然相差不大。③

同时，合伙制企业作为非法人实体，不适用《企业所得税法》，也就难以享受经营性亏损的税前弥补政策。例如，财税〔2008〕159 号文件规定："合伙企业的合伙人是法人和其他组织的，合伙人在计算其缴纳企业所得税时，不得用合伙企业的亏损抵减其盈利。"然而，合伙制企业在正常经营过程中，很可能会出现支大于收的经营性亏损，目前缺乏对合伙制私募基金的经营性亏损在以后年度税前弥补的相关规定。④ 在国际税收实践中，法国、巴西等国为避免双重课税专门制定了 FCRP 制和 FIP 制，并且给予这些制度一系列税收优惠措施，从而极大地促进了私募基金行业的发展。比如，巴西规定 FIP 制私募基金企业无须缴纳资本利得税，FIP 制私募基金公司如果投

---

① 黄凤羽. 海外风险投资税收政策之借鉴 [J]. 涉外税务, 2004 (6): 50 - 53.
② 黄凤羽. 资本利得课税刍议 [J]. 云南财贸学院学报, 1997 (5): 57 - 59.
③ 江苏省国家税务局课题组. 有限合伙制股权投资基金所得税问题研析 [J]. 税务研究, 2014 (4): 40 - 44.
④ 李静. 关于我国私募股权基金税收政策的探讨 [J]. 税务研究, 2011 (4): 84 - 86.

资发生损失，则可以全额抵扣税收。① 这是值得我们借鉴的。

有鉴于此，可以考虑从以下两个方面来加以谋划：第一，减轻有限合伙制企业的税收负担，统一合伙人相关税率。为了减少行业税收负担，应根据《立法法》的要求，统一相关税收规定，并采行相对较低的边际税率水平。第二，完善私募基金相关税收优惠政策，促进行业发展。私募基金属于高风险、高收益的行业，应充分考虑其风险性。因此，应明确合伙制私募企业可以享受《企业所得税法实施条例》有关股权投资税收抵扣的规定②，并允许合伙制私募企业跨企业进行亏损抵扣。

6.3　互联网金融的税收政策③

按照媒体报道的说法，2013 年或许可以称为中国"互联网金融元年"，从那时算起的四年多时间内，互联网金融在中国一度异军突起，高举着普惠金融、服务小微企业等亮色旗帜，在经济新常态的背景下逆势发力，取得了惊人的发展。截至 2016 年 7 月初，在百度搜索引擎上检索"互联网金融"的相关网页已然多达 3300 万条。在第三方支付、P2P 网贷平台、众筹等术语已成为热门词汇的同时，互联网金融平台的跑路潮、倒闭潮、坏账风波、"庞氏骗局"等负面消息也同样不绝于耳。④ 然而，在互联网金融这一新兴业态的支持政策与监管手段中，税收政策应如何发挥扶持和监管的双重功能，却未能引起足够的关注。

在国际税收实践中，曾有这样一则关于众筹（crowdfunding）这一互联网金融重要方式的税讯报道：美国的一个众筹项目，为了制作土豆沙拉的创

① Carvalho A G, Netto H G, Sampaio J O. Private Equity and Venture Capital in Brazil: An Analysis of its Recent Evolution ［EB/OL］ （2012 - 1 - 31） ［2015 - 6 - 21］. http: //ssrn. com/abstract = 1996729.

② 《企业所得税法实施条例》第 97 条规定，创业投资企业采取股权投资方式投资于未上市的中小高新技术企业 2 年以上的，可以按照其投资额的 70%，在股权持有满 2 年的当年，抵扣该创业投资企业的应纳税所得额；当年不足抵扣的，可以在以后纳税年度结转抵扣。

③ 马蔡琛. 初论互联网金融的税收政策 ［J］. 税务研究，2016 (3).

④ 据 P2P 门户网站"网贷之家"统计，截至 2015 年 12 月底，全国有 2595 家网贷运营平台，2015 年一年就有多达 896 家网贷运营平台出现问题，是 2014 年的 3. 26 倍。资料来源：《e 租宝事件阴影笼罩 P2P 网贷平台跑路事件频发》，第一白银网，2016 年 1 月 27 日，http: //www. silver. org. cn/cjyw/2016012771497. html。

意，在著名众筹网站 Kickstarter 上，获得了 7 万美元的融资，但此举却受到美国国家税务局的重罚，因为筹资方没有缴纳 2.1 万美元的税费。在美国，在 Kickstarter、Indiegogo 等众筹网站上的融资所得，将被纳入应纳税所得额。Kickstarter 网站的帮助页面也明确显示，在该平台上筹集到的资金被视作个人收入，通常需要向税务当局报备。①

这一案例给我们的启示在于，尽管互联网金融作为一种新兴产业形态②，在其发展的初期，确实需要给予必要的税收扶持政策，但互联网金融也并非免税的天堂，仍旧存在相应的税收管理与税务风险问题。因此，结合税制设计和税收管理的基本原理，进一步明确互联网金融相关税收政策的原则取向，厘清互联网金融主要业态的应税节点，对于促进该行业的健康发展、完善我国金融税制体系、健全税收征信系统、实现建设现代税收制度的全面深化改革目标，具有重要的理论价值和现实意义。

6.3.1 中国互联网金融税收问题的最新研究进展

互联网金融的提法并非一个规范且普遍使用的国际用语，从相关的英文文献中也难以找到"Internet Finance"一词。③ 由于中外金融环境和社会文化的差异，在我国炙手可热的一些互联网金融现象，如第三方支付④，在发达经济体中也未必代表了业态发展的主流趋势。基于以上考虑，本节将重点考察国内互联网金融税收问题研究的最新进展。

---

① 方珺逸：《国外众筹是如何纳税的》，http://www.360doc.com/content/15/0320/08/19476362_456603114.shtml。

② 互联网金融作为一项新生事物，其内涵与外延的界定还有待进一步规范，"互联网金融"与"金融互联网"之间的区别与联系，也远未能够达成共识。就具体业务形态而言，互联网金融涉及众筹、P2P 网贷、第三方支付、比特币诸多新兴的与互联网有关的金融话题；就主体形态而言，既有银行、证券、保险、信托等传统金融机构，利用互联网工具来开展金融业务，也有为数众多的互联网企业跻身金融领域。鉴于传统金融机构的税收问题，学界和实务部门多有研究，有些互联网金融业态（如比特币）在中国也未能获得更大范围内的认可，故而本书对于互联网金融税收政策的分析，在业务形态上，主要涉及众筹、P2P 网贷、第三方支付等，在主体形态上，更侧重于考察互联网企业的相关金融税制问题。

③ 在欧美等国，普遍使用的概念是"Network Finance"或"E - Finance"等，这些词语可以翻译为"网络金融""电子金融"等。进一步论述可以参阅：王国刚，张扬. 互联网金融之辨析 [J]. 财贸经济，2015（1）。

④ 在欧美等发达经济体中，网上商品交易的支付结算主要是由各种信用卡公司实现（如 VISA、MasterCard 等），这些国家并没有发展出像我国如此多的网上第三方支付机构。资料来源：陈勇. 中国互联网金融研究报告（2015）[M]. 北京：中国经济出版社，2015：21。

根据中国知网（CNKI）数据库的统计，国内对于互联网金融税收问题的研究，主要集中于 2014 年和 2015 年的两年间，文献总量相对较少，据不完全统计仅有十篇左右。① 这些文献的下载频次总体较高（截至 2016 年 1 月，9 篇论文的下载频次达到 2 885 次），但被引频次较低，这反映出当前我国的互联网金融税收问题，开始日益受到关注，但多数研究成果的纵向推进还有待深化，或许因为时间的关系，各项研究成果之间也缺乏必要的相互借鉴。其研究主题主要集中于这样几个方面：

一是，以互联网金融为背景对整体金融税制的考察。周琳（2014）认为，为促进互联网金融的发展，有关部门在对待网络经济的税收问题上，持更为谨慎的态度，但暂不征税并不意味着对这部分征税主权的放弃。② 张富强、李梦露（2014）关注了互联网金融税收的顶层设计及其在"营改增"问题上的具体应用。③ 李伯侨、王存军（2014）探讨了互联网金融背景下的银行税制问题，认为我国银行业的间接税负担过重，扭曲了资金配置效率。④ 卫颖（2015）初步归纳了税收中性、效率和成本最小化等互联网金融税收征管原则。⑤

二是，重点分析了互联网金融税收征管的困难与挑战。叶娅莉（2015）认为，现行针对互联网和金融行业的税收法规，难以完全涵盖互联网金融行业的新型产品和新型服务。⑥ 吴国炳等（2015）认为，目前我国的税收制度仅对传统线下和实体银行业务征税，对互联网金融的税收监管还存在部分运行模式缺乏征税依据、难以全面确定纳税主体、税收管辖权的不确定性等困难。⑦ 姚余栋、熊鹭（2015）也认为，互联网金融对现行税制的挑战主要体现为纳税主体模糊、应纳税额难以确定、税收管辖权容易冲突，进而提出了处理互联网税收的三项基本原则（税收中性原则、国际协调原则、宏观调控原则）。⑧ 边境、孙桂荣、陈鹏等（2014）认为，传统的税收管理是按照

---

① 关于电子商务的税收问题研究，其中文献数量已达上千篇，但因其并未主要聚焦于本书所探讨的互联网金融税收问题，故未纳入统计。

② 周琳. 对互联网金融税收政策的探析［J］. 现代商业，2014（20）.

③ 张富强，李梦露. 完善互联网金融税收立法的思考［J］. 法治论坛，2014（4）.

④ 李伯侨，王存军. 互联网金融背景下的银行业税制变革［J］. 财会月刊，2014（24）.

⑤ 卫颖. 互联网金融税收征管［J］. 山海经，2015（18）.

⑥ 叶娅莉. 对互联网金融税收政策的分析［J］. 财经界，2015（5）.

⑦ 吴国炳等. 互联网金融：税收征管存在的问题及建议［N］. 中国税务报，2015－4－8.

⑧ 姚余栋，熊鹭. 互联网金融税制思考［J］. 清华金融评论，2015（6）.

企业注册经营地管辖，而第三方支付多数是网上支付，由总公司统一管理，跨省市税收征管政策依据缺失。^① 严卫中（2015）认为，由于监管层的监管态度不甚明朗，导致 P2P 性质界定不明，目前实务界及学术界存在"准金融机构"与单纯"信贷服务中介"的争议，税收征管受其影响也存在诸多不确定性。^②

三是，对具体互联网金融业务的涉税问题分析。刘磊、钟山（2015）分别研究了五种主要形态的互联网金融税收问题，进而提出在维护公平税负和税收中性原则的基础上，促进互联网金融健康发展的建议。^③ 叶娅莉（2015）认为，第三方支付企业从事支付业务收取的手续费，应该按照金融保险业税征收流转税。^④ 周琳（2014）认为，P2P 网贷公司提供居间服务所收取的佣金，应当缴纳流转税及其附加。^⑤

6.3.2 互联网金融税收管理面临的主要挑战：基于税制结构的考察

针对互联网金融的税收管理，尽管存在税收管辖权重叠交叉、交易环节和结算手段无纸化而导致的课税节点难以捕捉、应税所得的性质归属较难判断等技术性难题，但依照互联网金融推动者倡导的大数据平台和云计算技术，如果这些技术革命真如所预期的那样^⑥，那么这些税收征管技术问题的低成本且高效率解决，应该是值得期待的^⑦。互联网金融对于现行税制提出的更大挑战或许在于，互联网金融等信息时代新兴产业形态的不断涌现，凸显了我国现行税制难以及时追踪产业结构的变化，未能及时实现后工业化时

---

① 边境，孙桂荣，陈鹏. 对 P2P 新兴金融业态税收监管的思考 [J]. 天津经济，2014（7）.
② 严卫中. 浅议互联网金融税收征管 [J]. 税务研究，2015（5）.
③ 刘磊，钟山. 互联网金融税收问题研究 [J]. 国际税收，2015（7）.
④ 叶娅莉. 对互联网金融税收政策的分析 [J]. 财经界，2015（5）.
⑤ 周琳. 对互联网金融税收政策的探析 [J]. 现代商业，2014（20）.
⑥ 根据对于互联网金融发展的乐观性分析，在互联网所创造的云数据时代，首先是如何获取数据，其次是互联网"开放、平等、协作、分享"的精神，为数据的获得创造了天然的平台，从而较好地解决了经济活动中的信息不对称性问题。或许在这个时代，仅仅云数据的处理就可能形成新的"金融中介"，个人或企业的信用信息无一不体现在其中。这些云数据中所体现的信用信息，其实比传统的信用识别标志要准确得多。进一步论述可以参阅：吴晓求. 互联网金融：成长的逻辑 [J]. 财贸经济，2015（2）。
⑦ 如果这些美好的预期一旦置于税收征管的语境之中就不复存在的话，那么互联网金融与"庞氏骗局"之间的区别何在，似乎也是值得深思的。

代税制结构的升级换代。

互联网金融之所以能够扰动互联网时代的这"一池春水",就在于集中体现了信息化时代(或称后工业化时代)各种新兴产业之于传统业态的挑战。① 因此,分析互联网金融的税收问题,需要从互联网时代对于税制结构变迁的内在影响出发,来加以考察。(关于税制结构变迁的分析,可以参阅本书1.1的相关论述)

就税收政策的作用效果而言,所得税(尤其是企业所得税)以是否盈利作为纳税与否的标准。对于互联网金融等新兴业态来说,因其初创阶段的投入成本较高,往往需要经历一段时间才可能获得盈利。故以所得税为主体的税制结构,企业能够获得的合法免税时间就会较长,这本身就内生了对战略性新兴产业的税收支持。如果再考虑到可以弥补以前年度亏损的相关政策,对于小微企业而言,其支持力度也是相当之大的。但在我国当前以流转税为主体的税制结构下,因其针对商品流转额或非商品销售额课税,企业只要一开张,就面临着相应的税收负担。②

目前,我国采用的是古典所得税模式,对股息所得存在着一定的经济性重复征税问题。这种现状难免会影响企业的投资决策,也会扭曲企业资源配置。③ 针对互联网金融企业而言,这种影响有可能会更加显著。以被誉为售卖创意的众筹为例,在股权式众筹中,为了符合公司法等法律的规定④,往往采用"合格投资者领投加上代持股份"的方式。通过众筹项目吸引投资人,然后投资人按照出资比例成立有限合伙企业或股份有限公司,再入股项目公司,持有项目公司出让的股份。⑤ 在这种运作模式下,难免会存在企业所得税和个人所得税的双重征收。⑥

---

① "后工业化时代""信息化时代""互联网时代""知识经济时代"等表述方式,尽管在细节上仍存在诸多差异,但其总体指向是基本一致的,故本节在行文中对于这些术语的使用,并不做过于严格的区分。

② 尽管增值税是针对销售收入减除销售成本的毛利征税,但也未能从根本上改变这种趋势。

③ 黄凤羽. 浅谈免除经济性重复征税问题 [J]. 上海会计, 2002 (1).

④ 我国《公司法》第79条规定,股份有限公司的股东人数不得超过200人;我国《合伙企业法》第61条规定,有限合伙企业的股东人数不能超过50人。

⑤ 陈勇. 中国互联网金融研究报告(2015)[M]. 北京:中国经济出版社, 2015: 130.

⑥ 类似的问题,在债权转让模式的P2P网贷中,也同样存在。按照通常的说法,债权转让模式的P2P网贷模式是指,为了能够更好地连接借款者的资金需求和投资者的理财需求,网贷平台主动地批量化开展业务。目前几乎所有2012年以来成立的网贷平台都是债权转让模式。资料来源:陈勇. 中国互联网金融研究报告(2015)[M]. 北京:中国经济出版社, 2015: 162.

6.3.3　优化互联网金融税收政策的总体思路

1. 兼顾互联网金融税收优惠与税收公平的原则

在全面提倡发展"互联网＋"相关产业的大背景下，给予互联网金融等新兴业态以一定的税收优惠政策，应该是无须过多讨论的话题。但是，税收优惠政策的制定，同样需要基于税收公平的基本原则。也就是说，无论对于传统金融企业还是互联网金融企业，只要是从事互联网金融的同一类业务，就需要给予基本相同的税收待遇，而不能根据企业的行业出身，而对大致相同的业务做出税负轻重不一的规定。

就我国传统金融业税负的轻重问题，在一段时间以来，一直是一个颇具争议的问题。由于一些发达市场经济国家，对于银行业的税收管理主要集中于所得税，而流转税的税负相对较轻，故而仅就流转税而言，我国银行业的税负可能显得略高一些。但综合流转税和所得税来看，至少在2010年以前，我国银行业税负水平并不高。①

就现实而言，增值税这一对于产业分工的增值环节清晰度要求相对较高的税种，如何在金融业的复杂业态环境下得到成功应用，仍旧处于攻坚克难阶段。因此，对于互联网金融的新兴业态如何适用增值税，可能还需要等待整体金融业的"营改增"完成试运行之后，才可能纳入议事日程。从这个意义上讲，可以考虑对于互联网金融企业的流转税管理，在增值税转型过渡的特殊时期，暂时给予一定的免税优惠政策，但在所得税管理上，则应坚持税收公平的原则，以充分体现税收的国民待遇原则。

2. 在税收支持政策的实施中，应尽可能采用先征后退的处理方式

税收支持政策的具体实施，具有多种备选方案，既可以采用直接减免税的简单化处理方式，也可以采用较具弹性的加速折旧、再投资退税等间接支持方式；在应税收入的资金流转上，既能以直接免税的方式将资金留在企业和个人手中，也可以采用先征后退（或即征即退）的方式。在通常情况下，出于征管简化的考虑，除增值税出口退税等特殊性业务外，实践中对于采用先征后退方式往往比较慎重。但就互联网金融来说，采用先征后退的方式，仍旧是十分必要的。

---

① 王敏，龙腾飞. 我国银行业税收负担比较分析［J］. 涉外税务，2010（8）.

其主要原因包括以下几个方面：第一，有利于全面核算给予互联网金融行业的税收支持力度，为将来全面编制税式支出预算做好准备。第二，有利于探索互联网金融这一新兴业态的税收管理方式，为将来建立覆盖传统金融行业和互联网企业的统一公平税制，做好前期准备工作。互联网金融是一个新兴事物，在纳税人确定、应税收入的范围、课税环节、扣缴义务人等问题上，征纳双方也容易出现分歧，采用先征后退的方式，相当于为这些问题的最终解决，提供了一个探索试验的"路演"机会。第三，在目前各种互联网金融风险开始逐渐暴露的特殊时期，先征后退的方式还具有某种"托宾税"① 的功能，有助于加强互联网金融业务的资金监管，从而适度抑制当前互联网金融行业中已然开始萌生的泡沫现象。

从操作简化和征管便利的角度出发，在履行先征后退纳税义务的过程中，应以各类平台公司（众筹平台、P2P 网贷平台、第三方支付平台）作为代扣代缴义务人。这也是这些平台公司收取中介服务费后所应尽之义务。

3. 税收支持政策落实的前置条件，应该是由互联网金融企业提供完备的涉税资料

当前互联网金融税收管理的主要难点就在于，税务部门难以动态掌握纷繁复杂的互联网金融业务之涉税信息。例如，P2P 网贷多借助于第三方支付合作，多数情况下税务部门并不掌握第三方支付企业的名称、P2P 网贷企业与第三方支付的利益分配方式和比例等关键信息。② 这种税收遵从成本的约束条件，对于一般性产业或许是成立的，但对互联网金融来说，则必须将互联网金融企业（主要指各类平台公司）提供完备的涉税资料，作为各项税收支持政策落实的前置条件。其原因在于，至少在理论上，通过以大数据和高速算法为基础的信息处理和风险评估，互联网金融可以有效减低交易双方的信息不对称程度，通过综合分析客户行为偏好数据、金融数据和互联网数据等，可以为风险管理、金融分析、客户价值挖掘和个性化定制服务等提供数据依据，减低资金供需双方在资金期限匹配、风险分担等方面的成本。③ 既然互联网金融的信息搜集功能如此之强大、信息处理成本如此之低廉且高

---

① 托宾税（Tobin tax）是美国经济学家、诺贝尔经济学奖得主詹姆斯·托宾在 1972 年首次提出的，他建议"在飞速运转的国际金融市场这一车轮中掷入一些沙子"，从而在某种程度上减缓投机行为的蔓延速度。

② 边境，孙桂荣，陈鹏. 对 P2P 新兴金融业态税收监管的思考［J］. 天津经济，2014（7）.

③ 陈勇. 中国互联网金融研究报告（2015）［M］. 北京：中国经济出版社，2015：16－17.

效，那么由互联网金融企业提供较之其他企业更为全面的涉税信息，就是很正常的事情了，更不会增加企业的税收遵从成本。

如果互联网金融企业连这些基本的涉税信息，都难以提供或提供成本较高的话，那么所谓的大数据信息是否真像乐观预期的那样神奇，就是一个需要重新加以思考的问题。在互联网金融企业不能及时、全面、真实地提供各种涉税信息的情况下，为防止"庞氏骗局"的出现，就更有必要强制其提供全面完整的涉税资料，而不能以税收遵从成本作为借口，规避法定的纳税申报义务。

4. 针对不同互联网金融业务类型，确定不同利益相关主体的应税节点

互联网金融涉及诸多具体的业务形态，诸如众筹、P2P 网贷、第三方支付等，尽管都冠以互联网金融的名义，其实这些具体业务之间的差异还是很大的。因此，需要针对不同的互联网金融业务类型，确定不同利益相关主体的应税节点。

（1）众筹的应税节点。在众筹的多种方式中，鉴于募捐式众筹的公益性特点，可以考虑给予全面性免税，而借贷式众筹实际上已然转化为 P2P 借贷的模式，故本节在此重点考察预售式众筹和股权式众筹的税收问题。① 预售式众筹在事实上已然构成了一种销售行为，故项目发起人所获得的众筹资金，应该视为一种销售收入缴纳相应的流转税，同时将其收入纳入所得税的应纳税所得额；项目支持者的资金投入，也应作为一种购买性支出，列入有关的成本费用予以扣除。股权式众筹则应区分企业和个人的不同情况来加以考虑：对于企业而言，项目发起人应作为实收资本的增加，项目支持者应作为一种对外投资，分别做出相应的税收处理。对于个人而言，考虑到我国对于股票市场交易的资本利得并不课征个人所得税，但对于股息红利所得则需要纳税，故对于众筹资金的投资回报，应视为股息所得来加以课税，以体现税收公平原则。

（2）P2P 网贷和第三方支付的应税节点。在我国 P2P 网贷的运营和监管尚不到位的现实局限之下，其税收管理的重点应该放在 P2P 网贷平台公司层

---

① 众筹可以分为四种类似，分别是募捐式众筹（donation crowdfunding，一般以公益主题为主，并非为了金钱回报，如关注贫困地区老人儿童的众筹项目）、奖励式或预售式众筹（reward or pro-sale crowdfunding，项目支持者得到的回报属于非金融性回报，事实上往往构成了一种销售）、借贷式众筹（lending or detb crowdfunding，项目支持者将得到还本付息）、股权式众筹（equity crowdfunding，项目支持者可以分享项目成功后的收入或利润，这是众筹发展的主要方向）。

面，对于借款人和贷款人则可以参考传统金融业借贷的税务处理方式。对于 P2P 网贷平台的税务处理，则应根据是否形成资金池来做出不同的处理。

如果 P2P 网贷平台仅仅是发挥交易撮合的功能，借贷资金由借款人直接通过监管银行拨付给贷款人，网贷平台只收取中介费用，则可以按照服务业中的经纪业务仅就中介费用进行税务处理。如果采用资金池式的运营模式（其实这种模式本身的合法性是值得质疑的），由借款人将资金先行拨付到网贷平台的账户，再由网贷平台转拨给贷款人，为了防止网贷平台"跑路"现象的频繁出现，就需要结合金融业"营改增"的进程，将网贷平台的账户资金视同购入一笔信贷资金，计算进项税额，并纳入托管银行的专门监控账户管理，待以后网贷平台将资金拨付给借款人的时候，再作为销售该笔信贷资金处理，计算相应的销项税额。这样既保持了增值税抵扣链条的完整性，又有利于加强资金监管，可以有效避免网贷平台利用资金池而形成"庞氏骗局"。

鉴于第三方支付同样存在着类似的资金池问题，为避免相应的金融风险，也可以采用类似的税务处理方式。这样通过增值税的进销项相抵，既不会增加网贷平台和第三方支付企业的税收负担，又可以提高资金运行的安全性，在互联网金融所依托的所谓大数据和云计算技术下，这种税务处理的成本也是相当低的，并不会增加相关企业的税收遵从成本。

6.4　PPP 模式的税收政策与管理[①]

尽管哪一年应该算作中国的 PPP 元年，在理论界和实务部门还颇有分歧，但近年来 PPP 在中国，作为一种被决策层寄予了诸多美好愿景的新型治理结构，或者作为某些地方政府心目中的新兴融资方式，而异军突起，却是有目共睹的现实。2016 年 8 月初，一篇名为《PPP 税政初定 无特殊优惠》的新闻报道，披露并初步评论了财政部拟议中的《关于支持政府和社会资本合作（PPP）模式的税收优惠政策的建议》。[②] 仅就新闻标题而言，这似乎使得 PPP 税收优惠政策的各种期待略感失落；但就 PPP 的税收政策与税收管理而言，其实远未尘埃落定。

---

① 马蔡琛，袁娇 . PPP 模式的税收政策与管理 [J]. 税务研究，2016（9）.
② 杜涛，韩松 . PPP 税政初定 无特殊优惠 [N]. 经济观察报，2016 - 8 - 1.

在组织结构和运行机制上，PPP 呈现为一种复杂的交易结构；在"风险—利益"分担共享机制上，PPP 涉及众多的利益相关主体。就任何新兴业态的发展规律而言，其交易结构越是复杂，涉及的利益相关主体越多，税收制度安排以及税制改革所产生的"蝴蝶效应"就越显著，对于税收征管带来的挑战也愈发严峻。

在理论层面上，在 PPP 项目长达数十年的生命周期内，因税制结构变化而引致的相关利益调整与风险变化，到底是应该由政府（public），还是由社会资本（private）来承担，也是颇具争议的话题。在实际操作层面，颇为有趣的是，早在 2009 年，一项针对社会资本的问卷调查显示，从激励措施的可及性和有效性等方面综合考察，税收减免措施排在第一位，而政府投资赞助却排在倒数第一。[①]

6.4.1　PPP 税收问题的最新研究进展

其实，针对 PPP 早期雏形的 BOT 税收政策问题，自 20 世纪 80 年代以来，国内就有所介绍，本节对这些早期研究不再赘述。我们重点关注的是，自进入 21 世纪以来，各国 PPP 税收政策、涉税管理的最新研究进展与实践经验。

发达市场经济国家中 PPP 模式的普遍应用，丰富了 PPP 税收政策的相关研究。其研究重点主要关注以下几个方面：

第一，PPP 的税收优惠政策。不同的社会、政治和经济目标，决定了 PPP 所适宜的税收优惠措施也有所不同。目前常见的税收优惠措施有：免征进口关税、免征房产税、降低企业所得税和预提所得税率、实行区域性税收优惠、延长亏损结转期限、加速资产折旧和投资补贴等（Robert Waruiru，2015；Asian Development Bank，2008；Michael Curran，2013）。[②] 此外，地方政府也可为 PPP 项目提供额外的税收减免。例如，在 PPP 项目存续期间，

---

① 柯永建，王守清，陈炳泉. 私营资本参与基础设施 PPP 项目的政府激励措施［J］. 清华大学学报（自然科学版），2009（9）.

② Robert Waruiru. Public Private Partnership-Taxation［Z］. KPMG International Cooperative. Public Sector Seminar, 4 June 2015；31；Asian Development Bank. Public-Private-Partnership Handbook［M］. 2008；Michael Curran. Tax Incentives for PPPs［R］. RMIT School of Accounting and RMIT APEC Research Centre，2013.

对房地产实行特别优惠税率（Metro Manila，2012）。①

第二，PPP 的税收法规体系。尽管大多数国家都存在 PPP 的税收优惠政策，但甚少有国家制定专门的 PPP 税收法律法规，优惠政策往往散见于各相关文件。从这个意义上讲，仅就国际经验而言，本节开篇提及的拟议中的《关于支持政府和社会资本合作（PPP）模式的税收优惠政策的建议》，其必要性也是值得重新斟酌的。

例如，马来西亚在《1986 年投资促进法（Promotion of Investment Act 1986）》中纳入了税收优惠政策。② 新加坡在《所得税法（Income Tax Act）》和《经济扩张激励措施（Economic Expansion Incentives）》中规定了减免 PPP 项目的所得税。③ 韩国、越南、菲律宾专门制定了鼓励和支持 PPP 基础设施投资的法律法规，如韩国的《私人参与基础设施建设法（The Act of Private Participation in Infrastructure）》④《特殊税务处理控制法（The Special Tax Treatment Control Act）》⑤ 《特别税收法案限制（Restriction of Special Taxation Act）》《地方税收法案》《PPP 基本规划（PPP Basic Plan）》。

第三，PPP 税收优惠的作用及局限。目前，税收优惠已成为各国促进公共基础设施 PPP 发展中，最为有效的激励措施之一。从短期看，基础设施 PPP 税收优惠尽管减少了税收收入，但基础设施的发展促进了社会和经济福利的增长（Michael Curran，2013）。⑥ 例如，税收抵免优惠就有效推动了美

---

① Metro Manila. The Philippines BOT Law Republic. Act. 7718 and its Revised Implementing Rules & Regulations（IRR）［R］. PPP Center，2012：65.

② http：//www. treasury. gov. my/index. php? option = com _ content&view = article&id = 279% 3Apromotion-of-investment-act-1986&catid = 92% 3Acatinsentif-cukaiundang-undang&Itemid = 200&lang = en（last viewed 27/02/2013）.

③ http：//statutes. agc. gov. sg/aol/home. w3p（last viewed 27/02/2013）.

④ Korean Government（Ministry of Government Legislation，Centre for national legislation information）2012，The Act on Private Participation in Infrastructure，（last viewed 10. Sep. 2012），〈http：//www. law. go. kr/LSW/lsSc. do? mouseY = 436&menuId = 0&p1 = &subMenu = 1&searchChk = 2&lawSearchName = LicLs% 2C0&query = % EC% 82% AC% ED% 9A% 8C% EA% B8% B0% EB% B0% 98% EC% 8B % 9C% EC% 84% A4% EC% 97% 90 +% EB% 8C% 80% ED% 95% 9C&x = 22&y = 9 # liBgcolor0 〉，［saved in Korean-사회간접시설에대한민간투자법］.

⑤ Korean Government，（Ministry of Government Legislation，Centre for national legislation information）2012，Special Tax Treatment Control Act，（last viewed 10. Sep. 2012），〈http：//www. law. go. kr/engLsSc. do? menuId = 0&subMenu = 5&query = % EC% A1% B0% EC% 84% B8% ED % 8A% B9% EB% A1% 80% EC% A0% 9C% ED% 95% 9C% EB% B2% 95#liBgcolor0 〉，［saved in English-Special Tax Treatment Control Act］.

⑥ Michael Curran. Tax Incentives for PPPs ［R］. RMIT School of Accounting and RMIT APEC Research Centre，2013：36.

国北北（North-North）清洁技术国际贸易的发展（Alexander C. Hoover，2009）。① 对参与 PPP 项目的民营企业实行税收优惠，可降低 PPP 模式的融资成本，② 促进 PPP 项目的健康发展。如巴基斯坦对民营企业建立私立学校实行免税政策，推动了该国教育事业的发展。③

各国实践表明，税收优惠的缺失以及有限的覆盖面，不利于 PPP 项目的发展。比如，美国的污水处理等水利基础设施项目尚未包含在税收豁免之列，相关研究机构建议，应该说服政府免除其相应的税收。④ 企业所得税是民营企业（社会资本）参与 PPP 项目最为显著的成本，加拿大现行的联邦税收法律制度（尤其是《企业所得税法》）可能对 PPP 的发展产生不利影响。⑤ 因此，近年来的研究大多认为，应修订 PPP 相关的税收法律，扩大税收优惠的覆盖范围（Robert Waruiru，2015；Sen. Franklin M. Drilon，2015；Metro Manila，2012）。

在中国，由于 PPP 模式近两年才呈现风起云涌之势，故其相关税收问题的研究也略显滞后。综合而言，国内研究主要围绕以下两个方面展开：

第一，PPP 税收优惠政策的梳理及政策建议（肖太寿，2015；樊其国，2015；温来成等，2016；曹莉娜等，2015；王燕，2016）。⑥ 纪鑫华（2016）提出应减免 PPP 项目公司资产转让移交等环节的税收，如在 SPV 公司成立过程中，减免各类投入资产的相关税收，在项目期满或提前终止时，对移交

① Alexander C. Hoover. Analysis of Multilateral Agreements, Public-Private Partnerships, and Tax Incentives Driving International Trade in Clean Technology [J]. Clean Technology and International Trade. Volume 9, Issue 3, Spring 2009：47.

② Kimberly S. Meyer. Assessing the Added Value of Public-Private Partnerships [J]. National Council for Public-Private Partnerships, 2012：11.

③ Sajid Ali. Education policy borrowing in Pakistan：Public-private partnerships [M]. Aga Khan University, January 2012：8 – 9.

④ University of Pennsylvania. U. S. Shifts to Strong Support for Public-private Infrastructure Deals. Jun 10, 2015. http：//knowledge. wharton. upenn. edu/article/u-s-shifts-to-strong-support-for-public-private-infra-structure-deals/

⑤ Department of Infrastructure and Regional Development. National Public Private Partnership Guidelines Volume 6：Jurisdictional Requirements. December 2014：23.

⑥ 肖太寿. PPP 模式的涉税处理 [EB/OL]. 涉外法律服务平台，2015 – 4 – 25. http：//mp. weixin. qq. com/s? _biz = MzA5NjQwMzE5Mw = = &mid = 204673474&idx = 1&sn = 460cf4c19b31436 51c97d70cfeae04b5#rd；樊其国. 税收优惠助力 PPP [J]. 首席财务官，2015（7）；温来成. 政府与社会资本合作（PPP）项目税收政策研究 [J]. 兰州财经大学学报，2016（3）；曹莉娜，丁铁成. PPP 项目税收管理初探 [J]. 财会学习，2015（4）；王燕. PPP 模式涉税问题初探 [J]. 财经界. 学术版，2016（2）。

给政府的资产给予减免税优惠；延长亏损弥补期限等。[①] 此外，也有个别研究涉及相关税收实务处理。比如，华税律师事务所（2016）从项目架构的角度出发，对 PPP 模式所享受的税收优惠以及可行的税收筹划进行了分析。[②] 此外，陈刚（2015，2016）针对 PPP 项目公司不同的设立方式（新设或收购）进行了税务考量，并从项目全生命周期分析了 BOT 的税务影响。[③]

　　第二，PPP 税收优惠政策的作用及局限。PPP 的发展离不开税收优惠政策的支持，同时 PPP 的发展也会倒逼税收制度的改革。在实践中，我国地方政府对 PPP 项目的一些税收优惠与现有法律相冲突，不利于 PPP 项目的顺利实施（梁时娟，2013）。[④] 因此，在促进 PPP 发展增进"公共福利"的同时，应尽可能降低"税收扭曲效应"（tax distortion effect）（郭建华，2016）[⑤]，注意防范税收政策不明确、不完善、不配套的税政缺失性风险（樊其国，2015）[⑥]。

　　综合而言，国内外研究主要集中于 PPP 税收优惠政策的梳理及政策优化、作用及局限，鲜少涉及 PPP 税收实务及其影响，且政策优化略显笼统，尚有研究改进空间。

6.4.2　PPP 税收支持政策的国际经验

　　目前，大多数国家尽管都为 PPP 提供了相关的税收优惠，但鲜有为之制定专门的税收法律，相关的税收政策分散于企业所得税、增值税和关税等税种的规定之中。国外常见的 PPP 税收优惠政策与制度安排，体现为这样几个方面。

1. PPP 的企业所得税优惠政策

　　一是实行定期免税优惠。例如，印度尼西亚对具有高附加值和正外部

---

　　① 纪鑫华. 关于支持 PPP 模式发展相关税收优惠政策的探讨［EB/OL］. 财政部 PPP 中心，2016 - 8 - 5. http：//www. cpppc. org/plt/3794. jhtml.

　　② 华税律师事务所税务筹划业务部. PPP 模式税务问题与分析. 中国财政，2016（7）.

　　③ 陈刚. PPP 项目公司设立时几种税务考量［N］. 中国会计报，2016 - 02 - 19；陈刚. PPP 全生命周期税经［J］. 新理财，2015（9）.

　　④ 梁时娟. 中、英、日、韩 PPP 项目模式的政府管理比较研究［J］. 项目管理技术，2013（5）.

　　⑤ 郭建华. 我国政府与社会资本合作模式（PPP）有关税收问题研究［J］. 财政研究，2016（3）.

　　⑥ 樊其国. 税收优惠助力 PPP［J］. 首席财务官，2015（13）.

性、引进新技术、对国家经济具有战略价值的 PPP 先驱企业，免征 5 至 10 年的企业所得税，免税期结束后两年内减半征收。① 菲律宾 PPP 先驱企业② 和非先驱企业自注册之日起，分别免征 6 年和 4 年的所得税，经投资局（BOI）批准可适当延长免税期限，但最长不得超过 8 年。③ 泰国 PPP 企业的免税期最长为 8 年。④ 马来西亚 PPP 先驱企业可豁免 5 年的所得税。⑤ 肯尼亚经济特区的 PPP 企业免征头 10 年的企业所得税，此后 5 年内减按 10% 征收企业所得税，免征相关增值税和消费税。为了吸引外国投资者，肯尼亚特别豁免了通信和采掘业 PPP 项目的相关税收。⑥

二是降低企业所得税率。例如，韩国针对 15 年及以上的 PPP 基础设施债券利息收入，单独适用 14% 的低税率⑦，对涉及 PPP 的基础设施建设基金所分配的股息收入、股权投资股息收入在 300 百万韩元及以下的适用 5% 税率，超过 300 百万韩元的适用 14% 税率⑧。菲律宾经济特区（克拉克经济特区、苏比克经济特区和自由港区）的 PPP 企业免税期结束后，适用 5% 的优惠税率。越南私人企业在 PPP 项目持续期内享受 10% 的优惠税率。此外，越南 PPP 企业将利润再投资于政府鼓励的部门，可享受全部或部分企业所得税的返还。在马来西亚，对参与 PPP 项目的先驱企业，其 70% 的法定所得免征所得税，位于经济特区（沙巴、沙捞越和特定的马来西亚半岛东部走廊）的 PPP 公司，其 85% 的法定所得免征所得税。印度尼西亚 PPP 项目公司支付给国外股东的预提股息税率由 20% 降至 10%。菲律宾 PPP 项目公司注册后头五年，对从事直接劳动的熟练和非熟练工人的应税工薪所得，加计扣除 50%。⑨

---

① Robert Waruiru. Public Private Partnership-Taxation ［Z］. KPMG International Cooperative, Public Sector Seminar, 4 June 2015：29.

② 先驱企业是指其生产的商品尚未在菲律宾大规模投入生产，或采用尚未在菲律宾尝试的生产方案或计划的企业。

③ Quisumbing Torres Lawyers, Doing Business in The Philippines ［J］. 2012：16.

④ See Sections 28 to 36 of The Investment Promotion Act B. E. 2520.

⑤ http：//www. treasury. gov. my/index. php? option = com_content&view = article&id = 704&Itemid = 200&lang = en（last viewed 27/02/2013）.

⑥ http：//mgafrica. com/article/2015 – 09 – 09 – kenyan-infrastructure-projects-tax-incentives-present-mouthwatering-opportunity.

⑦ Jay-Hyung Kim, Seung-yeon Lee. 2012 Modularization of Korea's Development Experience：Public-Private Partnerships：Lessons from Korea on Institutional Arrangements and Performance ［R］. Korea Development Institute（KDI），2013：68. 目前，韩国企业所得税率为 24.2%。详见 http：//www. tradingeconomics. com/south-korea/corporate-tax-rate.

⑧ Restriction of Special Taxation Act, Income Tax Act, Republic of Korea.

⑨ 前提是企业必须达到规定的资本劳动比率。

三是降低利息、股息税以及预提所得税。在美国，州和市政府经常发布免税债券为 PPP 基础设施项目筹资[1]，涉及 PPP 的私人活动债券［private activity bonds（PABs）］免征联邦所得税[2]和利息所得税。[3] 美国的项目收益债可以免缴联邦收入所得税和一些地方税，直接降低融资成本达 2 个百分点。[4] 韩国 PPP 相关的社会基础设施债券的利息税和股息税不纳入全球税基的计算。[5] 就 PPP 项目的国际合作而言，越南降低了利润汇出的预提税[6]，印度尼西亚支付给外籍股东的预提税也从 20% 降至 10%[7]。

四是允许亏损结转和扣除合理费用。越南 PPP 项目亏损可自取得第一笔利润年度起，向后结转 5 年。印度尼西亚可延长 PPP 公司的税收亏损结转期限（从 5 年延长至 10 年）。[8] 肯尼亚 PPP 公司的亏损可以向后结转 4 年。[9]

韩国对基础设施建设信用担保基金（ICGF）的可偿还债务所计提的坏账准备，可以当作费用列支[10]，企业并购或重组时使用的政府补贴，

---

① Alexander C. Hoover. Analysis of Multilateral Agreements, Public-PrivatePartnerships, and Tax Incentives Driving International Trade in Clean Technology ［J］. Clean Technology and International Trade. Volume 9, Issue 3 Spring 2009: 6.

② Practical Law Company. Public Private Partnerships: Issues and Considerations ［R］. Thomson Reuters, 2013: 10.

③ Baruch Feigenbaum. The Senate's Assault on Transportation Public-Private Partnerships ［R］. Reason Foundation, Policy Brief 102, May 2012: 2.

④ 赵福军，汪海. 中国 PPP 理论与实践研究 ［M］. 北京：中国财政经济出版社，2015: 39.

⑤ Korean Government, (Ministry of Government Legislation, Centre for national legislation information) 2012, Special Tax Treatment Control Act, (last viewed 10. Sep. 2012), 〈http: // www. law. go. kr/engLsSc. do? menuId = 0&subMenu = 5&query = % EC% A1% B0% EC% 84% B8% ED ％8A％ B9％ EB％ A1％ 80％ EC％ A0％ 9C％ ED％ 95％ 9C％ EB％ B2％ 95 #liBgcolor0〉, ［saved in English-Special Tax Treatment Control Act］.

⑥ See Vietnam Department of Planning and Investment, Laws and Regulations, Frequently Asked Questions.

⑦ Robert Waruiru. Public Private Partnership-Taxation ［Z］. KPMG International Cooperative, Public Sector Seminar, 4 June 2015: 29.

⑧ Michael Curran. Tax Incentives for PPPs ［R］. RMIT School of Accounting and RMIT APEC Research Centre, 2013: 10, 26, .

⑨ Robert Waruiru. Public Private Partnership-Taxation ［Z］. KPMG International Cooperative, Public Sector Seminar, 4 June 2015: 20.

⑩ 《企业所得税法实施条例》第 63 条第 1 款第 3 项和第 2 款规定，对 ICGF 可偿还债务计提的坏账准备金，其小于盈余信用担保基金的 1% 的部分，可在营业年度结束时，当作费用纳入当年盈利的计算。

也可当作费用列支①。菲律宾对相关培训费用和劳务开支实行加计扣除。② 泰国 PPP 项目的交通、电力和水供应设施的成本可加计扣除 25%。③

2. PPP 项目的其他税收支持政策

在一些国家，对于参与 PPP 项目的私营企业，也制定了一些相关税收减免政策。例如，韩国与 PPP 相关的城市铁路或基础设施建造服务适用增值税零税率④，学校设施也免征增值税⑤；减免外商投资于 PPP 项目的公司税、所得税、购置税、登记税和财产税；免征地方 PPP 项目相关的购置税⑥和登记税⑦，首都圈地区（包括首尔和京畿道）可 3 倍扣除登记税⑧；私人部门购置用于 PPP 项目复杂物流中心的财产，减半征收购置税和复杂物流中心的财产税⑨。

---

① 《企业所得税法实施条例》第 64 条第 1 款和第 6 款第 3 项规定，当国内企业为实行 PPP 项目，利用政府补贴收购或进行企业重组时，所用补贴应作为费用纳入当年盈利的计算。

② Quisumbing Torres Lawyers, Doing Business in the Philippines [R]. 2012：16.

③ Robert Waruiru. Public Private Partnership -Taxation [EB/OL]. KPMG International Cooperative, Public Sector Seminar, 4 June 2015：20.

④ 《特别税收法案限制》第 105 条第 1 款第 3 - 2 项规定。其中，基础设施是指根据《PPP 法案》第 4 条第 1 条（建设—移交—运营）、第 2 条（建设—移交—租赁）和第 3 条（建设—运营—移交）的规定，转交给中央或地方政府的设施。建设服务是指受让人根据《PPP 法案》第 2 条第 7 款，从事应纳增值税的项目的服务。

⑤ 《特殊税务处理控制法案》第 106 条。

⑥ 《地方税收法案》第 9 条第 2 款规定，相关财产购置用于从事《私人参与基础设施建设法案》第 4 条第 3 款规定的项目，以及满足《私人参与基础设施建设法案》第 2 条第 1 款子条款规定的将返还或捐赠给州、地方政府或国内企业的基础设施设备，应免征购置税。Korean Government, (Ministry of Government Legislation, Centre for national legislation information) 2012, Local Tax Act, viewed 10. Sep. 2012 [saved in Korean-지방세법], http：//www. law. go. kr/lsSc. do? menuId = 0&subMenu = 1&query = Local% 20tax% 20act#liBgcolor10.

⑦ 《地方税收法案》第 106 条和第 126 条第 2 款规定，BOT（建设—运营—移交）项目可免征房地产购置税和登记税。

⑧ 《地方税法》第 138 条第 1 款以及《地方税法实施条例》第 101 条第 1 款第 3 项。

⑨ 《特殊地方控制税务处理法案》第 71 条第 3 款规定，对于符合《民间参与基础设施建设法案》规定，购置用于复杂物流中心的财产，应减少 50% 的购置税，《物流中心发展和运营法案》第 9 条第 1 款规定，对于 2014 年 12 月 31 日及以前购置，对直接用于税基的财产，应减少 50% 的财产税。Korean Government, (Ministry of Government Legislation, Centre for national legislation information) 2012, Special Local Tax Treatment Control Act, viewed 12. Sep. 2012, 〈http：//www. law. go. kr/lsSc. do? menuId = 0&p1 = &subMenu = 1&nwYn = 1&query = % EC% A7% 80% EB% B 0% A9% EC% 84% B8% ED% 8A% B9% EB% A1% 80% EC% A0% 9C% ED% 95% 9C% EB% B2% 95&x = 31& y = 13#AJAX〉, [saved in Korean-지방세특례제한법].

在亚洲其他国家，马来西亚减免了 PPP 公司和政府服务协议的印花税。① 菲律宾免征 PPP 公司新进口或扩大生产所购置的机器、设备、零部件和配件的进口关税，经济特区适用增值税和关税零税率，且对相关培训费用和劳务开支实行加计扣除。② 巴基斯坦免征私人企业通过 PPP 模式建立私立学校的教育设备进口关税。③ 越南对构成 PPP 投资资本的资产免征进口关税。泰国免征 PPP 项目购进机器设备的进口关税。加拿大渥太华 PPP 项目的护理人员服务（paramedic services）设施，如建于城市所拥有的土地上，可免征房产税和开发费。④

此外，美国佛罗里达州交通部门（department of transportation）与私人实体达成 PPP"建设—运营—拥有"协议，或交通设施融资协议的，免除私人实体一定的税收。⑤ 在非洲国家中，肯尼亚也对进口或购买直接用于 PPP 项目发电厂建设的设备免征增值税。⑥

3. PPP 项目实行投资抵免和加速折旧

马来西亚 PPP 公司合理资本支出的 60% 可享受投资抵免，位于经济特区（沙巴州、沙捞越以及指定的马来西亚半岛东部走廊）的企业，可享受80% 的投资抵免，⑦ 基础设施 PPP 项目可抵免当年法定收入的 85%，未抵免完的额度可结转至以后年度抵免。⑧ 泰国 PPP 项目的交通、电力和水供应设施的成本可加计扣除 25%。在肯尼亚，内罗毕、蒙巴萨和基苏木三个城市的 PPP 项目可享受 100% 的投资抵免，其余城市可享受 150% 的投资抵免。⑨ 澳大利亚 PPP 项目基础设施建设和结构改进中发生的资本支出以及早期建

---

① EAIC Advisory-Economic Research Institute for ASEAN and East Asia（ERIA）-PPP Country. Profile for Malaysia. . http：//www. eria. org/projects/PPP_ComparativeTable_February_2013. pdf.

② Quisumbing Torres Lawyers, Doing Business in the Philippines ［R］. 2012：16.

③ Sajid Ali. Education policy borrowing in Pakistan：Public – private partnerships ［M］. Aga Khan University, January 2012：9.

④ PPP Canada. AGuide for Municipalites ［R］. November 2011：51.

⑤ U. S. Department of the Treasury Office of Economic Policy. Expanding our Nation's Infrastructure through Innovative Financing ［R］. September, 2014：16.

⑥ Robert Waruiru. Public Private Partnership -Taxation ［Z］. KPMG International Cooperative, Public Sector Seminar, 4 June 2015：22.

⑦ http：//www. treasury. gov. my/index. php? option = com_content&view = article&id = 703&Itemid = 200&lang = en（last viewed 27/02/2013）.

⑧ Robert Waruiru. Public Private Partnership -Taxation ［Z］. KPMG International Cooperative, Public Sector Seminar, 4 June 2015：26.

⑨ Robert Waruiru. Public Private Partnership -Taxation ［Z］. KPMG International Cooperative, Public Sector Seminar, 4 June 2015：20.

设亏损①，可享受税收抵免优惠②。巴基斯坦允许符合条件的 PPP 企业就改善政府拥有的建筑物进行投资抵免。③ 美国为参与 PPP 清洁技术项目，购买合格混合动力汽车的私人企业提供税收抵免。④⑤ 此外，美国《复苏与再投资法案》为消费者购买 PPP 公司出售的头 20 万辆插电式电动车提供税收抵免。⑥ 印度尼西亚对 PPP 项目公司实行 30% 的投资补贴以及固定资产加速折旧（2 倍于正常折旧速度）。越南对于 PPP 投资项目以及有较高经济效益的 PPP 商业项目，可获得固定资产加速折旧优惠。⑦

从表 6-4 的归纳中不难看出，税收优惠政策已成为各国吸引民间资本参与 PPP 项目的重要激励措施，各国 PPP 税收优惠政策既有共性又有差异。目前，除韩国、马来西亚等部分国家外，很多国家并未建立相对完善的 PPP 税收优惠政策，PPP 税收政策的缺失及有限的覆盖面，是大多数国家面临的共性问题。就国际经验而言，税收优惠政策更多体现在企业所得税优惠、投资抵免、加速折旧等直接税层面，较少涉及增值税、印花税等间接税。因此，在借鉴国际经验时，应结合我国税制特点，谨慎权衡取舍。

表 6-4　　　　　　　　　典型国家的 PPP 税收优惠政策

政策	韩国	马来西亚	印度尼西亚	菲律宾	泰国	越南	澳大利亚	美国	肯尼亚
制定相关的税收法律	是	是		是		是			

① http：//www. futuretax. gov. au/content/Content. aspx？doc = FactSheets/infrastructure_tax_incentive. htm（last viewed 27/02/2013）.
② 2012 年，用于基础设施和房地产项目的管理投资信托的预提税率，由原来的 7.5% 增至 15%，这受到了澳洲基础设施合作伙伴的批评。http：//www. infrastructure. org. au/Content/SubmissiontotheInquiryonMITWithholdingTax. aspx（last viewed 27/02/2013）
③ Durban Chamber. Tax treatment of allowances in respect of Public Private Partnerships. August 26, 2014. http：//durbanchamber. co. za/profiles/blogs/tax-treatment-of-allowances-in-respect-of-public-private-partners.
④ See generally, Database of State Incentives for Renewables & Efficiency, Financial Incentives for Renewable Energy（2007）, http：//www. dsireusa. org/ summarytables/financial. cfm？&CurrentPageID = 7&EE = 1&RE = 1（last visited Apr. 3, 2009）.
⑤ See Internal Revenue Service, Qualified Hybrid Vehicles（2009）, http：//www. irs. gov/businesses/corporations/article/0,, id = 203122, 00. html（last visited Apr. 3, 2009）.
⑥ See United States Department of Energy, Consumer Energy Tax Incentives（2009）, http：//www. energy. gov/taxbreaks. htm（last visited Apr. 3, 2009）.
⑦ Article 35, Law of Investment, Vietnam.

续表

政策		韩国	马来西亚	印度尼西亚	菲律宾	泰国	越南	澳大利亚	美国	肯尼亚
企业所得税优惠	定期免税		是	是	是	是				
	降低企业所得税率	是	是	是	是		是		是	
	降低利息、股息税	是								
	降低预提所得税			是			是			
	允许亏损结转			是			是			是
	允许扣除合理费用	是			是					
其他税收支持政策	增值税减免	是			是					
	购置税	是								
	登记税	是								
	印花税		是							
	关税					是	是	是		是
	财产税	是								
投资抵免			是				是	是	是	是
加速折旧				是						

注：表格中"是"表示该国实行此类税收政策，空白部分表示该国未实施此类税收政策。

资料来源：根据前述内容整理。

6.4.3　我国 PPP 税收政策的现状、挑战及应对

1. 我国的 PPP 税收政策

我国的 PPP 项目主要集中应用于交通运输、供水供热、污水处理、垃圾处理、环境综合治理、保障性安居工程、文化体育、教育医疗等行业。这些行业 PPP 项目所涉的税收优惠政策主要包括：一是减免企业所得税优惠。对公共基础设施、环境保护、节能节水项目所得给予"三免三减半"企业所得税优惠政策。[①] 此外，项目公司在境内居民企业间分配股利，免征

---

① 详细规定可以参阅：关于鼓励和引导社会资本参与重大水利工程建设运营的实施意见（发改农经〔2015〕488 号）、关于进一步鼓励和扩大社会资本投资建设铁路的实施意见（发改基础〔2015〕1610 号）。

企业所得税；项目公司跨境分配股息给境外非居民企业，适用 10% 的预提所得税率。二是投资抵免优惠。环境保护、节能节水、安全生产等专用设备投资额的 10% 可抵免企业所得税，当年不足抵免的，可在以后 5 年结转抵免。企业利用自筹资金和银行贷款购置专用设备的投资额，可抵免企业所得税。三是增值税优惠。销售自产再生水、污水处理劳务、垃圾处理、污泥处理处置免征增值税；销售以煤矸石、煤泥、石煤、油母页岩为燃料生产的电力和热力，实行增值税即征即退 50% 的政策；销售以垃圾为燃料生产的电力或者热力、销售自产的电力或热力，实行增值税即征即退 100% 的政策。四是其他税收优惠。PPP 项目所用土地可减按每平方米 2 元征收耕地占用税。

此外，为鼓励 PPP 发展，各地方政府也相继出台了一些财税支持政策，大多设立了 PPP 专项资金和发展基金，实行以奖代补、财政奖励、运营补贴、投资补贴、融资费用补贴等政策，以支持 PPP 项目的发展，但受税权划分的局限，各地方的政府的文件中，大多未明确给出 PPP 项目可享受的具体税收优惠政策。

2. 中国 PPP 税收管理的挑战及应对

PPP 作为一种新兴的业态，再一次突显了我国税收制度对于新兴业态的税收管理相对滞后这一痼疾，对于税收管理体系的进一步完善，提出了新的挑战。这些挑战及其应对思路主要体现为以下几个方面：

（1）税制结构上的挑战：以流转税为主体的现行税制，难以适应"后工业革命"时代 PPP 事业发展的需要

尽管各国针对 PPP 这一新兴的政府与社会资本合作方式，确定了各具特色的税收支持政策，但在借鉴国际经验的取舍之间，仍旧需要加以审慎考量。就各国经验而言，更多展现了所得税减免、投资抵免等直接税层面的税收支持政策，而对于间接税则涉及不多。这符合了税制结构与文明演化的历史发展趋势，充分体现了发达经济体的税制结构，因应从"工业革命"到"后工业革命"的时代变迁，已然较为成功地实现了从"现代间接税"走向"现代直接税"的新一轮税制变革。[①]

就中国现行税制体系而言，仍旧具有较强的流转税为主体的色彩，尤其是增值税所强调的抵扣链条的完整性，使得针对 PPP 项目中间链条与交

---

① 马蔡琛. 初论互联网金融的税收政策 [J]. 税务研究，2016（3）.

易节点上的增值税减免，均会因减免税政策而人为造成抵扣链条中断，无法真正发挥其税收支持功能。因此，就短期而言，在这种税制结构下，得出"PPP 税收政策无特殊优惠"的结论，似乎也是可以理解的。当然，在个别税种上给予一定的扶持政策，仍旧是值得期待的。譬如，仅就印花税而言，可以借鉴马来西亚减免 PPP 公司和政府服务协议的印花税之经验，参考我国此前对于小微企业获得金融机构贷款免征印花税的做法，给予印花税上的减免优惠（尽管这种优惠政策难免给人杯水车薪之感）。

（2）时间差异的挑战：PPP 项目生命周期的漫长性与中国税制安排的变动性之间，存在某种内生性的冲突

对于小型项目而言，采用 PPP 模式过于复杂且成本很高[①]，故现实中的 PPP 项目，大多属于具有较长寿命周期的大型项目。就一个 PPP 项目而言，签订合同可能仅仅需要几个月，但项目的运行周期可能会长达数十年。而据调查，我国大中型企业平均统计寿命为 7~8 年，政府官员的任期名义上为五年，但实际任期往往不满三年。在漫长的 PPP 项目生命周期内，因决策者更迭、客观经济社会环境变化，而导致的税制结构调整及其引致的税负差异，对于 PPP 项目而言，具有至关重要的影响。这一点在现时的中国，表现得更加显著。其实，就很多参与 PPP 项目的企业而言，到底能够有多少财税支持优惠政策，或许并不重要，更为重要的是，各种政策调整引发的相关税收风险（即宏观税务风险），应该如何在参与各方之间合理分配，以实现有效化解。

关于税收政策调整引致的相关风险，在 PPP 项目的各利益相关主体之间如何分担，在理论上也存在着一些分歧。有的研究者认为，公共部门最具控制力的风险（如税收和汇率等法规变化等）是公共部门（往往体现为政府部门）应当承担的。[②] 而另外一些研究者则认为，税收、关税等政策改变，导致的收入降低风险，应该由投资人或者项目公司来承担。[③]

结合中国公共治理结构的现实，针对财税政策转型的拐点较为突兀、税

---

① ［英］达霖·格里姆赛，［澳］莫文·刘易斯. PPP 革命：公共服务中的政府和社会资本合作［M］. 北京：中国人民大学出版社，2016：中文版序 p. 22.

② 赵福军，汪海. 中国 PPP 理论与实践研究［M］. 北京：中国财政经济出版社，2015：137.

③ ［英］达霖·格里姆赛，［澳］莫文·刘易斯. PPP 革命：公共服务中的政府和社会资本合作［M］. 北京：中国人民大学出版社，2016：200.

制改革时间表的不可预期性等宏观税务风险①，我们认为，在 PPP 项目生命周期内因税收制度变化而引致的收入风险，应该由公共部门给予必要的补偿。考虑到地方政府官员的实际任期过短，故此类承诺需要以地方人代会或人大常委会决议的形式来加以体现，从而稳定微观经济个体积极参与 PPP 项目的中长程预期。

（3）利益空间上的矛盾：地方自主税收支持政策与税权划分的空间矛盾

目前，针对各类落地的 PPP 项目，各地方政府大多给予了诸如政府奖励、运营补贴、投资补贴、以奖代补、融资费用补贴、政府补助等多种方式的资金支持。在国际经验上，对于地方收入中的地方分成部分，也往往可以实施先征后返政策。针对这些补助收入，是否需要纳入 PPP 项目中组建的 SPV（特殊目的公司）作为应纳税所得额，缴纳企业所得税，也是一个颇为矛盾的话题。

首先，就地方税收分成部分的先征后返而言，如果作为税收收入退库处理，自然可以免去重复征税的烦恼。但对于地方政府的减免税权力，我国是予以高度限制的。其实，就道理上说，既然是地方分成部分，是否征收，是否退还，地方政府或者地方人大应该拥有完全的决策权，这也是地方税收权力的重要组成部分。因此，这类问题应该允许地方政府根据本地经济社会发展的需要，进行相机抉择的处理，上级主管部门不应过多的干涉。

其次，针对地方政府给予的各种补贴、奖励或补助，是否应该纳税，则需要在 PPP 相关税收政策中，做出明确规定。尽管补贴收入应该作为应纳税所得额是我国企业所得税法中的规定，但考虑到一旦将这些地方政府提供的补助或补贴予以课税，不仅会导致重复征税等"循环课税"现象，而且也会因企业所得税作为中央和地方共享税，而侵害地方政府的利益。因此，为了更好地促进 PPP 项目的发展，应该明确凡是在 PPP 项目合同签订之初，就已然确定的地方政府根据经营情况给予的各种奖励、补助、补贴，予以免税；但 PPP 项目合同中没有涉及的临时性补贴收入，则应该予以课税。

---

① 马蔡琛. 中国企业的宏观税务风险——基于公共治理结构的考察 [J]. 财贸经济, 2007 (12).

6.5　无形资产转让定价的税收政策①

无形资产转让定价作为各国税收管理的重要问题，主要体现为企业集团成员间转让无形资产的内部定价机制。它不仅是跨国公司用来转移利润、规避税收的一种财务手段，更是实现追求规模经济的战略管理工具。随着无形资产的跨国流动日益频繁，与之相关的确认、估值和转让问题更趋复杂化，使得无形资产转让定价成为跨国公司和各国税务机关面临的重大课题。

完善无形资产转让定价的税收政策，可以避免在华外资企业"虚假亏损"，体现税收的国民待遇原则。佐丹奴转让定价避税案就是一个典型例证。虽然佐丹奴广州分公司始终经营状况良好，但账面利润却长期极低或亏损，这种"长亏不倒"异常现象的原因是公司通过提高商标使用费计提比例，向开曼群岛等避税地转移利润②，以规避所得来源国的税收规范。

优化无形资产转让定价税收政策，还可以保证我国的税收利益，确保中外合资双方竞争公平和收入公平。如在对松下无锡合资十年亏损调查中③，松下公司为了"肥水不流外人田"，每年通过 3 亿多元的技术费、商标费将合资企业利润转回其母国，宁愿多交税而独占合资企业的税后利润，也不愿在中国境内和中方出资者分享税后利润。导致松下无锡除 2002 年实现盈利外，其余年份均大幅亏损。

本节在比较不同交易方式下的无形资产转让定价纳税规定的基础上，进一步分析中国无形资产转让定价政策的现状和问题，重点考察三个主要方面：无形资产的范围、独立交易原则和无形资产预约定价安排。在立足于现实国情的基础上，结合各国税收管理经验，提出优化我国无形资产转让定价税制的对策与建议。主要包括：无形资产预约定价安排与事后调整双轨并行；建立无形资产转移定价反避税系统；规范"走出去"企业的无形资产

---

① 马蔡琛，余琼子. 完善无形资产转让定价税收政策 [J]. 理论探索，2012 (5).

② 据报道，佐丹奴销售费用 1996~2004 年分别占销售收入的 14.38%~20.10%。其中，商标使用费分别占销售费用的 29%~54%，计提商标使用费累计达 4.8 亿元，而企业历年利润总额仅 2.7 亿元，商标使用费占利润总额的 1.78 倍。资料来源：汪江涛. 佐丹奴转让定价避税被查 [N]. 南方都市报，2007-2-13.

③ 杨瑞法. 松下无锡合资十年亏损调查 中日伙伴裂痕非一日 [EB/OL]. (2007-3-22). 人民网，http://mnc. people. cn/GB/5498977. html.

转让定价。

6.5.1 我国无形资产转让定价的税收政策存在的问题

1. 无形资产转让定价反避税工作进展迅速，但政策的规范性欠佳

近年来，我国税收管理当局在转让定价反避税方面的进展迅速，英国《转让定价周刊》发布的世界前 10 名转让定价制度较严格的国家中，我国从 2007 年的第 8 位上升到 2010 年的第 3 位，仅次于日本和印度。但从表 6 - 5 可以发现，目前我国尚未形成专门的无形资产转让定价税制规范体系，导致无形资产转让定价税收政策的规范性和可操作性不强。

表 6 - 5 　　　　　　　　　　我国现行转让定价税收政策

现行转让定价税收政策	说　明
《中华人民共和国税收征管法及实施细则》	关联交易及税务调整问题、预约定价制度
《中华人民共和国企业所得税法及实施条例》	第六章"特别纳税调整"
2009 国税发 2 号	转让定价总括性文件
2012 国税发 13 号	现有转让定价法规的原则性规定
2012 国税发 16 号	重大案件的确定及审核程序的专门规定

2. 无形资产的范围界定不全面且滞后

与经合组织国家（OECD）将无形资产加以类型划分的做法不同[1]，我国采用正列举方式界定其范围[2]。虽然国税函［2011］167 号文件提出"营销型无形资产"的概念，强调中国享有跨国公司在华新增的营销型无形资产的经济所有权，更新了无形资产的范围。然而，如何判断营销活动是否创设或提升了某项营销型无形资产的价值，以及如何量化该价值，存在高度的事实依附性。另外，对于土地使用权这一颇具中国特色的无形资产，国际上普遍认定为固定资产，我国应如何处理这种中外差异？地段较好的土地使用权将有可能升值，对于巨额增值，是否需要进行利润分割？这些问题如果不

---

[1] OECD Transferring Pricing Guidelines for Multinational Enterprises and Tax Administrations (2010)，Chapter Ⅵ.

[2] 《企业所得税法》第 41 条规定：无形资产转让和使用的范围，包括土地使用权、版权（著作权）、专利、商标、客户名单、营销渠道、牌号、商业秘密和专有技术等特许权，以及工业品外观设计或实用新型等工业产权的所有权。

能达成共识性判别标准，难免会导致不必要的税务争端。

3. 独立交易原则（ALP）的应用困难

独立交易原则要求无形资产转让价格须参照可比企业相同交易下的价格。在现时的中国，独立交易原则是税务机关唯一认可的原则，也是转让定价税制的核心准则。然而，由于无形资产的排他性和独占性，导致现实中难以找到允当的第三方交易价格。独立交易原则的具体应用困难，主要表现为：

（1）成本分摊协议（CCA）的调整不明确。成本分摊协议作为一种无形资产分散性所有权的体现，通过将预期收益与相应成本支出匹配，试图解决无形资产的跨国共同所有权问题，以避免重复征税。当参与方获得的实际所有权收益与成本分摊比例一致时，无须支付特许权使用费及其他报酬。我国企业所得税法第 41 条规定，"按照独立交易原则与其关联方分摊共同发生的成本，达成成本分摊协议。"由于我国采用的是预期收益分摊标准，独立交易原则的应用困难在于，须针对研发进度和变化，不断调整预期收益与实际收益的差异。我国当前并未明确如何调整，只是规定"不符合独立交易原则的自行分摊成本不予扣除"①，这可能造成研发成本的不合理扣除，加上 CCA 可免去 10% 的预提所得税和 5% 的营业税这一有利条件，CCA 很可能成为跨国公司在华避税的新工具。

（2）无形资产转让价格难以确定。无形资产转让价格的确定方法如表 6-6 所示，在运用顺序上，OECD 国家将比较利润法作为不能使用比较价格法时的"最后方法"。比较而言，美国采用最佳方法原则的做法，更为灵活且务实。在如何证明独立交易问题上，我国目前的三种定价方法均存在一定困难。首先，成本加成法作为最常用的方法，主要考虑到在华外资企业大多为制造业企业的现实。但是成本基础上产生的利润水平，与企业营销活动应该取得的收益，往往不相匹配。其次，应用可比非受控价格法过程中，难以从本土企业找到可比对象和交易数据。最后，利润分割法作为国际上公认的最适合确定无形资产转让价格的方法，与前两种方法相比，用来评价各关联企业对受控交易贡献值的外部市场数据，与交易本身的联系不够紧密，

---

① 《纳税特别调整实施办法（试行）》第 75 条："不符合独立交易原则的自行分摊成本不予扣除。"而《实施办法》第 70 条："企业不按独立交易原则对上述情况（加入支付、退出补偿、参与方变更、协议终止）做出处理而减少其应纳税所得额的，税务机关有权做出调整。"这导致在具体问题上，企业难以把握是"不得扣除"还是"由税务机关调整"，容易引起征纳双方的无谓争议。

这在一定程度上有违可比分析的初衷。

表 6 – 6　　　　　　　　　无形资产转让定价方法及分析

无形资产转让定价方法		符合 ALP 的证明	适用范围	我国应用情况
比较价格法	可比非受控价格法（CUP）	可比非关联交易价格	有高度可比的非关联无形资产交易	使用较多
	再销售价格法（RPM）	可比非关联交易毛利率	再销售者未更换商标下的简单加工或使用无形资产	暂无使用
	成本加成法（CPM）	可比非关联交易成本加成率	制造商无研发，也无无形资产	使用最多
比较利润法	利润分割法（PSM）	职能分析	各参与方关联交易高度整合且难以单独评估各方交易结果	较少使用

注：交易净利润率法并不考虑企业开发的无形资产对关联企业受控交易利润的贡献，所以不适用于无形资产交易。

（3）"二次调整"难以执行。为遵循独立交易原则，税务机关在某种程度上仍愿意延续国税函［2006］901 号文件，要求企业在转让定价调查和调整后，进行相应的账务处理。事实上，这种做法是值得商榷的。一是，税务机关往往只重视如何将税款补缴入库，而忽略账务调整。二是，将转移出去的利润调转回来时，面临重复征税的风险。三是，境内企业将查补的所得税直接冲减未分配利润的做法，可能会形成新的亏损或扩大既有亏损，而亏损额则会向以后年度递延结转。对外资企业来说，中方的利益难以保证，容易助长转让定价避税的趋势。

4. 预约定价安排（APA）的应用局限性

APA 通过事先将无形资产转让所涉及的定价方法向税务机关报告，并达成一致协议，作为计征所得税的依据。如果税务机关在事前审查中认可这一转让定价是符合独立交易原则的，即可避免事后的审查与调整。这种做法维护了主权国家的税收利益，也控制了企业被调查或被重复征税的风险。随着中国内地和香港关于 APA 相关文件的相继出台①，无形资产预约定价安排逐渐流行。与 2009 年相比，2010 年受理和达成无形资产预约定价安排的数

---

① 国家税务总局于 2010 年、2012 年发布《中国预约定价安排年度报告》介绍了预约定价安排基本内容和官方历史数据，对理解中国当前、未来 APA 趋势极具借鉴和指导意义。香港特别行政区于 2012 年 4 月实施预约定价安排项目。

量均有所上升①，双边预约定价安排也达到 22 个。

对于无形资产预约定价安排，显著的缺点是适用对象的局限性：申请者须同时满足三个条件②，APA 评审程序多而繁，成本过高，故而只有大中型的跨国公司才可能选择无形资产预约定价安排。

6.5.2　完善我国无形资产转让定价的税收政策建议

1. 无形资产预约定价安排与事后调整双轨并行

税务机关可以向大型跨国公司推广无形资产预约定价安排，同时致力于提升服务质量，具体包括精简程序，提升业务能力、加强保密性等方面。同时，还可以在税务管理过程中引入事后调整制度。具体操作要点如下：

（1）成本分摊协议的调整门槛问题

可以借鉴美国的做法，如果 CCA 的任一参与方在某时期内实际收益高于或低于预期收益的 20% 以上，则不仅需要按照实际收益比例对当期或未来期间各方承担的成本份额进行调整，而且该调整具有相应的追溯力。同时，税务机关还应关注成本分摊协议（CCA）引发的其他税务问题，如 CCA 对于技术研发费加计扣除的影响、预提所得税的征收管理等。

（2）转让合同的定期调整问题

也可参考美国的经验，如果无形资产转让合同超过 1 年，税务机关应要求跨国公司在以后的每一纳税年度对原价格进行调整。一般来说，无形资产转让费应随时间增加而逐渐减少，因为中方很可能因营销功能的履行、风险分担的不断变化产生新的营销型无形资产，享有一定的价值回报。至于如何量化推广策划等方式的营销型无形资产，可以考虑采用超额利润分割法。③税务机关应要求无形资产交易合同对营销功能的履行、风险承担做出具体规定，并提供详细完整的证明文件。

---

① 2009 年、2010 年涉及无形资产转让和使用的 APA 情况：2009 年受理 APA 件，达成 APA13 件；2010 年受理 APA15 件，达成 APA15 件。

② 《征管法实施细则》第 53 条、《企业所得税法》第 42 条、《企业所得税法实施条例》第 113 条及《特别纳税调整实施办法（试行）》规定：企业须同时满足年度发生关联交易金额在 4000 万元人民币以上；依法履行关联申报义务；按规定准备、保存和提供同期资料等三个条件，方可申请预约定价安排。

③ 超额利润分割法是指按两个步骤（即先按正常贡献分配收入，后分配超额利润）进行合并营业利润或亏损的分割。

（3）"二次调整"的问题

企业在转让定价调查和调整后，需要集团内其他实体依据转让定价调整的内容，进行相应税务调整；然后将其账务还原成"假设企业从一开始就遵循了独立交易原则"的状态。账务调整中，要求纳税人按照转让定价调整的结果，对各被调整年度分别建立带息的关联应收或应付账务记录。如果二次调整涉及在中方的股息，可以选择股息抵消的方式。因二次调整引致的预提税，也可以申请税收抵免。

2. 建立无形资产转移定价反避税系统

对于避税处罚问题，当前存在一种隐忧：较为严格的无形资产转让定价税制，可能会影响招商引资环境。其实，在发达经济体中，利用无形资产转让定价避税的惩罚也是相当严厉的。比如英国对 IBM 的特许权使用费进行审查，发现英方公司单方面将特许权使用费从其销售额的 8% 调整到 12%，造成英方亏损。英国税务当局要求 IBM 支付 7 亿英镑的罚金。[①] 考虑具体国情，有必要实行鼓励外资向中国转让先进技术的税收优惠政策。同时，参照国际经验制定具体的罚则：对避税动机强烈的无形资产转让定价行为予以严厉处罚；对于因经营管理目标引致的避税行为，如能提供合理说明，则可考虑不予处罚。

3. 规范"走出去"企业的无形资产转让定价

在鼓励国内企业"走出去"的战略引导下，首先，应当重点关注哪些"走出去"企业适用于转让定价条款，敦促企业及时报送关联企业申报表，对于逃避税款建立相应的处罚，做到企业利益和国家利益一致。其次，鼓励法人投资和研发活动。譬如，设立中国企业自海外收取的特许权使用费免税等优惠措施，鼓励中国企业创新并扩展其技术影响力（可借鉴日本的做法，设立科技产业海外所得特别扣除）。最后，由于当前税务机关在处理境外投资经营涉税事项方面，缺乏足够的工作经验，故而需要强化"走出去"企业涉税处理案例库的建设，为今后类似情况的妥善处理，提供具有启示性价值的参照体系。

---

① Prem Sikka, Hugh Willmott. The Dark Side Of Transfer Pricing: Its Role in Tax Avoidance and Wealth Retentiveness [J]. Critical Perspectives on Accounting, 2010, 21: 342 –356.

6.6　自由贸易区税收争议的解决：
基于设立税务法院的视角①

　　自由贸易区建设已成为我国新一轮改革开放的重要试验区与突破口。综观各国自由贸易区的发展历程，大多呈现为从传统保税区到自由贸易区的过渡与转型。与保税区更加注重税收优惠的制度安排相较，自由贸易区则体现为贸易、金融、投资、财税管理的综合性制度创新。因此，在自由贸易区的建设过程中，税收政策是其中不容忽视的关键核心因素，也是容易引发争议的问题高发领域。

　　在某种程度上，作为自由贸易区，其通常意义上的"税收制度"是非常简化的，然而这样一个从"有税"到"少税"（甚或"无税"）的过程，是渐推渐进而非一蹴而就的。在自由贸易区的建设过程中，既要明确未来自由贸易区税收体系的发展目标，又要逐步制定分步实施的具体阶段性关键节点，有序规划自由贸易区建设的早期阶段，其财税政策框架与制度安排的基本路线图。在高度开放的自由贸易区建设中，很可能牵扯到国际税收管辖权、国际税收协定、国际反避税等跨国涉税争议问题。因此，需要未雨绸缪地尽快建立自由贸易区的国际税收争议协调与解决机制，在保障纳税人权益和维护国家税收主权利益的同时，有序促进自由贸易区的健康发展。

6.6.1　构建自由贸易区税收争议解决机制的必要性

　　首先，化解国际重复征税的现实需要。税收管辖权作为国家主权的重要体现，是一国运用税收政策实现区域经济一体化的必要手段。目前，多数国家同时行使居民税收管辖权和所得来源地税收管辖权，这在某种程度上加剧了国际重复征税，容易诱发国际逃避税行为，阻碍了经济全球化和区域经济一体化的有序推进。从这个意义上讲，在自由贸易区的税收管辖权划分中，可能会因涉税管辖权的选择标准差异，而引致某些国际税务争端。对此，除

---

　　① 马蔡琛，王璐. 自由贸易区税收争议的化解与防范：基于建立税务法院体系的思考 [J]. 财税研究，2013 (11).

了进一步完善的税收国际协调机制外，更需要专业的税收司法机制来最终裁定贸易中发生的涉税争端。因此，自由贸易区专门税务法院的设立问题，也就随之成为一个未雨绸缪的重要命题。

其次，防范国际逃避税行为的前瞻性需要。随着自由贸易区建设的深化，通过降低关税和工商税收政策调整，将会逐步形成跨国资本的虹吸效应，与之相应的国际避税活动将呈现更为复杂多样的发展态势，特别是存在税收协定滥用、资本弱化、转让定价等方式规避税收的可能，这不仅违背了自由贸易区建设的初衷，也损害了国家的税收主权利益。由于这些涉案对象大多为跨国纳税人，税收争端的解决机制与处理方式，不仅涉及企业的自身利益，还会关系到相关国家之间的经贸关系。因此，在自由贸易区设置专业化的税务法院来解决跨国涉税争端，可以最大限度地保护国家和纳税人的权利。

最后，推进中国税收管理法治化的时代需要。我国正处于构建自由贸易区税收政策框架的探索阶段，面对现实的贸易涉税争端解决，需要国家司法体系的有效保障。自由贸易区涉税案件通常具有很强的专业性，对审判人员的专业素养要求也较高。这就需要法官在具备相关法律知识的同时，还要掌握一定的会计、经济、贸易、财税知识，其从业人员必须经过特别遴选，并非普通法庭的审判人员能够胜任的。同时，国内税务、司法、海关系统也往往缺乏联动机制，缺少税收与法律知识兼备的税务人员，在税收法制体系的建设中缺乏内生动力。因此，在自由贸易区设立专门税务法院，也体现了推进中国税收管理法治化的时代要求。

6.6.2 税务争端解决机制的国际经验

1. 在设置区域性税收征管机构时，根据需要按经济区域设置，打破行政区划的限制

许多国家在区域性税务管理机构的设置过程中，往往突破既有的行政区划限制，按照经济发展水平、人口密度、税源分布等来划分经济区域，并相应设置较具经济区域性色彩的税务机构。特别是在自由贸易区设立的税务机构，重点解决贸易中涉及的国际税收等问题，同时在海关协助下，解决某些较具特殊性的跨国税案，有利于税务机关提高办税效率。如在加拿大，其大区税务局及下属的征收中心之设置，均不受行政区划限制，而是按照经济区域来加以构造的。如多伦多市就设有三个税务法庭，温哥华设两个，渥太华设一个。20 世纪 80 年代以来，荷兰突破了传统行政区域的界限，将全国划分为五个税收征管区，在每个税区内设立若干征收分局。按照经济区域来构造税收征管体系，既可以使税收征管当局摆脱行政区划的限制，又能够进一步促进资源共享。

2. 设置专门的税务司法或准司法机构

在各国税收征管实践中，通常会设立专门的税务司法机构，并赋予其相应的管辖权与独立性。例如，美国、加拿大、韩国、日本等国就专门设有税务法院。在加拿大，涉税民事案件须先交由税务法院审理。在美国，税务法院在各地巡回处理案件，对其判决不服的，可以上诉至联邦法院乃至最高法院。在自由贸易区的发展过程中，税收争议案件涉及税收管辖权、反避税等国际税收问题，更需要独立税收司法机构裁决，以公平地维护各方利益，减少自由贸易区内的贸易摩擦。

6.6.3　中国自由贸易区税务法院争端解决机制的初步设想

1. 在现行司法体系下设立专门的税务法院

自由贸易区税收争端的有效解决，除了依据双边和多边国际税收协定的约束，还依赖于完善的税收司法体系。鉴于自贸区涉及跨国税案的特殊性，可以成立由税务师、注册会计师、资产评估师、律师、法官等主体组成的专门税务法院，专门负责审理各类涉及自由贸易区税收争端的民事、刑事、行政等案件。

首先，税务法院应隶属于司法系统，暂时应在自贸区属地人民法院设立，以实现税务案件初审、上诉的顺畅。其次，尽快改革税务行政复议前置的传统做法，允许纳税人针对涉税争议直接提起行政诉讼。通过在税务行政复议与涉税诉讼之间建立起竞争机制，从而有效提升涉税争议的解决效率与公正性。

2. 保持自由贸易区税务法院的司法独立性

结合我国国税系统垂直管理的 20 余年实践，在自由贸易区建立税务法院垂直管理系统，需要充分考虑税收司法管辖权的审级要求。为突显自由贸易区税务法院的司法独立性，在自贸区内，对于涉税当事人选择向普通法院起诉的税务争端案件，在符合两审终审和审判监督制度要求的前提下，应由高级人民法院直接介入有关审理程序，以最大限度保证司法的独立性。

3. 设立自贸区巡回税务法庭制度，作为过渡性制度安排

由于我国目前还处于自由贸易区的初探阶段，税务司法体制还不健全，特别是在对于自由贸易区可能出现的税收争端问题，尚处于经验积累阶段，专业的税收、法律人才相对缺乏。因此，可以将巡回税务法庭制度作为一种可供选择的制度安排。在涉税案件的一审阶段采用巡回法庭审理制度，对于涉税案件当事人的权利保护与税务司法公正，都将产生广泛且深远的影响。

第7章 税务部门的人力资源建设

7.1 税务部门人才发展的现状、问题与对策[①]

税收制度是一种税收参与者的道路规则，税务人才开发构成其重要的实施机制。一定的税收制度需要与之适应的税收管理实施机制；税收管理又由相应的组织架构和人力资源组成，其中人的因素具有决定性作用；人才发展决定了税收管理的优劣，进而影响税制的变迁与演进。

7.1.1 我国税务部门人才发展的现状分析

1. 公开招考录用机制基本形成

从 1994 年以来，税务系统录用公务员逐步采取公开招考的办法，使得其年龄结构、学历结构有了较大的改善。从学历结构看，截至 2012 年 12 月，研究生约占 3.64%，本科生约占 56.26%，专科学历约 32.66%[②]；从年龄结构来看，逐步形成了以 30 岁至 45 岁为主体的税务人才梯队。

2. 竞争性的选拔任用机制日趋规范

从 1994 年开始，在部分省市基层税务机关的竞争上岗试点工作取得初步成效后。目前，除少数特殊岗位外，副厅级以下领导干部大都采取竞争上

---

① 马蔡琛，张德庆. 税制改革视野中的税务部门人才发展：现状、问题与政策建议 [J]. 广东社会科学，2007（5）.

② 黄平安. 税务干部队伍现状与领军人才培养的必要性和紧迫性. 湖南税务高等专科学校学报，2014（10）.

岗的办法产生，干部选拔任用工作由"关门点将"变为"比武选将"，提升了工作透明度。

3. 相对完整的培训体系日渐完善

建立了以初任培训、任职培训、更新知识培训和专门业务培训为主要形式，以出国（境）培训、学历培训等为补充的税务人才培训体系。在高层次人才培养方面，主要采取依托著名高校的高学历教育形式，造就高学历、复合型的税务人才。截至 2012 年 12 月，已经培养了具有硕士、博士研究生学历学位的税务干部 27527 人。[①] 税务领军人才遴选培养自 2013 年起步，3 年招收了综合管理、税收业务和税收信息化管理 3 类 3 批 9 个专业领军人才学员 425 名，平均年龄 37.6 岁。2015 年第三批领军人才选拔经个人申报、组织推荐、笔试、面试、业绩评价与考察、审定等 6 个环节的竞争和甄选，从 2000 多人中选出 126 人。421 名领军人才全部具有硕士以上学位，博士 77 人。税务系统外的 26 名来自大型企业、高校研究机构和涉税中介机构。[②]

4. 考核和奖惩作用逐步显现

目前，我国税务人员考核以履行岗位职责和完成年度工作目标为基本依据，内容包括德、能、勤、绩、廉等方面，既涵盖了税务人员的自身素质，也包括了税务人员对社会的贡献。通过考核与奖惩，调动了税务人员的工作积极性，在一定程度上抑制了违法违纪行为。

7.1.2 税务部门人才发展中的主要问题

1. 税务人才整体素质有待提升

由于历史的原因，我国税务系统的人员构成比较复杂。1994 年税制改革以后，人员增长很快，但真正受过专业系统训练的人数仍旧相对较少。同时，由于我国经济发展较快，税源增长幅度较大，征收任务繁重，税务干部较少有时间进行系统的专业学习，特别是在基层征收一线表现得更为突出。我国西南地区某市级税务局的一项早期调查表明，在税务人员学历构成中，

---

① 黄平安.税务干部队伍现状与领军人才培养的必要性和紧迫性.湖南税务高等专科学校学报，2014（10）.

② 资料来源：国家税务总局网站：严管善待铸铁军，秣马厉兵任驰骋［OL］.http：//www.chinatax.gov.cn/n810219/n810724/c1982956/content.html.

有一半以上是通过非脱产学习的方式获得的①，学习的质量和效果难以保证。

　　一是在专业结构上，税务系统中具有一般性财税知识的人员较多，而系统地学习过会计、法律、经济、计算机专业知识的人员则较少。同时，由于缺乏良好的学习激励保障机制，部分税务人员不注重知识更新和继续学习，难以适应税收征管工作的要求。

　　二是在整体分布上，经济发达地区、大中城市的人力资源较为集中，可供使用的人才选择空间较大。而在经济欠发达和边远地区，人才数量和质量相对较低。在人力资源的纵向分布上，上下级税务机关、城市分局和乡镇税务所，均存在分布不均衡问题。以西南地区的 A 省为例，截至 2005 年，从省局到县（市、区）局，高学历层次（本科以上学历）占本级比重逐渐减少，低学历层次（大专以下）逐渐增加（见图 7 - 1）。

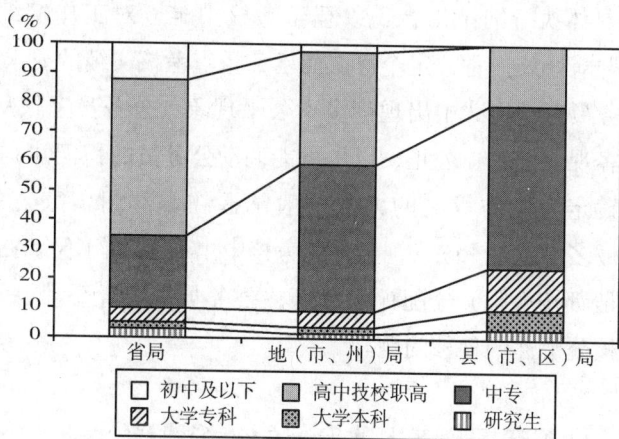

图 7 - 1　2005 年 A 省地税人员学历构成

资料来源：A 省地税局 2005 年人事统计报表。

2. 培训与开发不到位

　　第一，缺乏前瞻性，表现为对税收制度变化的被动适应。目前的税务培训大都按照"缺什么补什么"的思路安排，重点更多放在当前业务的需要上，而忽视对未来工作进程中所需知识、技能的预测和分析。常常是一项新的税收政策出台后，组织大规模的学习，通过"形式化"的考试结束培训，表现为对税收制度变化的被动适应。

① 《A 省 N 市地税系统教育培训状况调查分析》（未刊稿），2007。

第二，忽视培训对象的个体需求差异，缺乏针对性、实用性。在培训对象的选择上，忽视具体岗位的人才需求差异，培训资源浪费较大。在一项早期的问卷调查中，有54.1%的税务人员认为，培训的针对性和实用性很低或较低。[①] 我国现有税务人员培训形式较为单一。各类培训班通常缺乏必要的案例分析、角色扮演等其他科学的培训方法。培训过程中忽视素质锻炼和能力提高的教育环节，心理训练尤为不足。

3. 激励与约束软化

一是考核指标设计不合理。由于税收制度的强化作用，税收任务的完成情况历来是考核税务机关及其工作人员的首要指标。一旦税收任务完不成，即使其他方面做得再好，总体上仍要被否定。

二是考核方法不科学。目前，我国税务人员的考核内容包括德、能、勤、绩、廉等方面，重点是考核工作实绩。但是由于并无具体要求如何考"绩"，也无具体执行细则出台，以至于考核中难以对工作实绩进行考核，依然是领导群众评议一番，定个等次而已，重点考核实绩的要求基本落空。

三是公务员考核实践中出现诸多不公平现象。公务员考核从结果上看，要尽量做到客观、公平、公正，以尽可能调动公务员的积极性，但是由于一度规定"被确定为优秀等次的人数一般掌握在本部门国家公务员总人数10%以内，最多不超过15%"，于是在考核中出现了部门不分绩效优劣一律按比例（一般都按上限）分配评优名额，公务员中"轮流坐庄"当优秀等严重影响考核公平性的种种问题。

7.1.3　完善我国税务人才发展的政策建议

1. 税制改革视野中的税务人力资源管理目标选择

新一轮税制改革将有利于提高我国税制的总体效率，就税务人力资源管理而言，可能产生两个方面的影响：一是对公平原则的重视，探寻税收中性与税收调控的平衡点。这可能导致税务机关从"权力型"向"责任型"、从"控制型"向"服务型"的转变，从而使税务人员的绩效考核由"收入导向"转向"纳税人导向"成为可能。二是对税务行政效率的追求，将进一步强化人力资源获取与配置的市场化。

---

① 《A省地税系统教育培训状况调查分析》，（未刊稿），2007。

相对于传统税务人事管理来说，现代税务人力资源管理其主要特征表现在：在管理理念上"以人为本"的人本管理；在管理目标上是以结果和纳税人为导向的绩效管理；在管理范围上"全员参与"的民主管理；在管理策略上是运用"系统化科学方法和人文艺术"的权变管理（见表 7-1）。

表 7-1　　　　　　　　　　现代税务人才发展与传统税务人事管理的比较

项目	传统税务人事管理	现代税务人力资源管理
管理理念	以事为中心，强调组织权威和个人服从，侧重人力成本控制	以人为本，注重人的能动性和创造性，侧重人力资源开发
管理目标	以完成税收收入为主要目标	以结果和纳税人为导向，充分回应纳税人正当要求
管理范围	主要限于税务人员招聘选拔、工作委派、人事档案管理等琐碎的具体工作	全体税务人员参与的民主管理
管理策略	封闭性、就事论事地处理问题，主要凭借经验管理，方法简单，无特殊技术	开放性、动态性地面对外部挑战，有系统化、科学化的一套专门方法技术

资料来源：根据李宝元：《人本方略：现代公共人力资源开发与管理通论》（经济科学出版社2003 年版），结合税务人力资源管理发展方向概括而来。

新一轮税制改革对税务人才发展提出市场化、人本化、法治化的要求，同时也提供了人力资源管理变革的动力，使其朝着更具有适应性、预见性、开放性的方向发展，其主要目标包括：

——适应税制改革的要求，促进税收制度与人才发展的协调推进。通过科学的人力资源管理，降低税制的运行成本，保障税制有效运行和进一步优化。

——以结果和纳税人为导向，充分回应纳税人的权利要求。树立现代税收服务观，实现税务人员由单纯管理者向服务者的角色转变。把为纳税人服务、让纳税人满意作为税收工作的出发点和归宿点，并将税收服务贯穿于税收征管、稽查、监控和培养税源的全过程。

——实现"以事为中心"向"以人为本"的转变，充分发挥税务人员的主观能动性。通过健全科学合理的人才开发机制，使全体税务人员乃至纳税人都参与到管理过程中，开放性、动态性地应对外部挑战，使个人价值目标的实现与组织发展战略协调一致。

2. 促进税务部门人才发展的相关政策建议

（1）获取与配置的市场化

新一轮税制改革，将要求更高的税务行政效率。通过市场化的人力资源配置机制，可以从外部市场上吸引更多的优秀人才进入税务系统。同时，建立税务系统内部人力资源市场，可以提高人力资源的配置效率，进而提高整体税制的运行绩效。

第一，应当建立完备的税务人才引入机制。

首先，在科学的职位分析和供求分析的基础上，完善考试录用制度。通过职位分析，提出人才需求，结合税务系统内外的人力资源供给状况，制定人力资源引进策略。

其次，对一些专业性很强的特殊职位、特殊项目，可以引入税务雇员制。政府雇员制是一种市场化、契约化的行政公务人员管理制度①，它与传统的公务员制度相辅相成、并行发展。在税务实际工作中，有一些专业性很强的任务、项目是难以由现有税务人才队伍全部承担的，有必要雇用专业人才为税收管理工作提供一定阶段的专项服务。由于政府雇员制这一制度本身的灵活性，税务部门可以根据其工作的需要，面向社会雇用各种类型、各种层次的专业技术人员。同时，这一制度的推行，引入人才竞争机制，可能产生"鲶鱼效应"②，促进我国税务公务员制度形成能出能进的良性循环。

第二，应完善税务人才流动机制。

一是，完善竞争上岗制度。明确规定竞争上岗的适用范围，除个别特殊岗位外，一律纳入公开竞争的范围。通过完善的竞争上岗，提升组织内部的满意度，优化组织内部的环境，减少领导职务任命中可能产生的各种消极因素。

二是，完善交流和辞职、辞退制度。通过税务人员转任、调任、挂职锻炼和辞职、辞退，进一步改善税务人员的地区分布、部门分布不合理的状况。对于税务人员转任，可以采取公开报名，双向选择的办法，通过合理的流动找到合适的岗位。同时，鉴于管理体制的原因，应与组织部门协调，加大税务人员系统内外交流的力度。

---

① 政府雇员是指政府从社会上直接雇用的法律、金融、经贸、信息等方面急需的专门人才，以及打字、驾驶、维修等普通技能型的工作人员，他们一般不占用行政编制，不直接行使行政权力，按照雇用合同的约定享有权利、履行义务。在推行政府雇员制的英、美、澳、新等西方国家，政府雇员的人数大致占其行政公务人员队伍的10%~20%。

② 经济学所谓的"鲶鱼效应"是指：不少人爱吃沙丁鱼，但沙丁鱼很娇贵，不适应离开大海后的环境，用不了多久就会死掉。为延长其存活期，渔民将几条沙丁鱼的天敌鲶鱼放在运输容器里。为了躲避天敌的吞食，沙丁鱼在有限的空间里快速游动，反而保持了旺盛的生命力。

（2）培训与开发的个性化

从我国税制演进的历史来看，税务人员的培训与开发常常是人力资源管理适应税制变迁的一个重要手段，表现出一定的被动适应性和盲目性。而面临新一轮的税制改革，税务人员的培训与开发应更具前瞻性、主动性和针对性。

作为税收管理目标实现的手段，走向战略性的人力资源管理正在日益成为税务部门回应税制变迁，提升税务部门竞争力和可持续发展能力的重要工具。学习型组织的建设为这一变化提供了可能的途径。税务部门在创建学习型组织的过程中，要进一步完善培训与开发的具体措施：

第一，重视培训需求分析。培训需求分析是培训工作的基础和首要环节，是保证培训有效性的前提。根据需求分析，确定培训目标，寻找实现培训目标的适宜培训方式和手段。

第二，完善培训的考核和评估。从过去追求数量、讲求形式的粗放管理模式，向追求质量、讲求实效、规范化、标准化的精细管理转变；从重视学历教育向注重能力提高的素质教育转变。同时，强化培训的考核评估，真正做到培训与奖惩、任免等结合，以考核促培训，以激励促教育。

第三，降低成本，实行外包。交易成本理论认为，如果交易的内部成本大于外部成本的时候，企业就应该选择外包的方式来经营这项业务。税务人力资源管理中的人员培训，有一部分可以外包给专业的机构来完成，以降低培训成本（MPA 和税务专业硕士教育可以说就是外包的一种良好实践形式）。通过外包培养高层次人才，既能为税务部门树立良好的社会形象，又能提高税务部门在理论界的地位，可以作为今后税务人才开发的重要途径。

（3）激励与约束的人本化

在财政公共化背景下的新一轮税制改革，可能导致税务机关从"权力型"向"责任型"、从"控制型"向"服务型"的转变。与此相适应，税务人员的绩效考核应该由偏重收入考核转向"纳税人导向"和"结果导向"的绩效考核机制。

首先，考核定量化。对税务机关及人员的考核应该包括税收成本。在实际操作中，要注意两方面因素的影响：一方面是对不同经济发展水平的地区而言，其经济规模、税源结构、征管难度均有所不同。经济发达地区税源丰富，征管条件较好，而经济欠发达地区为取得同等的收入可能要付出更高的成本。另一方面是长期成本与短期成本的关系。例如短期的大规模人员培训可能会导致税收成本的大幅上升，而这一成本在理论上应由以后时期分摊。在考核方法上，定性与定量相结合，进一步加强指标的量化。同时，增加考核的科技含量，提高考核的自动化程度。

其次，考核公开化、动态化、效用化。以纳税人满意度作为重要的考核指标，充分回应纳税人的正当要求，以建立良好的征纳关系，降低税收制度的运行成本。由总结性考核向过程性考核转化，也就是将考核置于税务人员的整个管理过程，而不是仅限于事后评定。

（4）税务人才发展文化氛围的优化

在新制度经济学的分析视野中，税收文化是非正式税收制度约束的重要内容，税收文化是内在或内置的，构成税务人员行为习惯和思维方式的一个有机部分。良好的税收文化可以降低正式规则变迁的成本。就税务人力资源管理而言，以税收文化建设为平台，营造人力资源发展的良好环境，对于新一轮税制改革目标的实现具有重要意义。

税收文化形成是一个耳濡目染、潜移默化的过程，其变化也是一个不断积累和连续发生的过程。首先，构建共同愿景。税收文化是一种组织文化，税务机关应以维护国家利益、纳税人权益和税务人员权益并实现三者价值最大化，作为中心使命和税收文化的基石。共同愿景的构建既是税收文化建设的核心，又是人力资源管理的有效手段。其次，塑造良好的税务形象，以良好的组织形象吸引人，以崇高的税务精神塑造人，以民主管理激励人，以情感注入感动人。最后，形成并发展适合税收工作实际的共同的价值观念，通过对共同价值观的内化控制，形成精神力量，增强税务人员的使命感和责任感，从而实现基于凝聚力基础上的个人目标和组织目标的高度一致。

7.2　基层税务人员的激励考核机制[①]

目前，基层税务人员占整个税务系统的70%以上，税务部门作为垂直管理系统，税务人员在部门之间流动性差，对于基层组织内部的公平与激励问题更加敏感。

---

①　马蔡琛，韩文锋. 基层税务人员的激励考核问题研究［J］. 学术论坛，2009（7）.

7.2.1 基层税务系统人力资源管理的特点

基层是指行政管理体系中的最低层次。对于税务系统而言，基层税务部门则主要是指县级（城市的区、不设区的市）税务部门，也就是税收法规的具体实施者和组织税收收入的主要承担者，一般为正科级及其以下的单位。基层税务部门人力资源管理的特点，主要体现为以下几个方面：

一是，主体的低层权威性。与其他社会组织相比，基层税务部门作为垂直管理的基层政府职能部门，相对于执法对象而言，基层税务部门拥有法律赋予的行政执法权力，而相对上级机关来说，则是其下属的基层组织，其执法权力的大小、程度均由上级机关通过法律、法规予以规定，其执法权力具有相对的规定性、服从性。这种主体的地位特殊性，决定了基层税务部门人力资源管理具有低层权威性的特点。

二是，目标的公益性。相对其他社会组织来说，基层税务部门人力资源管理的目的性，呈现较为典型的公益性特点。基层税务部门作为公共职能部门，拥有的执法权力是由人民赋予的，它所追求的利益理应是执法为民和为国聚财，是属于全体人民的公共利益，理论上不应存在自身的特殊利益。

三是，体系的相对复杂性。基层税务部门较之其他政府职能部门更具复杂性，横向上看它是地方政府的一个职能部门，纵向上又是从属于上级税务机关的基层单位，接受双重领导。这种垂直管理下的双重领导体制，导致其组织系统相对复杂。

四是，系统运行的相对局限性。由于历史原因，现有基层税务部门人员已经基本饱和①，客观上难以大范围获取新的人力资源。按照现行人事管理体制，税务部门的人事权已然高度集中，基层税务部门人员流动性差，而且受组织层级限制，基层税务部门可提供的职位层次低、数量少，采取职务激励和竞争上岗激励的空间有限，薪酬管理体制未能取得突破性进展，从收入分配上看，"论资排辈"的平均主义现象仍然存在。

---

① 这里的饱和是从人员数量上说的，由于早期的税务系统进入渠道不规范，一些县区税务局自己具有用人权力。在人事权规范之前，造成了大量人员通过内部招工进入税务系统，这导致了税务人员在数量上已经基本饱和。

7.2.2　我国基层税务系统激励考核机制的现状与问题

1. 基层税务部门人力资源管理的现实状况

目前，税务系统人力资源管理的现状，可简要概括为以下几个方面：

一是，人员分布主要在基层。早在 2003 年的全国税务系统基层建设工作会议上，就曾指出 70% 以上人员分布在基层。以位于豫北地区的河南省 A 市国税系统为例，2007 年全系统 470 人，市局机关只有 76 人，基层税务人员则有 394 人之多（占 83.8%），其下属的 B 县国税局有 128 人，占到全市国税系统基层人员的 32.5%。

二是，人员素质逐步提升。随着税务系统公务员招录制度的日渐完善，税务系统招录门槛逐步提高，新进税务人员的素质得到一定程度的保证。另外，税务系统内部对干部教育的力度逐步加大，培训层次逐步提高，税务系统人员素质得到不断提升。如上述河南省 A 市所属的 B 县国税局，近几年新进人员逐步成为各科室、分局的业务骨干，原有税务人员也随着省、市国税局的各种高层次专业培训，提升了业务素质。根据调研结果显示，2003～2007 年间，B 县国税局干部职工参加各层次培训班 200 多人次。

三是，人员学历、学位层次不断提高。近年来，招录公务员要求具有一定的学历层次，使新进公务员都具有大专以上学历层次。同时，各级税务机关特别注重加强现有干部职工学历、学位教育，联合全国多所高校选派干部职工参加学历、学位教育，使全国税务人员学历、学位层级不断提高。

四是，人员专业知识结构逐渐多样化。在 20 世纪 90 年代中期以前，税务人员的专业知识结构，主要是财税、会计专业。近年来，随着公务员招录制度的实施，法律、计算机、文秘、管理等专业人员逐渐增多，整个税务干部队伍知识结构，逐渐呈现多元化趋势。

2. 基层税务系统人员激励机制的主要问题与成因

（1）理性公平观尚未完全确立

税务人员在判断单位对其是否公平时，很大程度上受其个人公平观的影响，不同个人对单位某项措施可能有截然不同的感受，甚至同一员工在不同心理状态下，对同样的措施也会有不同的感受。例如，平均思想、论资排辈思想在一些老税务干部身上较为严重。究其原因，他们在过去经历了长期的平均主义分配，在单位工作时间较长，存在着一定的思维惯性，面对物质和精神利益的分配，往往要求比年轻人和后来者"多占多得"。随着激励机制的日渐成熟和完善，能者多得，日渐成为大势所趋，一些老税务干部心理上自然容易产生不公平感。

（2）激励手段尚待完善

基层税务部门当前的激励机制以职务激励为主，而税务系统作为垂直管理系统，人员流动性差，职务激励的空间有限。人事制度改革以后，传统的委任制转为竞争上岗制，这本身是一个机制的进步，但具体操作的方式方法尚待进一步完善，一般采取临时考评加投票的方式，不尽能体现干部的业绩、品德和能力。惩戒手段不力，人员"出口"不畅，不能使那些工作消极或者不能胜任本职工作的员工，承担相应的风险。

（3）绩效考核较为乏力

内部绩效考核体系不够科学规范，由于缺乏统一、规范的职位说明书，各地税务机关制定的考核标准也不尽相同。有效的考核指标体系尚待完善，考核中缺乏针对不同岗位、不同层次的税务人员确定有针对性的考核标准。在具体考评实施过程中，各地一般对上级机关考评比较重视，而忽视了对税务人员的平时考评或群众考评。注重定性考核，忽视定量考核，影响考核结果的准确性和公平性。在考评结果应用方面，考评结果与个人利益相脱钩。

另外，能级制度的推行并没有反映出干部职工间的能力差别，仍然沿用职位、资历的标准来分配能级津贴，荣誉和培训机会等仍然主要凭借上级领导的单方面指定。

（4）"马太效应"相对明显

基层税务部门工作人员的荣誉评定，特别是省、市局以上单位荣誉的评定，都是采取先由基层单位推荐，上报事迹材料，然后由上级单位确定。在实际操作中，基层部门对荣誉评定对象的推荐环节，往往存在"老好人"现象、轮流做庄、长官意志等不公平现象。同时，一旦某人被确定作为上级奖励或者荣誉评选的对象，那么以后这样的机会大部分都会落到某人头上，致使各种荣誉光环趋于放大，进一步强化了他人的不公平感。

（5）税务文化建设相对滞后

基层税务部门人员的主要任务就是完成一线征收、管理和稽查任务。绝大部分精力都投入繁重的税源管理、税务稽查、税款征收等业务工作上，对税务文化活动的参与积极性不高。造成了税务人员缺乏税务文化氛围的熏陶，影响了税务工作者对自身事业的认同感。

7.2.3 优化基层税务人员激励机制的对策建议

1. 完善岗位责任体系

根据《税收征管法》和《税收征管操作规程》的要求，围绕税务管理、税款征收、税务检查等方面，细化每个部门和岗位的工作职责，并通过制度的形式予以规范。在确定各岗位工作规则，如工作步骤、内容、程序、时限、形式和标准过程中，要注意加强各岗位、各环节专业分工之间的相互联系与制约，真正建立起职责分明、相互约束的岗位责任体系。

例如，税收执法岗位，要根据每个执法岗位的职责权限，结合工作量的大小、难易程度和执法风险大小，划分执法责任，将执法责任明确到岗到人。同时，坚持实行亮牌上岗，公开每个执法人员的姓名、工作职责、执法权限、工作标准，增强依法行政的透明度，增强执法人员的风险意识和危机意识，切实解决职能不清、责任淡化等问题。

2. 健全分类考核指标

税务机关工作人员考核制度实施的效果，取决于客观公正原则的落实程度。要确立科学的分类绩效考核指标，注重指标的实用性和可操作性，使考核真正体现干部职工的工作实绩和职业素养。要确定科学的量化考核方法，保证考核的针对性、连续性和有效性。另外，还要结合不同基层税收征管工作岗位的业务特点，实行个人技能日常考评制度，定期通过考试与评估相结合的方式评定个人工作能力，作为绩效考核的补充。

例如，根据岗位类别的不同，设置有针对性的考核指标。例如，稽查岗位可以设置稽查案件查处率、结案率、罚款率、滞纳金加收率等指标；税源管理岗位可以设置税源管理责任人所属辖区的办证率、亮证经营率、准期申报率、[1] 发票使用率等指标；办公室文秘岗位可以设置信息、宣传、调研稿件发表的数量和质量等指标。就这些指标公开征求不同岗位上基层税务人员的意见，形成广泛接受和认可的量化分类考核指标，严格根据这些量化的分类指标对不同岗位人员进行考核，增强考核的针对性和有效性。

---

[1] 亮证经营率，是税务机关内部考核税收征管质量的一项指标，是指税收管理员管理的辖区内纳税人在经营地点悬挂税务登记证的比率。准期申报率，也是征管质量考核的一项指标，是指在税收管理员辖区内，在规定时间内进行纳税申报的纳税人所占的比率。

3. 按照实绩原则评定荣誉

目前，基层税务部门荣誉评定基本采用固定的程序和方法，一定程度上发挥了精神激励的效果，但是在具体评定过程中仍需进一步改进。一是，严格规范荣誉评定的程序，从荣誉项目的设定、个人申报、组织推荐到荣誉评定部门的评定，都要事先明确公布，让参与者了然于胸，避免暗箱操作。二是，确立绩效导向原则，严格遵从荣誉评定的标准，以工作实绩为根本原则，严把推荐关口。三是，避免"马太效应"，不能由于某人得过国家级、省部级荣誉，而将此人头上的光环无限放大，避免将目光集中于个别人身上。

4. 优化能级评定条件

长期以来，由于受到职位数量有限、论资排辈等因素影响，一些综合素质高、业务技能精的人员没有晋升相应的职位。因此，为进一步调动资历浅、能力强、素质高的税务人员的工作积极性，在能级首次评定后，不应再设置"职务"门槛，而应该根据客观的考试成绩和实际的工作能力确定能级。同时，应适当修改首次能级评定条件，增加各类职称等素质方面的因素，对取得各类职称，如税务领军人才、税务师、注册会计师或通过全国司法考试的税务人员，适当给予加分。

参 考 文 献

[1] Alesina A, Ichino A, Karabarbounis L. Gender based taxation and the division of family chores [R]. *National Bureau of Economic Research*, 2007.

[2] Alexander C. Hoover. Analysis of Multilateral Agreements, Public-Private Partnerships, and Tax Incentives Driving International Trade in Clean Technology [J]. *Clean Technology and International Trade*. Volume 9 Issue 3 Spring 2009: 47.

[3] American Law Institute. Restatement (Second) of the Law of Contracts [S] . *St. Paul: American Law Institute Publishers*, 1981.

[4] Anand B N. Survivors, Angels, and Taxes: Essays in the Economics of Entrepreneurship [D]. *Princeton University*, 1994.

[5] Anger at Raise of "Superclass", *Financial Times Wealth Summer*, 2008.

[6] Asian Development Bank. Public-Private-Partnership Handbook [M]. 2008.

[7] Bankman J, Griffith T. Social Welfare and the Rate Structure: A New Look at Progressive Taxation [J]. *California Law Review*, 1987.

[8] Bartlett, Bruce (1998). The Marriage Penalty: Origins, Effects and Solutions, Tax Notes Special Report, 14 September.

[9] Baruch Feigenbaum. The Senate's Assault on Transportation Public-Private Partnerships [R]. *Reason Foundation*, Policy Brief 102, May 2012: 2.

[10] Baygan G. Venture Capital Policy Review: United Kingdom [R]. *OECD Science Technology and Industry Working Papers*, 2003.

[11] Blake J, Pathak A. Private Equity Fund Structuring [J]. *Student Bar Review*, 2007, 19 (1).

[12] Bo Yong Ahn, Sung-soo Choi. Fund growth in Korea [J]. *Private Equity and Venture Capital*, 2013, 10.

[13] Bozkayay A, Kerrz W R. Labor Regulations and European Private Equity [R]. *Harvard University School working paper*, 2009.

[14] Brown D A. Race, Class, and Gender Essentialism in Tax Literature: The Joint Return [J]. *Wash. & Lee L.* Rev. , 1997, 54.

[15] Brueckner, J. K. , and L. A. Saavedra. Do local governments engage in strategic Tax competion? [J]. *National Tax Journal*, 2001, 54.

[16] Bygan G. Venture Capital Policy Review: United States [R]. *OECD Science Technology and Industry Working Papers*, 2003.

[17] Carroll R, Holtz-Eakin D, Rider M, etc. Personal Income Taxes and the Growth of Small Firms [J]. *Center for Policy Research*, 2000.

[18] Congressional Budget Office, *The Economic and Budget Outlook* 2002 – 2009, January 1999.

[19] Cullen J B, Gordon R H. Taxes and Entrepreneurial Activity: Theory and Evidence for the U. S. [R]. *National Bureau of Economic Research Working Paper* 9015, 2002.

[20] Department of Infrastructure and Regional Development. *National Public Private Partnership Guidelines Volume* 6: Jurisdictional Requirements. December 2014: 23.

[21] Deutschland: Neue Wirtschafts-Briefe, 1983.

[22] Dulude L. Taxation of the Spouses: A Comparison of Canadian, American, British, French and Swedish Law [J]. *Osgoode Hall LJ*, 1985, 23.

[23] Durban Chamber. Tax treatment of allowances in respect of Public Private Partnerships. August 26, 2014.

[24] Eissa (1995). Taxation and Labour Supply of Married Women: The Tax Reform Act of 1986 as a Natural Experiment, NBER Working Paper No. w5023. Cambridge, MA: National Bureau for Economic Research.

[25] Eissa N, Hoynes H W, Behavioral Responses to Taxes: Lessons from the EITC and Labor Supply [M]. *Tax Policy and the Economy*. The MIT Press, 20, 2006.

[26] Eissa N, Hoynes H. Redistribution and tax expenditures: The earned income tax credit [R]. *National Bureau of Economic Research*, 2008.

[27] Eissa N. Taxation and labor supply of married women: the Tax Reform

Act of 1986 as a natural experiment [R]. *National Bureau of Economic Research*, 1995.

[28] Eissa, Nada (1995). Tax and Transfer Policy and Female Labour Supply, *National Tax Journal Annual Proceedings*.

[29] Elson (2006). Budgeting for Women's Rights: Monitoring Government Budgets for Compliance with CEDAW, New York: UNIFEM.

[30] Elson, Diane (1999). Labour Markets as Gendered Institutions: Equality, Efficiency and Empowerment Issues, World Development 27 (3).

[31] Feenberg, Daniel and Rosen, Harvey (1995). Recent Developments in the Marriage Tax, *National Tax Journal* 48 (1).

[32] Fleckenstein T, Lee S C. The Politics of Postindustrial Social Policy Family Policy Reforms in Britain, Germany, South Korea, and Sweden [J]. *Comparative Political Studies*, 2014, 47 (4).

[33] Fuest C, Huber B, Nielsen. Why is the Corporate Tax Rate Lower than the Personal Tax Rate? [J]. *Journal of Public economics*, 2003.

[34] Goldman, Tanya (2000). Customs and Excise. In Debbie Budlender (ed.), The Fifth Women's Budget. Cape Town and Pretoria, South Africa: IDASA.

[35] Gompers P A, Lerner J. Risk and Reward in Private Equity Investments: The Challenge of Performance Assessment, [J]. *Journal of Private Equity*, 1997, 01.

[36] Gordon R. Can High Personal Tax Rates Encourage Entrepreneurial Activity? [J]. *International Monetary Fund Staff Papers*, 1998, 45 (1).

[37] Gustafsson S, Jacobsson R. Trends in Female Labor Force Participation in Sweden [J]. *Journal of Labor Economics*, 1985.

[38] Gustafsson S, Separate Taxation and Married Women's Labor Supply [J]. *Journal of Population Economics*, 1992, 5 (1).

[39] Guy S. Private Equity in Brazil Industry Overview and Regulatory Environment [J]. *Michigan Journal of Private Equity & Venture Capital Law*, 2012, 2 (155).

[40] Jay-Hyung Kim, Seung-yeon Lee. 2012 Modularization of Korea's Development Experience: Public-Private Partnerships: Lessons from Korea on Institu-

tional Arrangements and Performance [R]. *Korea Development Institute (KDI)*, 2013: 68.

[41] Keuschnigg C, Nielsen S B. Tax Policy, Venture Capital and Entrepreneurship [R]. *National Bureau of Economic Research Working Paper* 7976, 2000.

[42] Keuschnigg C, Nielsen S B.. Taxation and Venture Capital Backed Entrepreneurship [J] . *International Tax and Public Finance*, 2004, 11 (2).

[43] Keuschnigg C, Nielsen S B. Tax Policy, Venture Capital, and Entrepreneurship [J]. *Journal of Public Economics*, 2002, 87.

[44] Kimberly S. Meyer. Assessing the Added Value of Public-Private Partnerships [J]. *National Council for Public-Private Partnerships*, 2012: 11.

[45] LaLumia S, The Effects of Joint Taxation of Married Couples on Labor Supply and Non-wage Income [J]. *Journal of Public Economics*, 2008, 92 (7).

[46] Le, Tuan Minh (2003). Value-Added Taxation: Mechanism, Design, and Policy Issues, paper prepared for the course on Practical Issues of Tax Policy in Developing Countries, 28 April-1 May, World Bank, Washington, DC.

[47] Lewis J, Åström G. Equality, Difference, and State Welfare: Labor Market and Family Policies in Sweden [J]. *Feminist Studies*, 1992.

[48] Lewis J, Gender and the Development of Welfare Regimes [J], Journal of European Social Policy, 1992, 2 (3).

[49] Marshall G P, Walsh A J. Marital Status and Variations in Income Tax Burdens [J]. Brit. Tax Rev. , 1970, 4.

[50] McDonald P. Gender Equity, Social Institutions and the Future of Fertility [J]. *Journal of population research*, 2000, 17 (1).

[51] Metro Manila. The Philippines BOT Law Republic. Act. 7718 and its Revised Implementing Rules & Regulations (IRR) [R]. *PPP Center*, 2012: 65.

[52] Michael Curran. Tax Incentives for PPPs [R]. *RMIT School of Accounting and RMIT APEC Research Centre*, 2013.

[53] Neumark D, Schweitzer M, Wascher W. Minimum wage effects throughout the wage distribution [J] . *Journal of Human Resources*, 2004, 39 (2).

[54] OECD Transferring Pricing Guidelines for Multinational Enterprises and

Tax Administrations (2010), Chapter Ⅵ.

［55］ Oppenheim and Harker, Poverty: The Fcats. Child Poverty Action Group, 1996.

［56］ Palmer, Ingrid (1995). Public Finance from a Gender Perspective, World Development 23 (11): 1981-86.

［57］ Poterba J M. How Burdensome are Capital Gains Taxes? Evidence from the United States ［J］. *Journal of Public Economics*, 1987, 33.

［58］ Poterba J M. Venture Capital and Capital Gains Taxation ［J］. *Tax Policy and the Economy* , 1989, 03.

［59］ PPP Canada. A Guide for Municipalites ［R］. November 2011: 51.

［60］ Practical Law Company. Public Private Partnerships: Issues and Considerations ［R］. *Thomson Reuters*, 2013: 10.

［61］ Prem Sikka, HughWillmott. The Dark Side of Transfer Pricing: Its Role in Tax Avoidance and Wealth Retentiveness ［J］. *Critical Perspectives on Accounting*, 2010, 21.

［62］ Quisumbing Torres Lawyers, Doing Business in The Philippines ［R］. 2012: 16.

［63］ Rauscher, M. Economic Growth and Tax-Competing Leviathans ［J］. *CES if Working Paper Series* No. 1140, 2004.

［64］ Robert Waruiru. Public Private Partnership-Taxation ［Z］. *KPMG International Cooperative*, Public Sector Seminar, 4 June 2015.

［65］ Sajid Ali. Education policy borrowing in Pakistan: Public-private partnerships ［M］. *Aga Khan University*, January 2012: 9.

［66］ Schuetze H J. Income Splitting among the Self-employed ［J］. *Canadian Journal of Economics/Revue canadienne deconomique*, 2006, 39 (4).

［67］ Slemrod J B. Does Atlas Shrug? The Economic Consequences of Taxing the Rich ［M］ *Harvard University Press*, 2002.

［68］ Smith T. Women and Tax in South Africa ［J/OL］. 2000.

［69］ Smith, Terence (2000). Women and Tax in South Africa. In Debbie Budlender (ed.) The Fifth Women's Budget. Cape Town and Pretoria, South Africa: IDASA (Institute for Democracy in South Africa).

［70］ Spieldoch, A. , (2004), NAFTA Through a Gender Lens: What Free

Trade Pacts Mean for Women, Counter Punch, December 30.

［71］Stephens Jr M, Ward-Batts J. The Impact of Separate Taxation on the Intra-household Allocation of Assets: Evidence from the UK ［J］. *Journal of Public Economics*, 2004, 88 (9): 1989–2007.

［72］Stotsky, Janet (1997a). Gender Bias in Tax Systems, Tax Notes International, 9 June.

［73］Stotsky, Janet (1997b). How Tax Systems Treat Men and Women Differently, Finance and Development, March.

［74］Sundström M, Stafford F P. Female Labour Force Participation, Fertility and Public Policy in Sweden ［J］. *European Journal of Population/Revue Europeenne de Demographie*, 1992, 8 (3).

［75］The World Bank. World development report 2012.: gender equity and development ［R］. Washington DC. 2011.

［76］Tiebout, Charles. A Pure Theory of Local Expenditure ［J］. *Journal of Political Economy*, 1956, 44.

［77］Trudi Hartzenberg (1996), Taxation in Debbie Budlender (editor), The Women's Budget, Cape Town: Institute for Democracy in South Africa.

［78］U. S. Department of the Treasury Office of Economic Policy. Expanding our Nation's Infrastructure through Innovative Financing ［R］. September, 2014: 16.

［79］University of Pennsylvania. U. S. Shifts to Strong Support for Public-private Infrastructure Deals. Jun 10, 2015.

［80］Warne F K. Essay on the Venture Capital Market ［D］. *Yale University*, 1989.

［81］Whittington, Leslie, Alm, James and Peters, Elizabeth (1990). Fertility and the Personal Exemption: Implicit Pronatalist Policy in the United States, American Economic Review 80 (3).

［82］World Bank, Engendering Development: Through Gender Equality in Rights, Resources, and Voice, World Bank Group, 2000.

［83］大卫·威廉姆斯 (David Williams). 社会税收的发展趋势 ［J］. 税收译丛, 1998 (3).

［84］艾仑·希克. 当代公共支出管理 ［M］. 北京: 经济管理出版

社，2000.

[85] 布兰克·米兰诺维奇. 世界的分化：国家间和全球不平等的度量研究［M］. 北京：北京师范大学出版社，2007.

[86] 科林里德. 金融危机经济学［M］. 北京：东方出版社，2009.

[87] 罗伯特·霍尔，阿尔文·拉布什卡. 单一税［M］. 北京：中国财政经济出版社，2003.

[88] 迈克尔·博金斯. 美国税制改革前沿［M］. 北京：经济科学出版社，1997.

[89] 斯蒂芬·P. 罗宾斯. 组织行为学［M］. 北京：中国人民大学出版社，1997.

[90] 威廉·曼彻斯特. 光荣与梦想：1932～1972 年美国社会实录［M］. 海口：海南出版社，2004.

[91] 波斯坦等. 剑桥欧洲经济史（第八卷）［M］. 北京：经济科学出版社，2004.

[92] 达霖·格里姆赛，莫文·刘易斯. PPP 革命：公共服务中的政府和社会资本合作［M］. 北京：中国人民大学出版社，2016.

[93] 肯尼斯·摩根. 牛津英国通史［M］. 北京：商务印书馆，1993.

[94] 迈尔－舍恩伯格，库克耶. 大数据时代［M］. 杭州：浙江人民出版社，2013.

[95] 今村隆. 借用概念論·再考［J］. 税大ジャーナル，2011（5）.

[96] 金子宏. 租税法［M］. 東京：弘文堂，1988.

[97] 金子宏. 租税法と私法——租税法研究第 6 号［M］. 東京：有斐閣，1978.

[98] 星野英一. 民法のもう一つの学び方［M］. 東京：有斐閣，2006.

[99] 北野弘久. 税法学原论［M］. 北京：中国检察出版社，2001.

[100] 金子宏. 日本税法原理［M］. 北京：中国财政经济出版社，1989.

[101] 小岛清等. 对外贸易论［M］. 天津：南开大学出版社，1987.

[102] 白景明. 社会保障税制国际比较［M］. 北京：中国财政经济出版社，1996.

[103] 边境，孙桂荣，陈鹏. 对 P2P 新兴金融业态税收监管的思考

［J］. 天津经济，2014（7）.

［104］曹莉娜，丁铁成. PPP 项目税收管理初探［J］. 财会学习，2015（4）.

［105］岑维廉等. 关税理论与中国关税制度［J］. 格致出版社，2010.

［106］陈刚. PPP 全生命周期税经［J］. 新理财，2015（9）.

［107］陈刚. PPP 项目公司设立时几种税务考量［N］. 中国会计报，2016-2-19.

［108］陈光. 普华永道调查显示企业转让定价税务风险最高［N］. 新京报，2006-5-25.

［109］陈光仪. 税法合同初论［D］. 厦门：厦门大学，2006.

［110］陈建英，杜勇，熊奇. 我国众筹模式存在的问题与对策研究［J］. 湖南财政经济学院学报，2015（6）.

［111］陈丽君. 论我国税收之债的预期违约制度［D］. 北京：中国政法大学，2012.

［112］陈敏. 德国租税通则［M］. 台北：财政部财税人员训练所，1985.

［113］陈明等. 相信进步——罗斯福与新政［M］. 南京：南京大学出版社，2001.

［114］陈颂东. 中国宏观税负结构的国际比较［J］. 湖南财政经济学院学报，2015（3）.

［115］陈勇. 中国互联网金融研究报告（2015）［M］. 北京：中国经济出版社，2015.

［116］程永德. 关于税务教育培训管理体制创新的思考［J］. 扬州大学税务学院学报，2006（4）.

［117］党东升. "偷税"的词义辨析——兼比较税收"权力管理"和税收"债务关系"之优劣［J］. 新学术，2007（2）.

［118］邓力平. 经济全球化下的国际税收竞争研究：理论框架［J］. 税务研究，2003（1）.

［119］董晓媛. 照顾提供、性别平等与公共政策——女性主义经济学的视角［J］. 人口与发展，2009（6）.

［120］杜群阳，宋玉华. 中国—东盟自由贸易区的 FDI 效应［J］. 国际贸易问题，2004（3）.

［121］杜涛，韩松．PPP 税政初定无特殊优惠［N］．经济观察报，2016 - 8 - 1.

［122］樊其国．税收优惠助力 PPP［J］．首席财务官，2015（7）.

［123］樊延朝．浅议美国现代财政制度的形成及其影响［J］．濮阳职业技术学院学报，2007（1）.

［124］冯海波．国家发展战略、自主创新与税制建设［J］．税务研究，2007（1）.

［125］冯海波．环境税制建设应注意的几个问题［J］．涉外税务，2009（3）.

［126］冯海波．计划型税收收入增长机制的形成机理及其影响［J］．税务研究，2010（10）.

［127］冯明好．1828 年前美国关税政策与幼稚工业的保护［J］．鲁东大学学报（哲学社会科学版），2011（3）.

［128］高洪成，徐晓亮．资源税改革中的价值补偿问题研究［J］．软科学，2012（5）.

［129］高培勇．国债运行机制研究［M］．北京：商务印书馆，1995.

［130］高培勇．"十二五"时期的中国财税改革［M］．北京：中国财政经济出版社，2010.

［131］葛克昌．行政程序与纳税人基本权［M］．北京：北京大学出版社，2005.

［132］各国税制比较研究课题组．增值税制国际比较［M］．北京：中国财政经济出版社，1996.

［133］各国税制比较研究课题组．个人所得税制国际比较［M］．北京：中国财政经济出版社，1996.

［134］郭建华．我国政府与社会资本合作模式（PPP）有关税收问题研究［J］．财政研究，2016（3）.

［135］郭夏娟，吕晓敏．"性别预算"的策略框架与评估分析工具：国外的经验［J］．中华女子学院学报，2011（4）.

［136］国家发展与改革委员会．中国中西部地区开发年鉴（2006）［M］．北京：中国财政经济出版社，2007.

［137］国家税务总局教育中心．国家税务总局 2003 年教育培训科研结项课题成果汇编［M］．北京：中国财政经济出版社，2004.

［138］国家税务总局教育中心．中国税务教育大事记［M］．北京：中国税务出版社，2000.

［139］韩青．资源型地区可持续发展下的资源税及其配套改革［J］．生态经济，2013（9）．

［140］韩文欣．"新公共管理"与完善我国税务机构的内部管理［J］．税务与经济，2004（1）．

［141］韩毅．美国工业现代化的历史进程（1607~1988）［M］．北京：经济科学出版社，2007.

［142］胡澎，性别视角下日本养老保险制度再思考［J］．日本学刊，2009（1）．

［143］胡笑辉，王陆进．从税收调节的主要内容看税收调节的局限性［J］．财经论丛，1995（3）．

［144］华税律师事务所税务筹划业务部．PPP模式税务问题与分析［J］．中国财政，2016（7）．

［145］黄凤羽．对个人所得税再分配职能的思考［J］．税务研究，2010（9）．

［146］黄凤羽，黄晶．我国水资源税的负担原则与CGE估算［J］．税务研究，2016（5）．

［147］黄凤羽，关飞．财税政策转型与实施中的风险甄别及防范［J］．税务研究，2009（9）．

［148］黄凤羽，刘畅．个人税收对城乡加权基尼系数的影响［J］．税务研究，2014（3）．

［149］黄凤羽．行为经济学视角下的自雇创业者税收行为研究［J］．税务研究，2015（8）．

［150］黄凤羽．从消极避税到阳光筹划［J］．税务研究，2006（6）．

［151］黄凤羽．个人所得税费用扣除需求的分层次动态分析［J］．广东社会科学，2012（5）．

［152］黄凤羽．海外风险投资税收政策之借鉴［J］．涉外税务，2004（6）．

［153］黄凤羽．浅谈免除经济性重复征税问题［J］．上海会计，2002（1）．

［154］黄凤羽．资本利得课税刍议［J］．云南财贸学院学报，1997

(5).

[155] 黄凤羽. 关于我国证券市场的课税问题 [J]. 税务研究, 1998 (7).

[156] 黄凤羽. 个人所得税的课征模式一定要过渡吗? [J]. 现代财经, 2012 (1).

[157] 黄凤羽. 浅谈免除经济性重复征税问题 [J]. 上海会计, 2002 (1).

[158] 黄凤羽. 中国税收收入超经济增长的若干原因分析 [J]. 经济纵横, 2010 (3).

[159] 黄贵荣. 工业化、民族主义和利益整合——美国南北战争前的关税立法 [J]. 法治论丛, 2006 (3).

[160] 黄瑾. 马克思恩格斯与李斯特——关于自由贸易与保护关税问题 [J]. 政治经济学评论, 2011 (3).

[161] 黄茂荣. 法学方法与现代税法 [M]. 台北: 植根法学丛书编辑室, 2005.

[162] 黄拥政. PPP 项目的运作流程管理探析 [J]. 湖南财政经济学院学报, 2016 (2).

[163] 纪鑫华. 关于支持 PPP 模式发展相关税收优惠政策的探讨 [EB/OL]. 财政部 PPP 中心, 2016 - 8 - 5.

[164] 冀保旺. 加拿大税务司法体系的特点及启示 [J]. 涉外税务, 1999 (8).

[165] 贾斌. 法国税务人员的培训和考核制度 [J]. 草原税务, 1998 (6).

[166] 贾康. 关于资源税价联动改革的几个重要问题 [J]. 经济纵横, 2011 (2).

[167] 贾康, 孙洁. 公私合作伙伴关系（PPP）的概念、起源与功能 [J]. 中国政府采购, 2014 年 (6).

[168] 江平, 米健. 罗马法基础 [M]. 北京: 中国政法大学出版社, 1987.

[169] 江苏省国家税务局课题组. 有限合伙制股权投资基金所得税问题研析 [J]. 税务研究, 2014 (4).

[170] 江涌. 中国困局: 中国经济安全透视 [M]. 北京: 经济科学出

版社，2010.

[171] 蒋寒林. 税收之债中的第三人代缴研究 [D]. 上海：华东政法大学，2011 年.

[172] 靳东升、周华伟. 我国资源税收制度的现状、问题和改革[J]. 税务研究，2010（7）.

[173] 阚玉梅. 关于税务培训整体战略的探讨 [J]. 辽宁税务高等专科学校学报，2008（1）.

[174] 柯永建，王守清，陈炳泉. 私营资本参与基础设施 PPP 项目的政府激励措施 [J]. 清华大学学报（自然科学版），2009（9）.

[175] 李伯侨，王存军. 互联网金融背景下的银行业税制变革 [J]. 财会月刊，2014（24）.

[176] 李冬梅，马静. 我国资源税改革的经济效应分析 [J]. 东南学术，2014（2）.

[177] 李静. 关于我国私募股权基金税收政策的探讨 [J]. 税务研究，2011（4）.

[178] 李九领. 关税理论与政策 [M]. 北京：中国海关出版社，2010.

[179] 李耀东，李钧. 互联网金融 [M]. 北京：电子工业出版社，2014.

[180] 李义平. 经济学百年——从社会主义市场经济出发的选择和评介 [M]. 天津：天津人民出版社，2002.

[181] 梁时娟. 中、英、日、韩 PPP 项目模式的政府管理比较研究 [J]. 项目管理技术，2013（5）.

[182] 凌岚. 中国关税制度改革的若干问题探讨 [J]. 涉外税务，1998（12）.

[183] 刘剑文，李刚. 税收法律关系新论 [J]. 法学研究，1999（4）.

[184] 刘剑文. 财税法论丛（第 1 卷）[M]. 北京：法律出版社，2002.

[185] 刘军，郭庆旺. 世界性税制改革理论与实践研究 [M]. 北京：中国人民大学出版社，2001.

[186] 刘磊，钟山. 互联网金融税收问题研究 [J]. 国际税收，2015（7）.

[187] 刘嵘. 税法与民法制度的适用——税收征收管理视角的考察

[D]. 中国人民大学, 2005.

　[188] 刘为民. 税法类推适用原理 [D]. 成都: 西南财经大学, 2007.

　[189] 刘岩. 知识经济与税务培训 [J]. 税务教育, 2000 (2).

　[190] 刘子强. 基层税务人员培训模式的研究 [J]. 扬州大学税务学院学报, 2007 (3).

　[191] 楼继伟. 中国政府间财政关系再思考 [M]. 北京: 中国财政经济出版社, 2013.

　[192] 罗鸣令, 邹翌晨. 实体经济的发展瓶颈约束与财税扶持政策探讨 [J]. 湖南财政经济学院学报, 2014 (1).

　[193] 罗一帆. 基层税务公务员培训教学模式研究 [J]. 湖南税务高等专科学校学报, 2006 (3).

　[194] 马蔡琛. 变革世界中的政府预算管理——一种利益相关方视角的考察 [M]. 北京: 中国社会科学出版社, 2010.

　[195] 马蔡琛等. 社会性别预算: 理论与实践 [M]. 北京: 经济科学出版社, 2009.

　[196] 马蔡琛等. 中国社会性别预算改革: 方法、案例及应用 [M]. 北京: 经济科学出版社, 2014.

　[197] 马蔡琛. 初论互联网金融的税收政策 [J]. 税务研究, 2016 (3).

　[198] 马蔡琛, 黄凤羽. 国家治理视野中的现代财政制度——解读十八届三中全会《决定》中的深化财税体制改革问题 [J]. 理论与现代化, 2014 (3).

　[199] 马蔡琛. 促进西部开发财税政策的效应评价与路径选择 [J]. 税务研究, 2010 (2).

　[200] 马蔡琛. 当前金融危机与"大萧条"时期财税政策的比较与启示 [J]. 税务研究, 2009 (6).

　[201] 马蔡琛. 略论单一税视野中的新一轮税制改革 [J]. 经济问题, 2007 (10).

　[202] 马蔡琛. 关于开征社会保障税的若干思考 [J]. 税务研究, 2011 (2).

　[203] 马蔡琛. 免除经济性重复征税的方式及对我国的借鉴 [J]. 山西财经大学学报, 2003 (1).

［204］马蔡琛. 中国企业的宏观税务风险——基于公共治理结构的考察［J］. 财贸经济，2007（12）.

［205］马蔡琛. 从"自由裁量"到"阳光财政"：中国转移支付制度的法治化进程［J］. 中国审计，2005（20）.

［206］马蔡琛. 促进中部崛起协调区域发展的财税政策［J］. 税务研究，2008（5）.

［207］马蔡琛. 中国期货市场税收管理的现状、问题及其对策［J］. 税务与经济，1997（2）.

［208］马蔡琛. 中性财政政策下的新一轮税制改革［J］. 税务研究，2004（11）.

［209］马蔡琛. "营改增"背景下的分税制财政体制变革［J］. 税务研究，2013（7）.

［210］马蔡琛. 财政主导型：中国社会保障制度改革的基本模式［J］. 四川财政，1999（9）.

［211］马蔡琛，李宛姝. 我国资源税改革思辩［J］. 税务研究，2014（10）.

［212］马蔡琛，刘辰涵. 税收政策中的社会性别因素——基于个人所得税视角的考察［J］. 经济与管理研究，2012（12）.

［213］马蔡琛，刘辰涵. 社会保障税的性别敏感分析——基于税收政策中社会性别因素的考察［J］. 山东女子学院学报，2012（3）.

［214］马蔡琛，刘辰涵. 税收制度的社会性别影响——基于流转税和公司所得税的考察［J］. 广东社会科学，2012（5）.

［215］马蔡琛，刘嵘. 企业税收债务转移的国际经验及启示［J］. 国际税收，2008（2）.

［216］马蔡琛，尚妍. 关税政策演变的反思及其启示［J］. 税务研究，2012（5）.

［217］马蔡琛，万鑫. 我国私募股权基金税收政策的取向［J］. 税务研究，2015（10）.

［218］马蔡琛，王璐. 自由贸易区税收争议的化解与防范：基于建立税务法院体系的思考［J］. 财税研究，2013（11）.

［219］马蔡琛，余琼子. 税法中的合同法适用问题研究［J］. 湖南财政经济学院学报，2016（1）.

[220] 马蔡琛, 余琼子. 完善无形资产转让定价税收政策 [J]. 理论探索, 2012 (5).

[221] 马蔡琛, 张德庆. 税制改革视野中的税务部门人才发展: 现状、问题与政策建议 [J]. 广东社会科学, 2007 (5).

[222] 马蔡琛, 郑改改. 我国地方政府间税收竞争的空间计量分析——基于省际面板数据的考察 [J]. 河北经贸大学学报, 2014 (5).

[223] 马蔡琛, 朱彤. 货物与劳务统一征税的国际经验及思考 [J]. 学术论坛, 2011 (8).

[224] 马蔡琛, 韩文锋. 基层税务人员的激励考核问题研究 [J]. 学术论坛, 2009 (7).

[225] 马蔡琛, 刘辰涵. 税收政策中的社会性别因素——基于个人所得税视角的考察, 经济与管理研究, 2011 (12).

[226] 马蔡琛. 再论社会性别预算在中国的推广——基于焦作和张家口项目试点的考察 [J]. 中央财经大学学报, 2010 (8).

[227] 马蔡琛, 黄凤羽. 社会保障若干问题的经济学思考 [J]. 河北经贸大学学报, 1997 (4).

[228] 马珺. 资源税与区域财政能力差距 [J]. 经济学动态, 2003 (6).

[229] 牟可光. 知识经济时代税务系统人才开发对策 [J]. 税务研究, 2003 (7).

[230] 欧阳萍. 从关税改革看英国经济发展战略的转变 [J]. 学海, 2011 (5).

[231] 潘玉香. 美国创业风险投资税收政策演变及其启示 [J]. 中国科技论坛, 2012 (7).

[232] 庞凤喜. 论税务管理能力与有效税制改革 [J]. 中南财经政法大学学报, 2003 (6).

[233] 庞凤喜. 社会保障税研究 [M]. 北京: 中国税务出版社, 2008.

[234] 钱穆. 中国历代政治得失 [M]. 北京: 生活·读书·新知三联书店, 2001.

[235] 日本自治省税务局. 日本地方税法 [M]. 北京: 经济科学出版社, 1990.

[236] 芮晓武, 刘烈宏. 中国互联网金融发展报告 (2014) [M]. 北

京：社会科学文献出版社，2014.

［237］上海财经大学公共政策研究中心．2009 中国财政透明度报告：省级财政信息公开状况评估［M］．上海：上海财经大学出版社，2009.

［238］上海财经大学区域经济研究中心．2008 中国区域经济发展报告：西部大开发区域政策效应评估［M］．上海：上海财经大学出版社，2008.

［239］沈坤荣，付文林．税收竞争，地区博弈及其增长绩效［J］．经济研究，2006（6）.

［240］盛洪．为什么制度重要［M］．郑州：郑州大学出版社，2004.

［241］盛瑾．综合个人所得税与单一税的选择比较［J］．商业经济，2004（5）.

［242］施文泼，贾康．增值税"扩围"改革与中央和地方财政体制调整［J］．财贸经济，2010（11）.

［243］施文泼，贾康．中国矿产资源税费制度的整体配套改革：国际比较视野［J］．改革，2011（1）.

［244］宋斌，鲍静，龙朝双，谢昕．政府部门人力资源开发案例研究［M］．北京：清华大学出版社，2007.

［245］孙柏瑛，祁光华．公共部门人力资源管理［M］．北京：中国人民大学出版社，1999.

［246］孙仁江．当代美国税收理论与实践［M］．北京：中国财政经济出版社，1987.

［247］孙勇，刘铭．一战后美国高关税与贸易保护及其对中美贸易的启示［J］．黄河科技大学学报，2007（5）.

［248］谭琳，蒋永萍，姜秀花．中国性别平等与妇女发展报告（2006～2007 年）［M］．北京：社会科学文献出版社，2008.

［249］陶百川．最新综合六法全书［M］．台北：三民书局，1992.

［250］田媛媛，薛建兰．关于我国税收司法体系的构建［J］．理论探索，2007（7）.

［251］汪俊秀．"双因素理论"视角：税务人力资源管理的思考［J］．财贸研究，2006（4）.

［252］王国刚，张扬．互联网金融之辨析［J］．财贸经济，2015（1）.

［253］王国华．外国税制［M］．北京：中国人民大学出版社，2008.

［254］王娟，王艳君．地方政府与企业税收合谋的一个博弈模型［J］.

湖南财政经济学院学报，2012（3）.

[255] 王敏，龙腾飞. 我国银行业税收负担比较分析 [J]. 涉外税务，2010（8）.

[256] 王敏. 税收收入风险的测度与应用 [J]. 理论与现代化，2010（4）.

[257] 王巧玲，毛寿龙. 提升税收执法组织建设的科学化水平 [J]. 理论探索，2013（3）.

[258] 王守坤，任保平. 中国省级政府间财政竞争效应的识别与解析：1978～2006 [J]. 管理世界，2008（11）.

[259] 王新新，徐丽娜. 部分国家的单一税改革及对我国的启示 [J]. 云南财经学院学报，2005（5）.

[260] 王燕. PPP 模式涉税问题初探 [J]. 财经界，2016（2）.

[261] 魏陆. 服务业发展与我国货物和劳务税制改革 [J]. 中南财经政法大学学报，2010（1）.

[262] 温来成. 政府与社会资本合作（PPP）项目税收政策研究[J]. 兰州财经大学学报，2016（3）.

[263] 文英. 税收调控理论与实践 [M]. 成都：西南财经大学出版社，1998.

[264] 闻军，王乐. 股权基金税收政策亟须优化完善 [N]. 人民日报，2014 - 12 - 08.

[265] 吴朝霞. 培训在税务干部职业生涯规划中的作用研究 [J]. 湖南税务高等专科学校学报，2008（3）.

[266] 吴迪. 基于 CGE 模型的资源税改革对能源行业的影响研究 [J]. 当代经济管理，2014（7）.

[267] 吴国炳等. 互联网金融：税收征管存在的问题及建议 [N]. 中国税务报，2015 - 4 - 8.

[268] 吴敬琏. 当代中国经济改革教程 [M]. 上海：上海远东出版社，2010.

[269] 吴晓求. 互联网金融：成长的逻辑 [J]. 财贸经济，2015（2）.

[270] 席卫群. 部分国家（地区）促进风险投资发展的财税政策及借鉴 [J]. 涉外税务，2001（9）.

[271] 席晓娟. 私募股权融资税法规制研究 [D]. 成都：西南财经大

学，2011.

[272] 谢媛. 自由贸易区法律制度比较研究——以中国—东盟自由贸易区为视角 [D]. 中国海洋大学.

[273] 邢燕. 例谈公司制和有限合伙制创投企业的所得税差异 [J]. 财经界，2012 (1).

[274] 熊晓青. 美国联邦税务法院简介 [J]. 中国税务，2000 (3).

[275] 徐蓉. 应税所得视角：所得税法与民法之有机结合 [J]. 现代财经，2007 (1).

[276] 徐晓亮. 资源税改革能调整区域差异和节能减排吗？[J]. 经济科学，2012 (5).

[277] 徐轶杰. 试论科德尔·赫尔的关税思想 [J]. 首都师范大学学报（社会科学版），2009 (6).

[278] 薛一梅. 关于我国增值税扩围改革的研究 [D]. 北京：财政部财政科学研究所，2010.

[279] 严卫中. 浅议互联网金融税收征管 [J]. 税务研究，2015 (5).

[280] 阎竣. 私营中小企业主性别与融资约束的实证研究 [J]. 商业经济与管理，2011 (5).

[281] 燕红忠、丰若非. 资源依赖性经济的结构变迁与生产率增长——以山西省为例 [J]. 理论探索，2014 (4).

[282] 杨春梅. 经济全球化与世界所得税制改革 [J]. 涉外税务，2001 (1).

[283] 杨美莲. 税务培训方案策划创新探讨 [J]. 湖南税务高等专科学校学报，2007 (5).

[284] 杨树琪. 我国资源税定位与税收制度的匹配性研究 [J]. 云南财经大学学报，2012 (5).

[285] 杨小强，叶金育. 合同的税法考量 [M]. 济南：山东人民出版社，2007.

[286] 杨小强. 论税法与民法的交集 [J]. 江西社会科学，1999 (8).

[287] 杨永清. 预期违约规则研究（民商法论丛）[M]. 法律出版社，1995.

[288] 姚余栋，熊鹭. 互联网金融税制思考 [J]. 清华金融评论，2015 (6).

[289] 姚重远. 谈谈美国联邦税务机构雇员培训制度及给我们的启示 [J]. 税务教育, 2000 (1).

[290] 叶娅莉. 对互联网金融税收政策的分析 [J]. 财经界, 2015 (5).

[291] 易纲等. 罗斯福的"非常之责"与"非常之权" [J]. 中国改革, 2004 (6).

[292] 于洪. 我国个人所得税税负归宿与劳动力供给的研究 [J]. 财政研究, 2004 (4).

[293] 余永定等. 西方经济学 [M]. 经济科学出版社, 1997.

[294] 俞华. 税务系统人力资源管理中存在的问题 [J]. 中国人力资源开发, 2004 (2).

[295] 俞云峰. 西方国家个人所得税制改革的经验及启示 [J]. 经济体制改革, 2012 (2).

[296] 詹亚平. 税务系统领导干部培训的状况、需求和思路 [J]. 扬州大学税务学院学报, 2007 (4).

[297] 张富强, 李梦露. 完善互联网金融税收立法的思考 [J]. 法治论坛, 2014 (4).

[298] 张海星, 许芬. 促进产业结构优化的资源税改革 [J]. 税务研究, 2010 (12).

[299] 张海莹. 我国资源税改革的意义、问题与方向 [J]. 当代经济管理, 2013 (4).

[300] 张俊浩. 民法学原理 [M]. 北京: 中国政法大学出版社, 1997.

[301] 张守文. 税法学原理 [M]. 北京: 北京大学出版社, 2001.

[302] 张守文. 税收权利的性质及其法律保护 [J]. 法商研究, 2001 (6).

[303] 张学勇. 私募股权投资税收政策探讨 [J]. 税务研究, 2010 (6).

[304] 张玉辉. 外国增值税制度比较及对我国的建议 [J]. 现代商贸工业, 2008 (3).

[305] 张中华, 朱新蓉, 唐文进. 2014 中国金融发展报告 [M]. 北京: 北京大学出版社, 2014.

[306] 赵福军, 汪海. 中国 PPP 理论与实践研究 [M]. 北京: 中国财

政经济出版社，2015.

［307］赵瑾璐等．论利益相关者视角下的资源税改革［J］. 山东社会科学，2014（6）.

［308］中国部委联合赴欧创业投资考察团．欧洲创业投资发展及启示［J］. 证券市场导报，2012（1）.

［309］中国社会科学院财政与贸易经济研究所．中国：启动新一轮税制改革［M］. 北京：中国财政经济出版社，2003.

［310］周同等．资源税改革：打破"富饶的贫困"坚冰［J］. 环境保护，2008（7）.

［311］周琳．对互联网金融税收政策的探析［J］. 现代商业，2014（20）.

［312］周申，杨传伟．我国关税的有效保护率及其变动——基于2004年数据的考察［J］. 财经研究，2006（9）.

［313］周炜．"黑石法案"与私募基金征税之困惑［J］. 涉外税务，2008（6）.

［314］朱大旗，何遐祥．论我国税务法院的设立［J］. 当代法学，2007（3）.

后　记

　　这本总括我近年来中国税制改革研究成果的小册子，就要付梓出版了。

　　大致而言，财政学研究的对象包括政府支出及预算、税收这样两翼。近十多年来，我的研究精力主要集中在政府预算一翼。不过，从本科、硕士和博士阶段的学习，到财税管理部门的实际工作，再到中国社会科学院财政与贸易经济研究所（现更名为"中国社会科学院财经战略研究院"）和南开大学经济学院的教学、科研，将近30年的人生岁月，我都是与财政学结缘的，对于财政学的另一翼——税收，尤其是税制改革的前沿问题，也自然始终都保持着理性与冷静的关注和思考，本书就是这种思考的结晶。当代中国税制建设正处于迅猛变革之中，但我相信本书所涉及的一些研究命题，仍旧具有持久的生命力。

　　本书内容大多为对中国当代税收制度建设的前瞻性探索，这些结论到底是耶非耶，我期待着历史实践的检验。

　　本书是我和我带领的研究团队共同完成的。研究团队的主要成员包括张莉、袁娇、李宛姝、刘辰涵、苗珊、朱旭阳、陈蕾宇、冯振、余琼子、万鑫、郑改改、朱彤、刘嵘、王璐、尚妍、张德庆、韩文锋、那万卿、高红、金海音、桂梓椋等。

　　感谢团队全体成员为本书做出的贡献。也感谢天津市高等学校创新团队培养计划为本书出版提供的资助。

　　在这急剧变革的现实世界中，如果本书能够对中国现代税收制度的建设有所助益，则应归功于我们得有机缘站在众多研究者和实践者的肩膀上。但限于作者水平，难免有不尽如人意之处，恳请读者朋友批评指正！

马蔡琛

2017 年 2 月于南开园